本专著为2020年国家社会科学基金项目：基于人工智能的学生体质健康测评与关键期干预研究（项目编号：BLA200217）成果

学生体质健康数据分析模型构建

邓潇潇　李采丰　张君孝　著

中国纺织出版社有限公司

内 容 提 要

增强儿童青少年体质、促进其健康成长是提高国民健康水平的切实需要。本书分析了学生体质健康研究的概况，以及学生体质健康数据分析的理论基础和模型构建，在此基础上，以某区域及区域内学校的现实数据作为分析案例，开展了学生体质健康的理论分析及实践研究。本书强调实用性，具有较高的实践价值，适合关注学生体质健康的每一位读者。

图书在版编目（CIP）数据

学生体质健康数据分析模型构建 / 邓潇潇，李采丰，张君孝著. -- 北京：中国纺织出版社有限公司，2023.12

ISBN 978-7-5229-1325-4

Ⅰ. ①学… Ⅱ. ①邓… ②李… ③张… Ⅲ. ①学生－身体素质－健康教育－研究 Ⅳ. ① G807

中国国家版本馆 CIP 数据核字（2024）第 024986 号

责任编辑：史　岩　于　泽　　　　责任校对：王花妮
责任印制：储志伟

中国纺织出版社有限公司出版发行
地址：北京市朝阳区百子湾东里A407号楼　邮政编码：100124
销售电话：010—67004422　传真：010—87155801
http://www.c-textilep.com
中国纺织出版社天猫旗舰店
官方微博 http://weibo.com/2119887771
天津千鹤文化传播有限公司印刷　各地新华书店经销
2023年12月第1版第1次印刷
开本：710×1000　1/16　印张：15
字数：228千字　定价：99.90元

前言

儿童青少年是国家的未来和希望，增强儿童青少年体质、促进其健康成长，关系国家和民族的振兴发展。然而随着社会经济和物质文化的快速发展，儿童青少年超重和肥胖人群比例迅速增长，心血管、糖尿病等发病率呈低龄化趋势，儿童青少年身体活动能力差，体能下降，身材矮小，体态不良，注意力不集中等亚健康问题严重，这将造成慢性非传染性疾病风险升高和社会负担加重。社会发展以人为本，人的综合素质决定未来社会的发展水平。一个国家的学生体质状况是其潜在综合国力的重要组成部分。体质健康作为衡量儿童青少年健康的重要标准，也越来越受到各国专家学者的关注。

《国家学生体质测试标准》是国家检验学生体质健康发展水平，了解学生体质健康发展状态的重要途径。通过体质健康测试，能够获取学生体质健康水平的信息反馈，精准地掌控学生的身体素质与健康状态。学生体质健康测试工作量大、环节多、要求高，并且需要保证测试数据的完整性、真实性、可靠性、有效性。然而，数据分析、处理以及上报过程中出现了诸多问题，导致数据获取的准确性大大下降。此外，学生体质健康监测也存在诸多问题，由于缺乏对数据的收集、分析、反馈，以及对数据的挖掘深度不够，没有实现以干预为导向的体质监测，导致学生体质健康促进存在障碍。随着大数据和信息化技术的广泛应用，大数据和人工智能将有效改善这种局面。

本书由重庆第二师范学院儿童体育健康促进研究所成员邓潇潇、李采丰、张君孝撰写，重点构建了大数据、智能化背景下的学校学生体质健康数据分析模型。该模型的构建有利于数据信息的深度挖掘，有利于促进精准干预，同时能够将管理和评价量化，以及强化监督机制。本书还以区域学生体质健康数据分析和中小学学生体质健康数据分析应用作为案例，开展了理论分析和实例研究，将最新的研究成果和计算方法转化和应用到实践中来，展示了学生体质健康数据分析模型的可操作性和实用性。并且在体质健康测评与分析的基础上探讨了增值性评价以及关键期计算模型等，完善了学生体质健康数据的分析与应用，以及学生健康干预的引导和问责机制。本书从对学校学生体质健康大数据的分析和信息挖掘，再到家校结合的精准干预，以及体育教师、班主任、家长三位一体、信息共享的运动监督，以期实现对学生体质健康的全方位管理。这对保障学生健康有着重要意义，也对建设幸福中国及社会经济发展有着深远的影响。

本书为国家社会科学基金项目“基于人工智能的学生体质健康测评与关键期干预研究”（项目编号：BLA200217）、重庆市教育委员会人文社会科学研究规划项目“适应性体育促进自闭症儿童交往合作能力的实验研究”（项目编号：18SKGH157）和重庆市社科规划培育项目“共建共治共享：新时代青少年体质健康促进治理体系与实践路径研究”（项目编号：2021PY25）的研究成果。本成果受重庆市儿童教育发展研究中心资助，同属于“贝根儿童教育”品牌成果。

李采丰

2023 年 1 月

目　录

第一章　绪　论

第一节　学生体质健康概述

一、学生体质健康的研究背景

近年来，以人为本的社会发展理念已深入人心，人的综合素质决定着未来社会的发展水平。学生体质健康水平是一个国家潜在综合国力的重要组成部分。从社会发展的取向而言，增强和改善学生体质是国家经济发展的结果，也是社会发展的内生动力。体质可以作为综合反映某个群体或个体在某个时期内身体发育、生理机能以及运动能力等方面的基本状况和发展变化趋势，因此改善学生体质不仅可以为国家发展提供健康的人力资源保障，也是促进国家社会安全稳定和经济发展的重要途径。

近年来，在高速发展的社会环境下，人们的生活节奏也变得越来越快。现代化社会虽然给人们带来便利，但也逐渐改变着人们的生活方式，影响着如饮食结构、体育锻炼、休息等与健康密切相关的基本行为，不可避免地给人类健康带来隐患[1]。与此同时，现代社会流行病症正不断出现在人们身边，威胁着当代人的身体健康。一些老年病症正趋于年轻化，不健康的饮食习惯、不规律的生活方式以及缺乏科学合理的运动以促进新陈代谢，导致营养过剩等因素将现代人群推向了不健康的道路，在这些病症的驱使下社会各界对体质健康重视程度与日俱增，“健康”成为影响社会发展的核心因素。人们逐渐意识到良好

[1] 杜发强，樊晶晶．我国青少年学生体质健康致因探析 [J]. 体育与科学，2014,35（3）：60-67.

的体质对于人类生存与社会稳定的重要性。

目前，我国青少年体质健康状况与经济社会高速发展形成了强烈的反差，现代科技的进步导致人们生活方式的转变，体质健康问题对人类的威胁与日俱增。我国学生体质健康问题主要表现为肥胖、近视等常见疾病检出率居高不下，慢性非传染性疾病早发，体质健康不达标，健康危险因素普遍存在等❶。2020 年，我国儿童青少年总体近视率为 52.7%，较 2019 年（50.2%）上升了 2.5 个百分点，6 ～ 17 岁儿童青少年超重肥胖率达 19.0%。学生体质健康这个“潜伏”的社会问题，影响国家实现现代化❷。显然，学生体质健康已成为民族生存之基，不仅是一项长期的战略目标，更是国家与社会当前发展的重要使命。因此，如何缓解学生体质健康下降与时代快速发展不适应的现实问题，已成为当前国家与社会各界协同治理、协同参与、协同施策的关键内容。

二、体质健康的概念

国内外学者对体质健康的概念进行了诸多探讨。在我国，中国古代学者早就有对于体质概念的明确表述，如《黄帝内经》记载了生命活动及体质的生存、发展及其变化。在国外，西方国家对体质的研究也有较长的历史，西方古代文献《希波克拉底文集》就从朴素的辩证唯物主义出发，提出了“体液学说”。他认为人体体液由血液、黏液、黄疸、黑胆体液组成，并描述了人体体质分型及其与疾病的关系❸。总体而言，国内外学者从不同角度、不同学科、不同因素对体质健康进行了定义和总结，为现代体质健康发展与研究提供了广阔的空间。

（一）国外对体质健康的定义

20 世纪 80 年代中期，世界卫生组织（WHO）对健康作出了新的定义：“Health is a state of complete physical , mental and social well being and not merely

❶ 马军.“十三·五”中国学校卫生工作任务与展望[J]. 中国学校卫生,2016,37(4):481-483.

❷ 郑红娥. 健康教育：中国当今最大的社会问题[J]. 市场与人口分析,2003(3)：71-76.

❸ 肖夕君.体质、健康和体适能的概念及关系 [J].中国临床康复,2006（20）:146-148.

the absence of disease or infirmity”。健康是指生理、心理及社会适应三个方面全部良好的一种状态，而不仅指没有生病或者体质健壮。在此之前，人们对于健康的理解，仅是指身体的无病状态，只要身体（肉体，包括组织、器官、细胞）没有疾病就称为健康。后来人们逐渐发现，诸多疾病的发生不单纯是身体本身的原因，而是与社会的、心理的、情绪的变化等多种因素有关。健康的新定义正是基于人类对自身认识不断变化的结果，也标志着医学模式从单纯的生物医学模式向社会—心理—生物现代医学模式的转变。同时，健康的概念不再限于生物学领域，而是与社会、心理、精神、环境等诸多因素联系在一起。

而近年来，青少年体育活动水平下降和不健康的饮食结构成为导致世界范围内儿童体质健康水平下降的主要因素，也与超重和肥胖的快速漫延有关，已被世界卫生组织列为21世纪全球性公共卫生最严重的问题之一[1]，因此，亟须行之有效的干预措施来促进儿童和青少年的体育活动和健康饮食之间的平衡。因此，2009年之后，“健康促进”和“体育健康促进”的概念相继被提出，体质健康干预（intervetion）研究更是作为健康促进研究的重要方面之一[2]。由此可见，从“体质健康”到“健康促进”，世界各国对体质健康的认知逐渐由“被动”走向“主动”促进学生体质的提升，体质健康定义逐渐进入主动健康促进的发展阶段。

体质健康概念的重新定义和医学模式的转变提醒着人们，人是社会的人，在诊断、治疗疾病的时候，不仅要考虑身体的情况，还要考虑社会、心理、精神、情绪等多因素对人体健康的影响。“多维健康观”也引起了医学研究和卫生保健思维方式的变革。与此同时，体质健康促进的认知从“被动”走向“主动”，标志着现代预防医学步入了新时期。

（二）国内对体质健康的定义

自1979年起，我国体育各界的专家和权威机构对人体体质的概念进行

[1] 马明珠，苑建齐，张宇竹．国外学校学生体质健康干预研究进展[J]. 中国学校卫生，2015,36（9）:1438-1440.

[2] Mittelmark M B, Wise M, Nam E W, et al. Mapping national capacity to engage in health promotion: Overview of issues and approaches[J]. Health Promotion International, 2006, 21(s1):91-98.

了广泛和深入的探讨，并达成了一定的共识，认为“体质反映人体质量的高低，是在先天遗传基础上（遗传性），经过后天的环境塑造（获得性），所表现出来的形态结构、生理功能、身体素质和运动能力、心理情感以及身体对内外环境的调整适应能力的全面良好状态。”

1982 年，中国体育科学学会体质研究分会明确了体质的定义：“体质是人体的质量，它是在遗传性和获得性基础上表现出来的人体形态结构、生理功能和心理因素的综合的、相对稳定的特征。”[1] 一个人体质的好坏，通常表现为机体的形态结构、生理功能和心理等因素综合的相对稳定的一种状态，主要表现在以下五个方面：

（1）身体形态发育水平，即体格、体型、姿势、营养状况及身体成分等；

（2）生理功能水平，即机体新陈代谢水平以及各器官、系统的效能等；

（3）身体素质和运动能力发展水平，即速度、力量、耐力、灵敏度、协调性、柔韧性等素质，以及走、跑、跳、投、攀爬等身体活动能力；

（4）心理发育（或发展）水平，即本体感知能力、个性、意志等；

（5）适应能力，即对内外环境条件的适应能力、应激能力和对疾病的抵抗力。

以上五个方面的综合状态决定了人们的体质水平，在进行体质测量和评价以检查促进体质健康的实际效果时，必须综合分析体质的这几个组成部分。

人体的形态结构、生理功能、身体素质、运动能力、心理状况及对内外环境的适应能力是构成体质不可分割的五个重要因素，五者相互依存、相互影响、相互制约。其中，身体形态结构是物质基础；生理功能、体能和心理条件是体质的主客观表现；对内外环境的适应能力是体质的综合反映。形态结构基础必然表现为一定的生理功能，体能又是各器官系统的机能能力在人体运动过程中的客观反映；发展和提高机能的过程，会相应地引起机体一系列的形态结构、生理功能的变化，而伴随着形态结构、生理功能的变化及体能的发展提高，又会产生一定的心理过程和个性心理特征，从而促进人的心理发展。因此，评价体质时，除形态指标受先天性遗传因素影响较大外，身

---

[1] 江崇民，张一民．中国体质研究的进程与发展趋势 [J]. 体育科学，2008(9):25-32+88.

体机能、身体素质、运动能力以及心理指标都受后天获得因素影响，即反映出体育锻炼能够较大程度地改变体质。

健康是指一个人在身体、精神和社会等方面都处于良好的状态。健康包括两个方面的内容：一是主要脏器无疾病，身体形态发育良好，体形均匀，人体各系统具有良好的生理功能，有较强的身体活动能力和劳动能力，这是对健康最基本的要求；二是对疾病的抵抗能力较强，能够适应环境变化，抵御各种生理刺激以及致病因素对身体的作用。传统的健康观是“无病即健康”，现代人的健康观是整体和多维健康，世界卫生组织提出“健康不仅是躯体没有疾病，还要具备心理健康、社会适应良好和有道德”。因此，现代人的健康包括躯体健康、心理健康、心灵健康、社会健康、智力健康、道德健康、环境健康等具体内容。健康是人的基本权利，健康是人生的第一财富。体质健康所涵盖的是与体育密切相关的身体健康范畴，是一切身体锻炼活动的基础，体质健康可以改变人们的生活方式、社会行为方式，以及发挥体育的社会功能。

良好的体质是健康的基础，健康的状态是体质的外在表现，二者紧密联系、不可分割。体质与健康是一种“质量”与“状态”之间的关系。体质是人体维持良好状态的“基础”，健康是人体质量的外在表现形式，是一种动态平衡，维持这种动态平衡的基础就是体质[1]。健康状态的“动态平衡”即存在“不稳定性”，“体质”则具有相对的“静态性”和“稳定性”。因此，体质的稳定性在一定程度上决定了个体健康的恒定状态。儿童青少年时期，正是个体健康状态的相对稳定期和体质健康发展的关键期，但是儿童青少年往往满足于眼前的健康状态，低估了体质健康关键期对其日后乃至一生的健康保障作用。

三、理想的体质健康

理想的体质健康是指人的体质功能在不同状态下都处于较高层次或较高水平。理想体质具有明显的人群特征，如年龄、性别、种族和职业等，理想体质的概念可以理解为人体的良好质量，它是在遗传基础上，经过后天努力所达到

[1] 肖夕君 . 体质、健康和体适能的概念及关系 [J]. 中国临床康复 ,2006（20）:146-148.

的全面良好的状态[1]。

（一）体质健康的标志

体质健康是身体健康状态的综合表现，主要指脏器无疾病，身体形态发育良好，体格健壮，体型匀称。呼吸系统、心血管系统和运动系统具有良好的生理机能。有较强的运动能力和劳动工作能力。心理发育健全，情绪乐观，意志坚定，有较强的抗干扰、抗刺激能力，对自然和社会环境有较强的适应能力。真正的健康，不仅是没有病和不虚弱，而是身体上、心理上和社会适应能力上三方面的完美状态。

（二）什么是身体素质

身体素质是人体在遗传的基础上，在长期的生活、工作和运动中逐渐形成的身体能力要素，一般包括力量、速度、耐力、灵敏度、柔韧性等。身体素质潜在地表现在人们的生活、学习和劳动中，自然也表现在体育锻炼方面。一个人身体素质的好坏与遗传有关，但与后天的营养和体育锻炼的关系更为密切，通过正确的方法和适当的锻炼，可以从各个方面提高身体素质水平。“身体素质”英文翻译为：physical quality、physical fitness、body quality。身体素质是人体在运动、劳动和日常活动中，在中枢神经调节下，各器官系统功能的综合表现，如力量、耐力、速度、灵敏度、柔韧性等机体能力。身体素质是体质健康要素中的重要方面，身体素质的强弱是衡量一个人体质状况的重要标志之一，身体素质的发展对增强人的体质和健康有重要意义。

（三）如何促进学生体质健康

目前，学生体质健康已逐渐成为国家与社会关注的重点问题，社会发展水平与学生体质健康问题的矛盾更加凸显。学生体质健康问题逐渐上升为一项涵盖国家宏观治理、社会体育公共服务、学校健康促进及家庭健康环境支撑的综合性议题。而近年来，我国社会治理模式逐渐由单向管理转向双向互动，由线下转向线下与线上相融合，由单纯的政府管治向社会协同治理转变，新的“三

[1] 孙庆祝 . 体育测量与评价 [M]. 2 版 . 北京：高等教育出版社 ,2010.

个转变”凸显了新时代我国社会治理现代化的基本方向与思路[1]。在此背景下，以大数据为依托的“精准治理”作为一种新型治理范式已被广泛运用到社会公共服务、环境保护、公共卫生、社会救助等领域[2]。随着我国青少年体质健康促进大数据的不断“膨胀”，学生体质健康干预的数据化发展已然成为未来疏解儿童青少年体质健康问题的关键。因此，如何借助大数据挖掘学生体质健康问题、发现体质健康与健康干预的相关联系、探索因果关系、预测健康风险行为以及提升体质健康的认知精度、提供管理决策、构建干预模型等，就成为未来大数据与学生体质健康干预的重要取向。

第二节 影响体质健康的主要因素

体质是人体在先天遗传和后天获得的基础上，所形成的功能以及形态上相对稳定的固有特性。换句话说，体质是禀受于先天，受后天影响，在生长、发育过程中所形成的与自然、社会环境相适应的人体形态结构、生理功能、心理因素等相对稳定的固有特征。体质是健康的基础，健康是体质的外在表现，二者是紧密联系、不可分割的。影响体质健康的因素较多，主要表现在遗传、环境及体育锻炼等方面。

一、体质与遗传

（一）遗传对身体素质的影响

遗传是人体生长发育的先天因素，对体质强弱有着重要的影响。现代医学研究证明，存在于细胞核染色体中的脱氧核糖核酸（DNA）是遗传的物质基础。亲代将自己的特征传给子代的过程，就是子代从亲代得到一定结构的

---

[1] 李冲，史曙生，刘路．青少年体质健康促进治理现代化：内涵、阻碍与发展路径[J].武汉体育学院学报，2018,52（11）:23-29.

[2] 李大宇，章昌平，许鹿．精准治理：中国场景下的政府治理范式转换[J].公共管理学报，2017,14（1）:1-13+154.

DNA，从而也就得到了与亲代相似的遗传性状。随着遗传学的不断探索，人的身体形态、运动能力、意志品质及智力与个体特征中的大多数性状都具有高度遗传性，甚至高度近视（600 度以上）的亲代也有较高的几率将近视遗传给子代。高度近视的男子与高度近视的女子结合，子女发病的概率在 90% 以上，如果与高度近视基因携带者结合，子女有 50% 概率是高度近视，而同正常视力或中低度近视者结合，子女发生近视的概率是 1%。人的身体形态、身体机能及身体素质等均受遗传因素的影响。国内外有关人体体质的研究表明：身体形态受遗传因素影响的占 75%，人体的有氧代谢能力和最大摄氧能力 75% ～ 95% 受遗传因素的影响，身体素质与遗传也有着密切的关系。遗传对体质的影响只是提供了可能性，而后天的环境和条件仍决定了体质强弱的实现性。[1] 其他生物性状也表现出极强的遗传力，如表 1-1 所示。

表1-1　生物性状的遗传力一览表[2]

部分性状（指标）	遗传力（比率）/%
身高	85
最大心率	85.9
最大摄氧量	93.4
神经系统功能	90
反应速度	75
耐力	70
柔韧	70
智力	70
心理素质	72 ～ 96
腿长	86

由表 1-1 可知，人体大多数的生物性状及其形态特征均受遗传的制约，遗

❶ 刘星亮 . 体质健康概论 [M]. 武汉：中国地质大学出版社 ,2016.

❷ 曲宗湖 . 学校民族传统体育 [M]. 北京：人民体育出版社 ,2002.

传学是一门研究生物遗传与变异规律的科学，其中遗传对体质的影响也是目前医学界、体育科学界所不断深入研究探索的重要课题。

（二）遗传对运动能力的影响

运动选材学的相关研究表明：人体的形态特征与生理指标绝大多数受遗传的影响，数据表明决定运动能力的多数性状如耐力、最大心率、最大摄氧量、神经系统功能等都具有很高的遗传性。国外著名研究学者克里绍拉斯曾运用方差分析探索有关身体机能的遗传度，在进行了一系列案例跟踪调查后得出结果：最大摄氧量、最大血乳酸浓度和最大心率的遗传度分别为 0.93、0.81 和 0.86。同时克里绍拉斯发现，同卵双生 1000 米赛跑成绩的对内相关系数为 0.98，而异卵双生为 0.69。运用高速摄影研究 60 米赛跑的过程，无论跑的速度还是节奏，同卵双生较之异卵双生都具有更大的一致性。[1] 通过对以上研究数据分析得出，遗传是影响运动能力的主要因素之一，因此，在进行运动选材时，应高度重视遗传对运动能力的影响。

二、体质与环境

（一）环境的相关概述

环境泛指包括空气、水、土地、植物、动物等方面的物质因素，同时包括观念、制度、行为准则等方面的非物质因素。环境分为自然环境和社会环境。其中自然环境或可以称为地理环境，是指环绕在人类周围的自然界，其中包括大气、水、土壤、生物和各种矿物资源等，环境囊括了对人产生影响的一切过去、现在和将来的人、事、物等全部的社会存在方式，其中历史传统、文化习俗、社会关系等社会现实，则是更为重要的社会文化环境。社会环境是自然环境下人类通过长期有意识的社会劳动，加工和改造自然物质，创造的物质生产体系，与积累的物质文化等所形成的公共环境体系。社会因素对人类的健康有重要影响，尤其是通过影响人的情绪而作用于机体的神经、内分泌和免疫系统，从而对健康产生影响。

[1] ROY.J. 薛泊德，马力宏 . 体质与遗传 [J]. 体育教学与科研，1985（4）:29-32.

（二）外界环境对体质的影响

我国古代最早的医书《黄帝内经·素问》提出“医之治病也，一病而治各不同，皆愈何也？地势使然也”。说明在遇到同样的疾病时，不同的地理形势要采用各种不同的治疗方法，例如，随着地理维度由高到低，人的自然高度也相应地产生由高到低的变化，居住在北欧的德国、瑞典和英格兰的男性平均身高可达 173 ～ 178 厘米，而位于低纬度的西班牙和葡萄牙人的身高则较矮，男性的平均身高为 163 ～ 170 厘米。

2000 年，我国进行了第一次国民体质监测，调查结果显示，我国人口体质水平的高低与经度、海拔高低及气温呈高度相关性。除此之外，近年来城市规划环境也成为影响体质的重要因素，如居住地附近健身娱乐设施、城市体育锻炼建成环境、体育锻炼空间布局等锻炼环境皆会影响儿童体质健康。有研究表明，居住地附近拥有健身娱乐设施的青少年学生的体质健康状况更为理想[1]。由此可见，外界环境差异与体质差异有密切联系。

（三）社会环境对体质的影响

诸多研究表明，社会经济的差异与人类体质健康有重要联系。对比之下，发达国家和发展中国家的人民体质健康水平的差异则更为显著。良好的社会生活环境会促使体质的健康发展，而不良的社会环境会直接或间接危及人民的体质与健康。受教育程度和文化素养决定着一个人的健康观和健康价值观，较高的文化程度则决定着能否选择有益于自身体质健康的生活方式。人类体质特征与社会发展密不可分，社会文明的进步与人体结构进化之间的关系就是一个很好的实例。[2]“火”的出现促使人类的饮食习惯发生了根本性的改变，食物变得更加容易被消化和吸收，从而导致人体消化系统的进化（如阑尾的退化和小肠绒毛的出现）。猛兽的出现促使人类上肢和下肢功能明显分化，从此人类为了具备更高、更快、更强的运动能力，开始有意识地进行身体活动。因此，人

❶ 杜发强，樊晶晶 . 我国青少年学生体质健康致因探析 [J]. 体育与科学 ,2014,35(3):60-67.

❷ 任海 . 身体素养：一个统领当代体育改革与发展的理念 [J]. 体育科学 ,2018,38(3):3-11.

类体质水平的发展是伴随人类社会的文明进步而不断提高的。[1]

三、体质与体育锻炼

（一）我国学生群体现阶段体质健康情况

随着人们物质生活的不断提高，在家庭原因、自身原因及社会原因等因素的共同影响下，学生体质健康产生了一系列令人担忧的问题，例如学生的肥胖人数大幅度增加，肺活量下降，上下肢瘦弱以及亚健康等。导致青少年体质下降的主要原因包括：学校体育师资力量配备与硬件设施不达标，体育课缺乏运动量和运动负荷，过重的学业压力使学生的体育锻炼时间一再受到挤压；加之家长的“过度保护”与“重智轻体”的传统思想，导致学生体育锻炼严重不足。一直从事青少年体质研究工作的毛振明教授，曾用“硬、软、笨”三个字来概括当前中国青少年体质，即关节硬、肌肉软，长时间不活动导致的动作不协调[2]。2014年全国青少年体质健康调查报告显示[3]，就学生近视率而言，初中生接近60%，高中生为76%，大学生则高达83%。在中学生体质健康部分指标状况略有好转的情况下，大学生整体体质状态却呈现下滑趋势。

（二）体育锻炼对体质的影响

体育锻炼是指人们根据身体需要进行自我选择，运用各种体育手段，并结合自然力和卫生措施，以发展身体能力、增进健康、增强体质、调节精神、丰富文化生活和支配闲暇为目的的体育活动。经常进行体育锻炼有利于人体骨骼、肌肉的生长，可增强心肺功能，改善血液循环系统、呼吸系统、消化系统的机能，有利于促进生长发育，提高抗病能力，增强机体的适应能力，是增强体质最积极有效的手段之一。体育锻炼对促进心理健康也有着重要的作用，有效的体育锻炼可以调节人体紧张情绪，改善生理和心理状态，恢复体力和精力。体育锻炼也是一种促进人与人之间社交活动的有益途径，通过与他人的接

---

❶ 刘路，张一民，仲伟娟．青春突增期少年身体形态与骨发育的关联研究[J]. 四川体育科学，2011（2）:37-40.

❷ 曹英，张玺．我国青少年学生体质健康现状分析[J]. 教育教学论坛，2012(7):196-197.

❸ 2014年全国学生体质健康调研结果[J]. 中国学校卫生，2015,36（12）:4.

触、交流可以消除孤独感，调节心情，并逐渐形成与人交往的习惯和意识，增加群体认同感，与他人形成亲密的联系。体育锻炼还能够增强学生的适应能力，现代社会竞争日益激烈，努力培养竞争意识和能力有助于学生走向社会后能更好地适应社会。[1]体育的集体项目与竞赛活动过程还可以培养学生的团结、协作及集体主义精神。

---

[1] 欧秀伶 . A Research on Order Framework Feature of Congregate Item in Aerobits[J]. 吉林体育学院学报 ,2007,23（1）:68-69.

第二章　学生体质健康研究概况

体质是学生保持充沛的生命活力和完成日常学业的重要基础。正确地理解体质，是实现学生体质健康研究范式走向科学化、系统化及规范化的关键。一般而言，可以认为体质较好的学生健康水平往往更高，而身体更健康的学生体质水平则相对较好。因此，良好的体质是学生生命活动发展的重要条件，也是反映学生健康水平的重要指标之一。自 20 世纪 90 年代末以来，世界各国都出现了不同程度的学生体质健康问题，"肥胖症""身体活动缺乏症"、久坐行为、电子产品成瘾等造成不健康因素持续增加，[1]儿童体质健康水平不容乐观。显然，学生体质健康问题已经作为核心问题进入学校体育乃至学校教育的视野。[2]在我国，学校儿童体质健康促进已经上升为国家战略。在世界各国都面临着学生体质健康水平下滑之际，学生体质健康研究被教育界、体育界、卫生界等高度重视，世界范围内的相关研究逐年递增。因此，无论学生体质健康的实践干预检验还是深度的理论研究，都需要厘清和了解当前国内外学生体质健康促进研究的现状与发展、历史与回顾等问题。

第一节　发达国家国外学生体质健康研究概况

国外的学生体质健康监测相较国内成熟很多，并且世界各国制定的体质健康标准都源于国际体力研究委员会（ICPER）和国际生物学发展规划理事会（IBP），这使得体质健康监测模式存在一定的相通之处。国外最具有代表性的

---

[1] World Health Organization. The World Health Report 2002: Reducing Risks, Promoting Healthy Life, 2002.

[2] 李芳，司虎克. 国际学生体质健康领域的研究热点与前沿[J]. 首都体育学院学报,2014,26（1）:40-45.

是美国、日本及法国等发达国家，对世界各国的学生体质健康发展都具有较强的引领作用。所谓“他山之石，可以攻玉”，借鉴国外发达国家学生体质健康的相关研究，可以为我国学生体质健康的相关研究提供借鉴，以更好地厘清国际学生体质健康研究的脉络与研究进展，建立学生体质健康的国际视野，从而完善我国学生体质健康研究体系。在国外，学界对于“学生体质健康问题”研究取得了重大发展。尤其在20世纪80年代，为了面临新一轮的儿童体质健康问题，各国都根据世界教育的发展趋势和本国的具体情况制定了教育改革方案和措施，以推进学生体质健康促进的研究。

一、美国学生体质健康发展概况

从1880年开始，美国就进行学生体质健康监测，随着学生体质健康监测工作的开展，美国的测试经验也在不断积累，测试项目的评分标准也在不断完善。20世纪50年代，美国专门的体质健康测试机构根据儿童青少年的发育特点和身体健康状况变化趋势，开展了“青少年体质测验”。直至20世纪60年代，根据学生身体发育的趋势，对测试项目进行了优化修订，增加了50米跑、折返跑、投掷、俯卧撑、立定跳远。美国在学生体质健康方面的研究发展较为完善，研究阶段和周期相对较长，试验方法和学术思想都比较先进，研究水平也相对较高。现行的体质健康测试涵盖了身体形态、心肺功能、身体柔韧性和肌肉耐力与力量四个方面，具体测试项目包括：身体质量指数（BMI）、体脂含量（%BF）或者是皮下脂肪厚度、坐位体前屈、仰卧起坐、1英里（约1609.34米）跑/走、引体向上和曲臂悬垂。[1]

美国是世界上最重视学生体质健康的国家之一，其进行体质测试已有近百年的历史，体质健康管理的概念也源于美国。美国学生体质健康促进与学校体育课程紧密相关，各州、各地区都有个性化的健身计划实施方案，从而促进学生体质健康发展。美国的体质健康管理教育延续了欧洲的教育理念，并随着公共医疗和运动医学的发展而不断完善。因此，溯源美国学生体质健康的历史发展对促进我国学生体质健康发展具有重要的借鉴意义。

---

[1] 张艳超．中美学生体质测量与评价比较实证研究[D]．南京：南京师范大学,2014.

美国学生体质健康的发展经历了四个阶段：

第一阶段：引起重视阶段（1958 年以前）。在殖民地开创初期，整个美国社会正处于发展时期，学校体育并未得到重视，学生体质健康受到的关注也相对不足。医学博士汉斯·克劳斯和他的同事在一篇登载于《纽约州医学杂志》的论文中强调了美国国民体质健康的不良状态。[1] 第二次世界大战期间美国应征入伍的青年身体状况不良的检出率愈加增高，1954 年 Kraus 等人对美国和欧洲儿童进行测试，结果显示美国儿童的体质健康状况水平远远低于欧洲儿童。[2] 加之 1957 年苏联人造卫星的发射动摇了美国在科学领域的优势，上述种种现象的出现，促使美国政府和人民开始重视体质健康的发展。随之，美国政府和民间社会组织陆续出台了《国防教育法案》《学校青年身体健康总统咨文》等法案、文件，从而规范健康教育和促进工作，保障青少年健康权益合法化；美国青年体质总统委员会统筹全国范围的青少年体质工作（现更名为体质与运动委员会，PCPFS）。随后，各组织设计了青少年体质监测指标：50 米跑、600 米跑、立定跳远、垒球掷远、往返跑、引体向上、仰卧起坐 7 项。同时在全国范围内陆续展开学生体质测试标准和测试指标的相关研究。

第二阶段：争鸣阶段（1959—1985 年）。随后美国又于 1958 年和 1975 年进行了两次全国普查，美国在学术上针对体质的定义、内容以及指标设置都展开了争论，对之前偏重于运动能力的测试方案设定提出了质疑，对身体素质经过长期的论证分为：运动素质和健康素质。并且认为高水平的速度和上肢力量、爆发力并不能客观反映人体的健康水平，随后，于 1975 年取消了原有项目中的垒球掷远和穿梭跑，并且发布了《青少年身体素质测试标准》。1985 年立定跳远和 50 米跑也被剔除，加入了更能反映人体健康水平的引体向上和仰卧起坐，并且增加了 1 英里跑和坐位体前屈这两项指标。同时，美国对学生体质健康测试标准的调整引起了世界其他各国的推崇，虽然在针对体质健康的概念和选择指标上有所出入，但就“健康素质指标”理念的选择已逐渐达成共

---

❶ 张宝强 .20 世纪 50 年代以来美国促进学生体质健康的举措及其启示 [J]. 体育学刊 ,2010,17（3）:52-56.

❷ 仇建生 . 中美体育测量发展比较研究 [J]. 北京体育大学学报，2003（6）:778-780.

识。1985年以后，每隔10年就对青少年进行一次体质健康普查。

第三阶段：规划发展目标阶段（1985—2000年）。1985年以后，美国开始制定发展目标，于1988年推行了《最佳健康计划》，体质健康测试主要涵盖心肺功能、皮脂厚度、身体密度指数、柔韧、肌肉力量和耐力等。之后，美国体育运动学会研制出学校体育国家标准《走向未来——国家体育标准：内容和评价指南》，美国卫生署公布了《身体活动和健康报告》，同时制定了《促进青年人终身体育学校和社区规划指南》。美国学生体质健康促进在这一时期得到了很大程度的发展和完善。

第四阶段：蓬勃发展阶段（21世纪之后）。2011年，美国健康与公共事业部制定出台了《促进青少年体育活动的行动指南》。强调了学生体质健康发展已经不局限于学校单一主体的干预和治理，更加强调社会的综合作用。逐渐加强了对“儿童体质健康促进模式”的研究。发达国家学校儿童健康管理研究起步较早，美国处于领先地位，从20世纪后叶的社区与学校主体模式，过渡到21世纪初“政府、家庭、学校”三位一体的主体联动促进模式。在此期间提出了最具影响力的“爱普斯顿构架（Epstein's Frame）”，通过学校、家庭、社区三者联动青少年儿童健康促进计划[1]。且每次美国卫生署公布“身体活动和健康报告”后，政府、体育运动学会、社会民间组织、协会就会共同规范和制定相应方案和指南，以促进青少年儿童健康权益合法化，美国儿童健康管理也迎来新的发展。

美国在学生体质健康的研究方面有着很长的历史，不乏精辟的学术观念和实验方法。在美国，“体质”的对应词是fitness，AAHPERD对fitness的解释是：表现个体有效活动程度的一种状态。Clarke把fitness的定义简化为：精力充沛地完成日常工作而不过度疲劳的一种体力状态。fitness的定义是随着社会的改变而发展演变的。20世纪六七十年代，主要针对“运动素质”和“健康素质”的评价指标展开了争论，并且完成了测试由“运动技术指标”向“健康指标”的过渡。因此，1975年美国在学生体质健康普查中剔除了垒球掷远和

[1] The Parent Involvement work team.Increasing Parent Involvement in Education：a Resource Guide for South Carolina Communities, 2006.

往返跑，1985 年立定跳远和 50 米跑也被删除，同时增加了 1 英里跑（反映心血管功能），如表 2-1 所示。

表2-1　美国（AAHPERD）新旧测试指标对照

旧测试指标	新测试指标
50 米跑	1 英里跑或走
往返跑	皮脂厚度、身体密度指数
立定跳远	坐位体前屈
悬垂	引体向上
仰卧起坐	—
投实心球	—
600 米跑	—

目前，美国在对学生体质健康测试指标的筛选上，逐渐倾向于选择与人体健康相关的指标。总体而言，可以归纳为四个方面：心肺功能、肌肉力量与耐力、身体柔韧性以及身体组成，测试指标主要由 1 英里（约 169.34 米）跑 / 走、体脂含量（%BF）、身体质量指数（BMI）、坐位体前屈、仰卧起坐、引体向上和曲臂悬垂组成。对以上体质健康指标的评价，能较好地反映学生是否具有充沛的精力，为安全从事肌肉活动提供了保障，从而处于良好的体质健康水平。

美国的学生体质健康监测工作在 20 世纪晚期面临了一些难题：首先，体质健康测试、数据分析等工作给政府带来了较大的负担；其次，学校作为学生体质健康测试的利益方，往往参与测试就会对测试结果造成影响。因此，美国联邦政府、州政府与学校决定由第三方监测，实施学生体质健康的监测分工。经过层层选拔，最后选择了坎佩尔速普（Campel Soup）公司设计的 Fitness gram 项目。从 1982 年开始，Fitness gram 开始作为学生体质健康监测与跟踪的重要工具。随后，坎佩尔速普公司在 1986 年，参与制定学生体质测试标准的工作，和其他体质健康学者合作制定了美国第一个由第三方监测机构负责的学生体质健康测试标准，这种由第三方监测的模式为美国解决各个学校之间与不同州之间，评价标准没法统一的难题提供了可能，坎佩尔速普公司也因为自

身专业的工作背景和认真公平的工作态度赢得了学校、老师、家长和学生的大力支持，同时获得了美国体质健康总统委员会的好评。❶

二、日本学生体质健康发展概况

日本是儿童青少年体质健康调研资料最为齐全的国家。第二次世界大战之后，日本迎来了国民经济与人口素质的迅速发展，政府逐渐认识到国民体质健康水平是保障经济发展的重要因素。因此，学生体质健康管理在日本得到了高度重视。在日本，体质又称“体力”，日本政府对青少年体质健康的管理方式主要是制定政策法规，对青少年体质健康的发展进行监督以及在不同的青少年体育组织之间起到信息沟通与联络的作用。❷

日本对青少年学生的体质健康的重视程度非常高，处于世界领先地位，日本政府认为民众体质健康的好坏是一个国家强盛和民族兴衰的重要的标志。日本体质健康方面的专家认为，体力是由精神因素和身体因素构成的。从 1879 年开始，日本对全国学生的活动能力开展了大规模调查，并将最后的测试成果以报告的形式向社会发布。自 20 世纪以来，日本政府又出台了关于体质健康的法律和制度，从法律层面上对学生的体质健康进行了保障。❸ 在此基础上，日本还制定并实施了“日本的活力 80 健康计划”与“健康日本 21”等促进学生健康的国家政策，在法律和国家政策的联合作用下，日本已经形成了社会各个方面共同促进学生体质和运动能力的网络。日本的测试指标一直伴随着学校体育教育的发展与改革，以及国家人民体育观念的转换而不断地修订、完善。在 1999 年，将所有受测试者分成了四个年龄段：小学、中学、20 ～ 64 岁、65 ～ 79 岁，针对不同的年龄段，对测试指标进行了相应的修改，新的体质健康状况测定指标体系改变了之前的以体力因素中的“体力运动”为主体的测试

❶ Haron A. Plowman. Charles L. Sterling. Charles B. Corbin, et al.The History of Fitnessgram [J]. Journal of Physical Activity and Health,2006（3）:5-20.

❷ 李卫东，王健，黄睿，等. 国外青少年体质健康促进政策的经验与启示 [J]. 武汉体育学院学报 ,2017,51（10）:13-17.

❸ 樊凯袁. 试论新时期中国基础教育体育课程改革的“国际化”与“本土化”成因及影响 [D]. 成都：四川师范大学 ,2015.

办法，围绕健康评价增加了一些内容，强调了“健康体力”的要素。[1]

日本学生体质健康的发展经历了三个阶段：

第一阶段：战前准备阶段（1945 年之前）。日本于明治十二年，即 1879 年，就针对部分学生身体活动的能力展开了调查，检测了学生的身高、体重、肺活量、饮食量、握力等 8 项指标，其目的主要是实现对外扩张政策前的准备工作，1939 年为战争进行了历史上最大规模的国民体质健康测定。显然，在这个时期，日本就已经意识到学生体质水平在国家政治与国力发展中所发挥的基础作用，并且作为一种有目的、有规划的人口素质测量行为。

第二阶段：战后调整阶段（1945—1960 年）。日本经历了世界大战的失败，国民人口素质水平骤减。为了恢复国民体质水平，分别在 1949 年、1952 年、1953 年、1954 年及 1959 年针对 8 ～ 18 岁的学生体质展开了“体力测定”，以定期监查学生的体质发展状态，进行了跑、跳、投、悬垂和灵活性测定。

第三阶段：快速发展和改革完善阶段（1960 年之后）。1961 年，日本颁布了以促进国民体质全面发展为目的的《体育振兴法》。20 世纪 70 年代以后，随着科技水平和经济的迅速发展，日本进入了国际化、信息化、老龄化阶段，科技和经济的发展为学校体质监测提供了发展的重要条件。1963 年《小学低、中年级测试实施要案》分别为小学高年级、初中、高中以及大学颁布了运动测试实施要案，要案中规定 10 ～ 29 岁学生必须进行“体力诊断测试”与“运动能力测试”[2]。1985 年，日本学生体质健康水平达到了历史最高水平，随后 10 年儿童体质健康水平进入下滑状态，日本学界在重新探讨和审视过去的学校教育、家庭教育、社会教育的同时改革三者间的关系，并提出：以新的形式使三者关系系统化，把家庭、学校、社会贯通一气，使之系统化，并综合统一起来。其主要从三个层面来推动青少年体质健康工作：一是对青少年儿童生活密切相关的学校、家庭、社会三个主体进行职能定位；二是针对学校的体育活动

❶ 崔晓明 . 中、美、日三国青少年健康标准指标的比较分析 [J]. 西安体育学院学报 ,2003,7:51-53.

❷ 刘星亮 . 体质健康概论 [M]. 武汉：中国地质大学出版社 ,2016.

进行干预；三是调动社会公益组织。经过数年的努力，日本学生健康状况下滑趋势得以有效遏制。

综上所述，日本对学生体质健康测试的研究，对于完善我国学生体质健康监测工作具有十分重要的参考意义，借鉴日本多层面的学生体质干预的整合模式，有利于完善我国学生体质健康监测工作。

三、法国学生体质健康发展概况

19 世纪后期，法国就开始实行了体力测定法。早期的体力测量目的与日本类同，主要用于战争、防御等军事目的，后逐步发展为衡量健康水平、检验人口素质的重要手段。

1956 年法国制定了学生《体育及格测验标准》，直至 1975 年进行修改后，更名为《青少年身体测验标准》。同早期的美国一样，测试内容也主要以运动素质、身体素质为主。所有内容都指向身体素质，所以测试形式和内容以提供运动素质指标为主导。

20 世纪 70 年代中期，随着世界范围内体质健康研究的不断深入，同样面临着衡量身体素质在运动中表现的“运动素质”测试与反映人健康水平的“健康素质”指标的选择。运动素质是指提高运动成绩不可缺少的身体素质；健康素质则指身体素质中对增进健康和预防某些疾病的素质。法国学者也将体质测试的内容围绕二者展开了讨论，显然，部分“运动素质”难以作为衡量人体健康水平的指标，身体素质的划分，由单纯的身体素质测试转化为体现人体健康的“身体健康”测试。经过了几年争论，这种观点在法国也得到了认可。

随之，于 1980 年，法国卫生、体育、娱乐、舞蹈联合会公布了新的《体质健康测试法》。该测试法提倡者认为，运动素质的表现领域更倾向于运动员，而并非普通人。而对于普通人而言，健康素质才是体质健康测试反馈需求和指向的重要维度。并且运动素质测试很大程度上会受到先天遗传因素的制约，而健康素质恰恰反映了学生经过后天的努力与保持，所具备的健康水平。因此，在科学的基础上，法国的这一测试法为评价学生学校锻炼的持续性提供了积极导向，努力提高健康素质，提升身体健康水平。体质健康测试主要包括以下内容：1.5 英里（约 2414 米）跑或 12 分钟跑，1 分钟仰卧起坐，直腿体前屈，三角肌、肩胛下肌测定；素质测试则包括：心肺功能/耐力，肌肉力量/耐力柔韧性、体脂百分比等[1]。

显然，在世界各国的儿童体质健康促进的发展历程中，各国学者主要对儿童体质健康促进所应坚持的理论展开了探索。在日本、法国等国家，早期的体质测试多用于战争、防御时国民体质水平的测定。美国、法国等许多国家都经历了体质健康测试理念由“运动素质”测评向“健康素质”测评的理念转变，更加重视在体质健康测试内容上与健康的结合。与此同时，也非常重视国家政策在学生体质健康促进和干预的导向作用。最后，各个国家已逐渐从学校对学生体质健康促进的干预发展至多元干预，且多以政府、学校、社会、家庭为主体，并且儿童体质健康促进领域越成熟的国家，力量联动越多元化，职能定位更加明确，联动机制更为系统。

总体来看，在学生体质健康监测执行较好的西方发达国家，普遍选择与委托具有明显第三方性质的学生体质健康监测机构去执行实施过程，从而保证监测结果的有效性。其学生体质监测由独立于政府的社会机构承担：欧盟国家的学生体质监测通常由卫生部和教育部整体把控管理，成立由体质健康监测相关专家组成的委员会落实学生体质监测反馈、评价工作；[2]美国的学生体质健康监测由库柏研究所实施测试，美国业余体育联合会负责评价和验证；日本的《学习指导纲要》鼓励和激励众多民间组织为文部省每年一次的体力监测抽样调研及复核提供帮助；澳大利亚政府一般委托社会机构负责学生体质监测的效果评价和反馈。[3]从以上可以看出，西方发达国家选择与委托的学生体质健康监测机构皆具有明显的第三方性质，说明完善学生体质健康第三方监测研究对学生体质健康监测工作的重要意义。如何真实、精准地获取学生体质健康监测数据，合理应用监测结果是世界各国亟须解决的重点问题，将直接决定数据分

---

❶ 朱静．大学生体质测试与运动健身指导教程[M]．北京：中国书籍出版社，2015.

❷ Zhu W，Mahar M T，Welk G J，et al. Approaches for Development of Criterion-Referenced Standards in Health-Related Youth Fitness Tests[J]. American Journal of Preventive Medicine, 2011, 41（4-supp-S2）.

❸ Macdonald Doune. Like a Fish in Water: Physical Education Policy and Practice in the Era of Neoliberal Globalization[J]. Quest, 2011, 63（1）:36-45.

析和信息反馈的有效性。

第二节　国内学生体质健康研究概况

近年来，随着社会经济不断进步和生活方式的巨大转变，我国儿童体质健康问题日益明显，肥胖率和近视率不断增高，身体素质降低，体质健康水平持续下降。自20世纪末期以来，国家各级政府及科研工作者对儿童青少年体质健康促进与发展投入了大量精力，但遗憾的是体质健康水平20年来仍呈现持续下滑的趋势。

一、学龄前儿童体质健康研究概况

在国内，学龄前儿童体质健康属于新兴研究领域，中国知网（CNKI）数据库中最早的研究文献源于1994年官颖柔与叶兰兴二位学者，此研究开启了我国幼儿体质健康研究的新篇章。随后，直至2013年，年发文量均不足两位数，直至2013年以后，才陆陆续续有学者投入研究。直至2020年，才迎来了我国幼儿体质健康学术研究的发文高峰期，年发文量近40篇。但纵观幼儿体育领域的整体发文情况，仍然面临着领域发文层次整体偏低，高质量的研究相对匮乏，缺乏长期深入研究的学者、学术团队及机构平台等问题。仅有北京体育大学、上海体育学院及华中师范大学于2015年前后在幼儿体质健康研究领域逐渐开展学术研究。显然，幼儿体质健康领域的整体发展仍处于理论探索的初期阶段。虽然学生体质健康研究领域在我国已经形成了较为完善的学科理论体系，但就幼儿阶段而言，仍极为薄弱。学龄前儿童体质研究主要包括以下几个方面：学龄前儿童体质健康测试的研究、学龄前儿童体质健康实证调查的研究、学龄前儿童体质健康促进理论的研究等。

（一）学龄前儿童体质健康测试的研究

表2-2是2014年全国3～6岁幼儿各项体质指标平均数，《国民体质测定标准》（幼儿部分）是进行学龄前儿童体质健康测量的重要标准，然而在实施过程中存在着使用率较低、测量系统不科学、评价与反馈系统滞后、测试程序

欠规范等问题。[1]测试标准作为国家层面重要的纲领性文件，仍然存在着在幼儿园使用率较低的问题，并未广泛的在幼儿体能发展当中应用，而农村幼儿园较城市幼儿园的应用率则更低。这也显示出学龄前幼儿教育主体方，并未真正意义上接受幼儿体质测量工作，以致《国民体质测定标准》（幼儿部分）成了仅存在于政策中的文本。在测试系统上，因幼儿阶段儿童认知程度的差别，导致测试内容的选择很难匹配幼儿的身心发展特点，而幼儿体质测试的工具，动作技能发展的测量也成为近年来幼儿体育研究领域的热点。在系统反馈上，学龄前儿童体质健康测试往往存在着“只测量，不反馈”“重测量，轻结果”，导致幼儿体质健康测试的结果成为数据库里摆放的文件包，并未向幼儿园、家长提供有益的信息，从而大大降低了幼儿园、家长在测试过程中的积极性和主动性。再者，幼儿参与测试过程本身难度较大，导致幼儿难以理解测试的真正方法，测试动作不准确、恐惧测试心理、对测试者的抵触皆是影响测试准确性的重要因素。因此，学龄前儿童体质健康的测试研究虽然已经作为了解我国幼儿体质状况的重要工具，但就其实施效果而言，并未取得预期的效益。

表2-2　2014年全国3~6岁幼儿各项体质指标平均数

性别	年龄组/岁	身高/厘米	体重/千克	坐高/厘米	胸围/厘米	皮褶厚度/毫米		
						上臂部	肩胛部	腹部
男	3	102.2	16.6	58.4	52.9	8.7	5.7	6.1
	4	107.8	18.3	61.0	54.5	8.9	5.8	6.5
	5	114.0	20.6	63.8	56.3	9.1	6.1	7.3
	6	119.7	23.0	66.3	58.3	9.5	6.6	8.1
女	3	100.9	15.9	57.5	51.9	9.2	6.1	6.7
	4	106.5	17.5	60.2	53.1	9.4	6.2	7.2
	5	112.7	19.6	62.9	54.6	9.6	6.5	7.8
	6	118.1	21.6	65.3	56.2	9.8	6.7	8.2

注：数据源于《2014 年国民体质监测公报》。

[1] 全海英，刘旭阳，孔维峰.《国民体质测定标准》（幼儿部分）实施中的问题分析 [J]. 体育学刊，2013, 20（5）:59-63.

（二）学龄前儿童体质健康实证调查的研究

学龄前儿童体质健康研究内容的重点，以大面积的横断面调查为主，主要涉及北京、广州、云南、藏族、新疆等地区幼儿体质健康的调研。调查内容包括不同民族儿童的体质健康状况，以汉族、蒙古族及白族为主。我国不同地区幼儿体质健康也呈现出一定的差异性，江西省 3 ～ 6 岁幼儿体质总体情况不容乐观，幼儿协调性、柔韧性和平衡能力较好，但速度和上下肢力量方面的锻炼有待加强[1]。而云南省彝族幼儿各项体质健康指标与汉族幼儿无明显差异，白族、哈尼族、傣族幼儿与汉族幼儿相比在不同方面存在差异，各有优势与不足[2]。成都市关于幼儿体质健康相关研究结果表明，就身高而言，平均每年增长 5 厘米，男幼儿身高变化范围为 100.44 ～ 115.89 厘米，增长幅度为 15.45 厘米；女幼儿身高变化范围为 99.96 ～ 113.87 厘米，增长幅度为 13.91 厘米。就体重而言，平均每年增长 1.5 ～ 2 千克，男幼儿体重变化范围为 16.28 ～ 21.01 千克，增长幅度为 4.73 千克；女幼儿体重变化范围为 15.77 ～ 20.14 千克，增长幅度为 4.37 千克[3]。重庆市 3 ～ 6 岁幼儿体质健康整体状况良好，优秀、良好、合格和不合格率分别为 8.04%、20.02%、41.04% 和 30.90%；性别、民族、城乡、胎龄、上幼儿园情况和父母亲每周锻炼频率因素对重庆市幼儿体质合格率影响显著（$P<0.05$）；重庆市 3 ～ 6 岁幼儿体质健康整体状况良好；人口学特征和胎龄是影响重庆市幼儿体质健康的重要因素。[4]由此可见，不同区域的横断面调查时学龄前体质健康研究的重点内容主要以身体形态、生长发育指标为主。另外，在实证调查研究当中，纵向的跟踪调查研究相对较少，大范围的横断面调查能够反映某个区域或集群的体质健康状况，但属于静态研究，很难形成长期的纵向数据参照。因此，在今后的学龄

[1] 邱幺聿，关颖嵘，黄琪．江西省 3 ～ 6 岁幼儿体质健康现状 [J]. 中国学校卫生，2018,39（10）:1525-1527.

[2] 罗莹，马靓，李红娟．云南省汉族与少数民族幼儿体质现状及影响因素 [J]. 中国学校卫生，2020,41（7）:1100-1102.

[3] 杨敬苓．成都市城区 3—6 岁幼儿体质健康现状的研究 [D]. 成都：四川师范大学，2010.

[4] 宋倩，彭莉．重庆市幼儿体质健康状况及影响因素研究 [J]. 南京体育学院学报（自然科学版），2017,16（1）:28-33.

前儿童体质健康的实证调查研究中应加强动态的追踪调查，加强研究方法创新，形成特定干预人群的循证研究。

（三）学龄前儿童体质健康促进理论的研究

正如前文所述，影响幼儿体质健康的因素是多方面的，而促进幼儿体质健康发展是一个极为复杂的过程。学龄前儿童体质健康促进涉及生理学、心理学、社会学、教育学、人类学等多学科，而生物—心理—社会医学模式的确立，使健康教育和健康促进的研究领域超越了医学范畴，涉及其理论和模式也在众多相关学科的基础上不断应用、完善和发展。主要理论模式包括健康信仰模式、社会学习理论、综合学校健康计划模式、计划行为理论、知信行模式、行为转变理论模式等。显然，幼儿体质健康促进与干预理论研究领域已经展开了跨学科理论研究，并且在健康理论上由成人、中小学儿童向幼儿阶段不断延伸，并从个体层面的健康干预向社会生态学整体的健康促进转变，综合微系统、中系统及外系统等多个层面进行健康促进。但就学龄前儿童体质健康的整体理论体量而言，仍然相对薄弱，尚未形成针对性、阶段性以及应用性强的学龄前儿童体质健康促进的理论体系。

二、中小学生体质健康研究概况

中小学生是学校体育教育的主要人群，也是学生体质健康研究的主体人群，虽然学生“30 年体质健康状态下滑”局面有所改善，但随着近年来“静坐少动”“身体活动不足”“电子产品成瘾”等一系列儿童健康负面因素的影响，致使中小学生体质健康问题一直是学术界探索的重点议题。因此，国家政府对中小学生体质健康工作极为重视，也将其作为推进学校体育工作力度的重要因素之一，确立以增强儿童青少年体质与健康促进为目标的宗旨。自改革开放以来，我国就针对中小学学生体质健康促进进行了大量的政策引导，也取得了一系列成绩和经验。从 2002 年颁布的《学生体质健康标准（试行方案）》到 2007 年中共中央、国务院颁布的《关于加强青少年体育增强青少年体质的意见》（中发〔2007〕7 号，以下简称中央 7 号文件）再到 2014 年再次修订《国家学生体质健康标准》（以下简称《标准》）的颁布与实施，都体现了国家在对于中小学生体质干预“顶层设计”的不断反思与改进，显示出党和国家治理青少年体质健康问题的坚决态度。中小学生体质健康问题作为世界性的难题，自20世纪以来，世界各国就已投入了大量精力，这也反映出该问题的复杂性、动态性以及不确定性。因此，解决中小学生体质健康问题，必将面临一场长期性的动态研究之战。

（一）中小学儿童体质健康研究的意义、功能和特征概述

1. 中小学儿童体质健康研究的意义

体质健康研究的重点实质上就是《标准》实施的过程，从国家宏观层面了解中小学阶段学生体质发展水平，体现了国家治理中小学阶段儿童体质健康的能力，对于完善中小学体质健康理论体系、拓展中小学体质健康研究的学术视野、探索中小学体质健康研究的创新思路都具有重要的理论意义。

对《标准》测试方案不断完善，不断优化和升级标准中的测试内容、方法以及要求，同时不断发现标准中存在的问题，完善标准的体质测量和评价体系，使标准具有动态性、先进性以及即时性，更好地服务中小学体质健康测试与实际。

对《标准》的理论建构与实践测量的衔接，应加强对实施的管理制度、测试要求以及质量标准等的全面认识，促进二者的有力结合，真正落实测试工作。

《标准》实质上反映了国家体育工作实施与学校体育教育工作的整体水平。即学校体育根据国家标准所做出的回应，在一定程度上也可以反映学校体育工作质量的客观水平；凸显国家政策的执行力，反映体质健康政策目标有效执行的达成度问题，从而共同实现加强中小学生体质健康的目的和任务。

2. 中小学儿童体质健康研究的功能

《标准》是我国为解决儿童青少年体质健康问题推行的一项重要体育制度。其目的在于监测中小学生体质健康水平，了解学校中小学生的健康发展状态，反思与改进学校体育工作与体质健康测试标准对中小学阶段学生体质健康促进的作用。继而加强中小学生积极参与体育锻炼，促使身体正常发育和全面发展身心健康，增强体质水平，为我国培养德、智、体、美、劳全面发展的人才建设服务，提高人口素质水平，加速建成社会主义现代化国家。《标准》中明确表明：国家体质健康标准名称的外延涉及反馈功能、教育激励功能及引导锻炼

三个方面的功能。

（1）反馈功能。《标准》是学生体质健康的个体评价标准，并规定了各校应将每年测试的数据按时上报至国家学生体质健康标准数据管理系统，该系统具有按各种要求进行统计、分析、检索的功能，并定期向社会公告。该系统为学生及其家长提供了在线查询和在线评估服务，向学生提供了个性化的身体健康诊断，使学生能够在准确了解自己体质健康状况的基础上进行锻炼；该系统还可为各级政府机关、教育行政部门、学校提供翔实的统计和分析数据，使之了解学生的体质健康状况，及时采取科学的干预措施。实际上，就《标准》实施过程而言，有时存在着“重测试，轻反馈”问题，导致《标准》实施过程中多拘于形式，自产自销、虚报数据及形象工程等问题，测评手段单一，对于评价结果的使用远远没有达到标准中反馈功能所提出的要求，测试并未有效地发挥学生体质测评的反馈功能。

（2）教育激励。《标准》是促进学生体质健康发展、激励学生积极进行身体锻炼的教育手段。所选择的指标可以反映出与身体健康关系密切的身体成分、心血管系统功能、肌肉的力量和耐力以及关节和肌肉的柔韧性等要素的基本状况。《标准》的实施有助于学生和社会对影响身体健康的主要因素有一个更加明确的认识和理解，引导人们去积极追求身体的健康状态，实现学校体育的目标。《标准》实施办法还规定，对达到合格以上等级的学生颁发证章，以激励学生对体育锻炼的内在积极性。显然，反馈功能与激励功能是密不可分的，从获取学生体质健康信息，再到反馈评价结果的建议。而教育激励，正是实现测试目的的重要一环，标准测试的最终目的即在于发挥测量的监测功能，为学生体质健康发展提供有力的支撑，促进学生健康的改进与发展。而缺乏科学、规范以及有效的数据反馈系统，也导致了教育激励多流于形式，学生为了通过测试而测试，并未发挥测量与评价的真正功能和意义。

（3）引导锻炼。引导和锻炼功能：《标准》增加了一些简便易行，锻炼效果较好的项目，并提高了部分锻炼项目指标的权重，对引导学生进行体育锻炼具有较强的实效性。通过国家学生体质健康标准数据管理系统，学生还可以查询到针对性较强的运动处方，可用于自身因地制宜地进行科学的体育锻炼，提高身体健康水平。考虑到体育锻炼的便捷性与持续性，《标准》中融合了很多便于日常锻炼的测试项目，以便学生在测试以外的场合持续性锻炼，加强了测量与评价的导向性。实际上，《标准》的真正目的在于推进“评与学相结合”的理念，通过《标准》进行评价，引导和提高学生日常锻炼的目的，也是《标准》中最核心的一环。

3. 中小学生体质健康研究的特征

中小学体质研究在我国处于传统研究领域，在研究的发展脉络上，从改革开放初期就展开了相关研究，研究体量基本呈现逐年递增的趋势，也在 2015 年达到研究领域的最高峰值，而 2015 年过后，研究产量也出现了一定程度的下跌。一方面与 2014 年《标准》的颁布有关；另一方面，需要年轻学者寻找新的突破口。在研究团队上，主要集中在北京体育大学、上海体育学院、华东师范大学、华南师范大学、北京师范大学等专业类体育院校与师范类院校，主要学者有季浏、汪晓赞、唐炎、陈佩杰等。学校、平台以及研究机构之间研究互动相对较少，缺乏“跨区域、跨学科、跨团队”合作。在研究内容上，主要集中在，对中小学体质健康监测指标、中小学生体质的实证研究、对课外体育活动的相关研究、对学校体育课程的研究、对学生身体锻炼的研究等[1]。在体质健康监测的指标选择上，也表现出与世界体质健康监测趋同的特点，逐渐在测试标准内容与评价指标上，选择与健康密切相关的测量指标。

综上所述，中小学生体质健康作为学校体育研究领域的重要内容，体现了学校体育工作的各种组织形式和各个环节的质量，推行中小学体质健康水平监督，就是推行学校体育工作的重要目标之一。因此，在学校体育工作中，应当认真贯彻体质标准测试相关的工作，使体质健康测试工作与学校体育的各项工作联合起来，相互促进、相互融合。体质健康测试不仅是学校体育的一项工作，更是反馈学校体育工作质量的集中体现。中小学阶段作为学生身体发育、健康行为发展的重要阶段，是促进学生体质发展、激励学生积极锻炼身体的重要时期，但整体上学生体质健康促进的结果并不令人满意，从体质健康标准的监测到体质健康的干预及体质健康理论体系的建设，尚处于一种“断节式”的

[1] 胡琳琳，任占兵．改革开放以来我国中小学生体质研究进展 [J]. 体育科技，2019,40（4）:155-158.

发展状态，并未形成良好的中小学体质健康理论研究、实践测评及体质健康促进等系统化的发展体系。

（二）中小学生体质健康研究概述

中小学阶段是学生学业发展的基础阶段，也是接受学校教育的重要时期。中小学阶段面临着多样化的选择。一方面，随着现代科技的不断进步，机械化、电子化以及智能化不断涌现导致身体活动不足；另一方面，面临着建立和发展健康行为，养成良好的生活习惯，形成有规律的体育锻炼行为，导致中小学生这一庞大的学生群体始终处于体质健康关注的焦点。其原因也体现了明显的时代特征，一是当前中小学生生活的空间相对封闭与独立，微系统之间的联系与影响作用相对缺乏，邻居、朋友、玩伴之间协同参与社会活动和体育锻炼的意识、频率相对下降。二是电子产品的功能逐渐多样化、取代了部分教育功能，家长使用部分具有教育功能的电子产品对学生进行智力开发、各种形式的“网课”、网上教育层出不穷等，无形中减少了学生参与户外活动和身体活动的机会。三是现代生活方式明显发生转型，“静态化”行为成为主导，“动态化”行为的作用不断被削弱。如各种代步工具的便捷化、电梯的普及化、电子产品的大众化、智能家务产品的多功能化，造成了中小学校“软、硬、笨、晕”的现状日益严重，即软，肌肉软；硬，关节硬；笨，动作协调性差；晕，前庭功能不足，容易晕倒。因此，应系统、全面研究中小学生体质健康的影响因素，并分析影响整体功能的各要素之间的关系和作用，剖析各要素所处的层次，警惕其中动态变化是保障中小学生体质健康水平的重要途径。

因此，中小学生体质健康自然成为学校体育研究领域的重点内容，主要包括中小学儿童体质健康研究的政策执行、历史回顾、实证调查以及体质健康测试等。中小学生体质健康研究主要集中在以下三个方面：

1. 中小学生体质健康政策研究

扬州会议是 1949 年以来所召开的规模最大的一次全国性学校体育工作会议，开启了学界对儿童青少年体质健康问题的聚焦与探索，后续又推动了相关规定的颁布执行，为增强儿童青少年学生体质提供法律法规依据[1]。因此，扬州会议对我国中小学体质健康政策的发展具有里程碑意义，极大程度上推动了“有效增强学生体质的共识”，明确了“学校体育卫生工作的根本出发点与归属是有效增强学生体质”，扬州会议也标志着我国中小学生体质健康政策发展的开始。1979—2017 年，我国体质健康政策的发展主要分为调整与恢复阶段（1979—1986 年）、健全和规范阶段（1987—1996 年）、改革和深化阶段（1997—2006 年）、顶层设计与协同创新阶段（2007—2017 年）四个阶段。四个阶段的政策要点各有侧重，从调整与恢复阶段强调规范学校体育制度规范化促进学生体质健康发展，到多元思想协调发展促进青少年体质健康，以及增强学生体质为载体的体育课程体系，直至顶层设计与协同创新发展阶段演进。从最早的 1979 年扬州会议的“聚焦学生体质健康问题”到 2016 年《“健康中国 2030”规划纲要》的提出，反映了中小学生体质健康问题由单维走向多学科、多领域协同发展，学生体质健康促进已上升为国家战略层面。显然，中小学生体质健康已经成为国家发展战略的重要组成部分。

基于公共政策的分析理论，有学者建立了《标准》执行效力评价的指标体系，并在执行对象、主体、过程和效果，以及政策本身、环境和资源等七个维度上，使用层次分析法和模糊综合评价法，对《标准》的执行效力进行了综合评价。研究表明，《标准》的执行对象以及政策本身和资源在执行中的效力偏低，组织机构、执行主体和运行机制的执行效力较好，但在执行的过程中伴随有偏差，如政策环境，应试的教育体制和静坐少动的生活方式等严重影响了《标准》的执行效力，因此提出了《标准》执行效力的建议：在完善政策本身与创造良好政策环境的前提下，加强学校领导、体育教师与学生间的沟通，加大财政资源、人力资源的投入力度，以最大化实现政策目标。[2]。

然而，儿童青少年阶段属于国家健康治理政策分布的“高密集区”，但政

❶ 郑继超，高锋，董翠香. 回顾与展望：扬州会议 40 年青少年学生体质健康促进研究述评 [J]. 南京体育学院学报，2020,19（7）:45-54.

❷ 栾丽霞，康冰心.《国家学生体质健康标准》执行效力评价研究 [J]. 武汉体育学院学报，2016,8:61-67.

策执行的效力不尽如人意。有研究基于米特—霍恩政策执行系统模型的视角对学生体质健康状况进行了分析发现，政策目标层次偏低、功利性强，政策法律效力低下，缺乏约束力，政执行资源不足，政策执行手段单一、执行机制和监控机制不健全，政策执行机构互动不足，执行者政策认同度不高、执行动力不足和政策环境不利等因素，以及各因素之间相互作用使政策执行陷入困境[1]。随后，研究者针对我国中小学生体质展开了讨论，以强化体质健康测试的法律权威、提高政策目标层次，提升执行主客体政策认同度，拓宽政策执行资源，建立政策执行联动机制，健全政策执行监控体系等方式来提升体质健康政策的执行效力[2]。2015 年前后，学生体质健康政策的相关研究逐渐增多，也反映出学界已经意识到，提升学生体质健康不仅在于政策方案的制定，更在于政策的执行与实施效率。尽管如此，短时间的顶层思考很难迅速将理论转化为实践指导，我国学生体质健康政策依然存在着“学校治理”承载“整体治理”的主体性缺失，以“体质评价”促进“体育锻炼”、以“特殊形式”代替“普遍问题”的困境，学生体质健康促进的内生动力不足，以体育活动替代体力活动，难以发挥家庭、学校及社会的合力作用。因此，只有让政策与对策回归对学生体质健康干预的实践，服务生活，提升社会公民的健康意识与素养[3]，才是解决社会多方主体在中小学体质健康促进事业中发挥作用，改善中小学生体质健康问题的关键。

2. 中小学生体质健康的影响因素

从现代中小学生的生活方式和锻炼行为来看，智能化与便捷化造成儿童青少年生活方式发生改变，导致身体活动缺失的问题日益凸显。而生活方式所包含的内容非常广泛，从人们的衣、食、住、行、工作到休闲娱乐、人际交往等，是人们物质生活和精神生活所表现出来的价值观、道德观、生活

---

❶ 杨成伟，唐炎，张赫，等. 青少年体质健康政策的有效执行路径研究——基于米特－霍恩政策执行系统模型的视角 [J]. 体育科学，2014,34（8）:56-63.

❷ 张晓林，文烨，陈新键，等. 我国青少年体质健康政策执行困境及纾解路径 [J]. 西安体育学院学报，2017,34（4）:426-431.

❸ 岳建军，龚俊丽，王家宏. 困境与突破：基于国际行动框架的我国学生体质健康政策 [J]. 体育学刊，2020,27（2）:79-84.

观、健康观的集中体现[1]。中小学生的体质健康状况与生活方式的变迁有着密不可分的关系，与日下降的体育锻炼和必要的体力活动匮乏导致了学生体质健康状况的劣化。因此，体质健康的影响因素调查也成为学界研究的重点内容，其中包括中小学阶段学生的生活环境、生活方式及体育锻炼方式等，其主要表现如下：

（1）生活方式。中小学生体力活动减少，静坐少动的行为增加。首先，研究表明，大部分家长认为当前“学校、学生、家庭、升学压力大，学生空余时间少，是影响学生体质健康下降的重要因素”。有专家认为，同过去相比，学生家长对学生体育活动的重视明显“减少了”[2]。初中阶段，由于应试教育导向，学生升学压力剧增，体育活动大幅度减少，升学压力与身体活动需求的矛盾日益凸显。中小学生身体活动不足同样发生在世界各国，进入21世纪后，美国、欧盟等发达国家的儿童青少年身体活动均下降了30%～40%。其次，学生体质健康水平与静态生活方式密切相关，电子产品成瘾成为当前影响学生健康的重要原因，每天看电视、玩电脑、游戏时间超过两小时的学生体质健康不及格的风险更高；小学生每天写作业、看电视、玩游戏超过两小时体质健康不及格的风险要高于每天写作业小于两小时的学生，而到了中学阶段电子产品的危害则更为显著[3]。最后，超重、肥胖及近视眼学生比例进一步增长，营养失衡导致中小学生肥胖率持续上升，不健康的饮食习惯、不正确的用眼习惯皆成为困扰学生体质健康发展的不利因素，值得重视的是脊柱侧弯也逐渐成为影响学生体质的重要因素。因此，只有合理地运用“静动结合”“微运动”“营养平衡”等手段，才能够缓解现代“动静失衡”所导致的体质健康风险。

（2）人际关系。从人生的处世哲学观念来看，人际关系似乎与学生的身心

---

❶ 刘星亮 . 体质健康概论 [M]. 武汉：中国地质大学出版社 ,2016.

❷ 张大超，李敏 . 影响我国中小学生体质健康发展的主要因素与对策研究 [J]. 北京体育大学学报 ,2009,32（11）:76-80+83.

❸ 张子龙，马军，付连国，等 . 中国 2010 年中小学生体质健康现状分析 [J]. 中国学校卫生 ,2013,34（2）:142-146.

健康关联不大[1]。实际上，随着近年来社会生态学理论研究的不断深入，健康的干预措施已经被划分为微系统、中间系统、外层系统以及宏观系统等几个层面，体质健康促进已不再局限于传统的个体层面视野，逐渐走向社会生态学下整体健康干预环境的构建。社会的特征是人与人相处和从事社会活动，而提升学生体质健康的重点就在于增加学生参加体育锻炼的频次和时间。个体与环境之间交织着各式各样的人际关系，亲属之间、同学之间、邻居之间、朋友之间皆是影响中小学生健康行为的微环境。有研究表明，小学生在父亲的陪伴下，更容易增加体育锻炼的兴趣。而体育参与不足正是导致中小学生体质健康水平下降的重要因素。在促进中小学生参加课外体育锻炼方面，首先，政府应当确立将中小学生体质健康促进作为公共健康服务职责的重要职能，增加政府的对口资源投入，健全儿童体育的组织框架，加强场地与器材建设，使中小学生有充裕的场地、硬件资源进行体育锻炼。与此同时，政府还应不断壮大社会体育指导员队伍，提升其服务意识与指导水平，使得中小学生在参与体育锻炼时能够获得科学性的指导。此外，政府还应扶植青少年体育社团组织的发展，鼓励并帮扶社区建立青少年体育俱乐部，来促进青少年体育活动的开展[2]。显然，“社会生态化”理论下的中小学体质健康促进模式，使儿童健康干预已经不局限于个体层面，更需要从家庭关系、社会组织、学校环境等多个层面协同促进学生的健康行为。

（3）体育锻炼。传统思维局限了人们对健康的认知，通常认为“无病”即“健康”，淡化人们对健康维护的观念，从而降低了对身体锻炼的积极性和主动性。体育锻炼虽不是保持健康的唯一途径，但却是维护健康状态的重要方式。近年来，锻炼时间不足已成为影响中小学生体质健康的主要因素，66% 的儿童青少年每天的锻炼时间不足 1 小时，近 24.8% 的学生基本不锻炼，60.4% 的学生并未养成体育锻炼的习惯，更有 28.9% 的学生根本就没有时间进行体育锻炼，这也反映出学生体育锻炼时间不足仍然是学校体育工作面临的核心问

[1] 刘星亮 . 体质健康概论 [M]. 武汉：中国地质大学出版社 ,2016.

[2] 马德浩，季浏 . 我国中小学生体质健康中存在的问题、致因及其对策 [J]. 西安体育学院学报 ,2017,34（2）:182-188+236.

题。虽然国家在多个政策文件中着重强调了“每天锻炼1小时”的重要性，但政策执行力低下，落实成效不足，仍然是导致学生体质下降的重要因素[1]。究其原因：一是运动时间被压缩、升学压力大，使得学生大量的运动时间被静态的学习所取代，中小学生不论在学校，还是在家庭，体育锻炼的时间都难以保证。二是运动场地不足。长期以来，学校硬件场地是学生进行体育锻炼活动的重要物质基础，很多学校基础场地、器材设备难以有效支持学生进行锻炼活动。三是缺乏科学指导，经费投入少。中小学国家规定体育课程开设不足且质量、执行力低下，导致学生很难在学校体育课上系统地学习体育锻炼的方法，养成体育锻炼的习惯，学会并掌握一项体育技能。同时，课下体育延伸不够，社区体育服务机制不完善，并未形成有效的校内、校外体育活动衔接。四是课程内容种类少，缺乏可选择的运动项目。中小学区别于成人，尚处于兴趣培养的初级阶段，“儿童化”的课程建设、课程内容、体育设施未得到很好的普及，学生可选择的范围有限，难以形成有效的体育素养培养机制，难以促进学生养成正确的体育锻炼习惯。

（4）多元联动模式研究。20世纪初期，我国开展了“儿童体质健康促进的多元联动”理论研究。该主题相对国外发达国家起步较晚，且研究成果较少。国内学者逐渐意识到，以“学校体育”为单一主体的中小学体质健康促进，很难从根本上解决学生体质健康问题。“多元联动模式”应运而生。现有成果绝大多数是从社会学、教育学、体育学等层面展开的，主要讨论的是儿童体质健康促进模式的理论模型构建、现状、特征、干预策略及对儿童体质健康促进模式的理解和适用等问题，且在联动模式上多以学校、家庭、社区三位一体化联动为主，尤其是2010年之前，主要以“学校、家庭、社区”一体化联动的理论构建为主，实践性的研究极为薄弱。具体到儿童体质健康促进的多元联动，也是近年才逐渐出现，一直缺乏细致、深入、专门、系统的研究。

---

❶ 梁凤波，毛振明，程天佑，等.《“健康中国2030”规划纲要》与学校体育改革施策（3）目标：确保学生校内每天体育活动时间不少于一小时[J].武汉体育学院学报，2018,52（7）:82-87.

2010年以后，体质健康促进的联动发展模式“学校、家庭、社区三位一体”的研究中会涉及儿童体质健康促进模式的相关问题，为后续该理论的发展奠定了基础。在三位一体的中小学生体质健康促进模式当中，有研究表明学校发展职能最高，家庭次之，社区最差，反映了社区体育尚处于学生体质健康促进中的薄弱环节[1]。随后，又出现了“家校合作”“家庭、学校、社区、医院”的联动模式，通过多元主体的协同作用，共同促进儿童青少年体质健康。直至2020年前后，国内学界基本上也确立了从“学校、家庭、社区”三个维度联动促进中小学体质健康的主体模式。并且应当以学校为中心，带动家庭的健康促进行为，并以家庭为单位辐射社区群体。

3. 中小学生体质健康监测研究现状

体质健康测评一直是中小学生体质健康研究领域的重要内容，也备受关注。从1979年开始，教育部、国家体育总局等部委组织实施了中国学生体质与健康调研。随后，在1985年到2005年的20年间也组织了5次学生体质健康监测与健康调查工作，对儿童青少年学生的体质与健康情况进行了持续、系统的调研和检测，基本建立了完善的中国学生体质健康检测与健康调研制度。最新的2014年全国学生体质健康调研结果显示：乡村小学生蛔虫感染率持续降低，中小学生速度、柔韧度、力量、耐力等身体素质继续呈现稳中向好趋势。

综合而言，我国体质健康监测工作取得了一定的成果，主要体现在体质健康指标体系的构建、数据分析结果评估以及监测效果等方面。首先，有学者以美国青少年为研究对象，通过对比美国体质健康测评体系完成了我国体质健康评价指标的筛选与建构[2]。同时，还有学者对《标准》前后改进指标进行了对比分析，分析测试指标选择的有效性[3]，均为我国体质健康测评指标体系构建

[1] 方程.青少年“三位一体”体育健康教育模式研究——基于西安市的调查[J].成都体育学院学报,2013,39（5）:37-43.

[2] 岳建军,阎智力,季浏,等.美国青少年体质健康评价体系及其启示[J].体育文化导刊,2013（7）:35-39.

[3] 游蕴琦.《国家学生体质健康标准》测试指标调整前后的比较分析[J].体育学刊,2013,20（4）:97-99.

提供了一定的思路。其次，2004 年有学者运用现代计算机技术手段，结合了定性分析与定量分析的特点，用 AHP 模型以人机对话的模式，对我国各个省市的学生体质与健康水平和学生体质情况进行了综合评估，获得了学生体质健康权值的排序❶。最后，国内针对学生体质健康测试的数据分析模式展开了探讨，虽然针对学生体质健康数据进行了一定的分析，但多数仍是以数据分析数据，并未深度思考学生体质测试数据之间的机制、关系以及模型构建的问题。因此，也有部分研究开展了以 SOM 和 PCA 对体质健康数据的模式识别及可视化分析，通过体质健康的大数据结果，来分析不同区域人群的体质健康特征。融合了体质健康大数据与地域特征的关系，为体质测试的大数据提供参考。在此基础上，使用多层次的模糊综合评价法建立了监测效果的评价模型，该模型经过了实证论证，可用于学生体质健康监测效果进行量化的评价，其评价结果能够为学校的监测工作提供参考❷。综上所述，随着我国中小学体质测试研究领域的不断拓展，已逐渐从关注“结果生成”到重视“结果生成—反馈应用—研判干预”转变。测试过程是决定测试结果的重要环节，而科学合理的结果应用与研判干预相结合才能从真正意义上实现测试对中小学生的体质健康干预的目的。

综上所述，我国的学生体质健康监测工作已经取得了长足的进展，逐渐形成符合我国国情的体质健康监测内容与体系，为保障学生的体质健康筑起了一道坚实的保护墙。但部分学校体质健康测试仍存在自产自销、虚报数据及形象工程等问题，亟须从体质健康数据本身着手，构建科学、合理有效的数据分析模型，提升测试结果的有效性、真实性，加强数据测试、数据采集、数据分析以及数据管理规范性。

---

❶ 黎小沛，侯军儒，吕世成，等 . 用 AHP 模型综合评估学生体质健康 [J]. 天津医科大学报，2004,2:175-178.

❷ 于红妍，李婷 . 我国学生体质健康监测效果模糊综合评价模型 [J]. 中国学校体育（高等教育），2014,1:86-89.

三、大学生体质健康研究概况

大学生是未来推动社会主义建设与发展的中坚力量，其体质健康不但关乎个体的健康与成长，更关乎整个国家的发展与兴盛。从 2014 年全国学生体质健康调研结果来看（见表 2-3），在学生体质健康状况总体有所改善的同时，也存在一些问题，主要有：大学生身体素质继续呈现下降趋势；视力不良检出率仍然居高不下，且继续呈现低龄化倾向；各年龄段学生肥胖检出率持续上升。体质健康水平往往具备一定的稳定性，建立在一定水平的体质往往很难在短时间内下滑，大学阶段学生身体发育日趋完善，经过义务教育阶段与高中阶段的提升之后，理应保持在相当水平的范围内，但大学生身体素质下滑的事实却指向大学阶段，因此，体质健康不稳定的状态反馈出学生体质健康提升方面并未建立系统、稳定的长效机制，导致学生在大学阶段体质健康问题的凸显。

刑文华教授认为，大学体育教育不足是造成大学生体质健康水平下降的重要原因之一，过分强调兴趣而缺乏基本身体素质的练习。显然，这一观点是值得思考的。如前文所述，大学阶段是强调学生自主体育锻炼的应用性阶段，更强调学生的应用与发展。而扎根打基应属于基础教育阶段，反映出我国体育教育缺乏有效的大学、中学、小学、学龄前阶段的一体化教育，并未在学生层层进阶的学段中打好基础，导致基础教育阶段训练基本身体素质，培养兴趣，到了大学仍然是训练基本素质，培养兴趣，最后造成“学生学了 12 年体育课，未能掌握 1 项运动技能”。学生体质健康下滑正从根源上反映出学校体育课程的课程质量低下，缺乏有效的学业质量监控体系。

1985—2008 年 6 次大学生体质健康调研表明：男女在平均身高上逐年增高，仍然表现为城市大于农村，但城市和农村的差距逐渐缩小；体重无论男女皆有所增长，男生 BMI 表现为城市大于农村，女生 BMI 则表现为农村大于城市。整体指标上也表现出城市与农村的差距逐渐缩小，男女身体素质呈现逐渐下滑趋势，肥胖和超重率增加等[1]。大学生体质测试的评价方式、测试指标的

[1] 尹小俭，杜建强，季浏，等. 中国大学生体质健康变化趋势的研究 [J]. 北京体育大学学报，2012,35（9）:81-84.

关联性、体质健康干预以及体质健康数据管理等也是当前研究的重点内容。

表2-3　2014年全国7~19岁儿童青少年各项体质指标平均数

性别	年龄组/岁	身高/厘米	体重/千克	胸围/厘米	安静脉搏/（次/分钟）	收缩压/毫米汞柱	舒张压/毫米汞柱	肺活量/毫升	50米跑/秒
男	7	126.6	26.6	60.6	97.9	95.2	59.0	1150.3	11.1
	8	132.0	29.9	63.2	86.9	97.2	60.4	1329.9	10.5
	9	137.2	33.3	66.0	86.6	99.2	62.2	1530.7	10.1
	10	142.1	37.2	68.4	85.9	101.0	63.1	1734.4	9.7
	11	148.1	41.9	71.5	85.6	103.7	64.6	1969.1	9.4
	12	154.5	46.6	74.1	84.4	105.6	65.1	2272.6	9.0
	13	161.4	52.0	77.3	83.2	108.8	66.7	2667.5	8.5
	14	166.5	56.2	79.9	82.5	111.7	68.5	3045.1	8.2
	15	169.8	59.5	82.0	81.0	113.4	69.7	3369.0	7.9
	16	171.4	61.5	83.5	80.2	114.2	70.4	3575.7	7.7
	17	172.1	63.3	85.0	79.9	116.1	71.7	3726.8	7.6
	18	172.0	63.5	85.3	79.2	116.3	72.1	3772.3	7.7
	19	172.4	63.5	85.8	78.1	115.7	72.4	3924.6	7.6
女	7	125.1	24.7	58.1	88.6	93.6	58.3	1037.	11.6
	8	130.5	27.6	60.4	87.3	95.2	59.7	1184.7	10.9
	9	136.3	31.3	63.4	86.9	97.6	61.4	1358.6	10.5
	10	142.6	35.5	66.6	86.8	100.6	63.1	1564.4	10.2
	11	149.3	40.6	70.6	86.4	103.1	64.8	1783.0	9.9
	12	153.7	44.5	73.6	84.7	103.8	65.2	19762	9.7
	13	157.0	48.0	76.3	83.6	105.0	66.2	2132.8	9.6
	14	158.7	50.4	79.3	83.2	106.8	67.5	2261.7	9.6
	15	159.4	51.6	79.1	82.3	106.3	67.2	2345.0	9.6
	16	159.8	52.7	80.2	81.5	106.6	67.5	2423.7	9.7
	17	159.8	53.0	80.9	81.3	107.2	68.1	2450.7	9.7
	18	159.4	52.6	80.6	81.0	107.5	68.5	2431.3	9.8
	19	160.2	52.4	80.8	79.6	105.9	68.1	2574.0	9.6

注：数据源于《2014年国民体质监测公报》。

纵览我国学生体质健康领域的研究脉络，研究热点呈现多元化，理论体系也日渐完善，而幼儿阶段尚处于体质健康理论的薄弱环节。在学生体质健康领域研究内容上主要涉及测评实施、测评指标检验、影响因素、国外借鉴、数据分析、政策执行力等部分，研究重点也多倾向于体质健康的测试与评价、指标检验、现状与分析等方面，而体质健康数据的分析与处理仍处于整个体质健康研究的薄弱环节。

四、学生体质健康数据分析的发展趋势

《标准》是国家检验学生体质健康发展水平的重要抓手，是了解学生体质健康发展状态的重要途径。通过体质健康测试，能够获取学生体质健康水平的信息反馈，精准地掌控学生身体素质与健康状态。学生体质健康测试工作量大、环节多、要求高，其“生命线”在于测试数据的完整性、真实性、可靠性、有效性[1]。因此，测试结果的准确性和真实性就成为测试工作的核心环节，代表了测试工作的核心质量。然而，由于数据分析、数据处理以及结果上报过程中出现了诸多问题，导致数据应用的有效性不足，造成国家体质健康测试工作效力饱受质疑。因此，随着大数据和信息化技术的广泛应用，有望改善学生体质健康数据采集与利用这一现实问题。

（一）大数据趋势

《“健康中国 2030”规划纲要》中明确指出，要“加强健康医疗大数据应用体系建设，推进基于区域人口健康信息平台的医疗健康大数据开放共享、深度挖掘和广泛应用。消除数据壁垒，建立跨部门跨领域密切配合、统一归口的健康医疗数据共享机制，实现公共卫生、计划生育、医疗服务、医疗保障、药品供应综合管理等应用信息系统数据采集、集成共享和业务协同”。随着“大数据”与信息科学逐渐涉足各个学科领域，大数据也被逐渐引入大众体质健康监测领域。从 1985 年开始，学生体质健康监测不断收集大量的监测数据，已经积累了海量数据。运用传统的统计学方法虽然能得到相对直观的分析结果，但难以揭示各结论内部的相互联系。采用数据挖掘技术和人体医学的知识，可以对全民的健康状况、疾病情况以及对国民生活方式的改变、运动健身意识的进步

[1] 焦亮亮，张玉超．学生体质健康测试数据误差分析及改进 [J]. 体育成人教育学刊,2015,31（2）:69-72+94.

进行深度的挖掘与分析[1]。如图 2-1 所示，可以大致按定义分析目标与设定衡量结果的标准、建立数据仓库、初步建模数据、模型评价以及实施几个部分进行，从而实现从数据获取、分析、评价以及实施一体化的进程。相较于其他领域，大数据在体育领域的发展相对较慢，而大数据作为新时期数据处理的重要手段，能够极大程度地提升学生体质健康数据分析与处理的准确性、规范性以及全面性。因此，大数据在体测与管理方面，可以实现数据统计与分析，且操作便捷，可有效基于系统数据结果分析学生健康状况，其目前已经体现出一定优势。

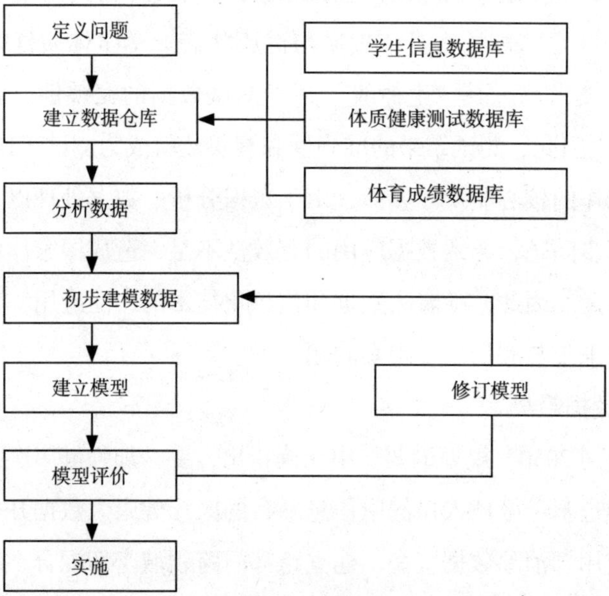

图2-1　学生体质健康测试数据采集模式

（二）智能化趋势

人工智能（Artificial Intelligence，AI），是研究、开发用于模拟、延伸和扩展人的智能的理论、方法、技术及应用系统的一门新的技术科学[2]。数据测量与分析正是测试过程的薄弱环节，尤其是涉及数据的采集，传统方式很难以

[1] 杨帆静，陈志辉．大数据时代体育领域数据分析与应用研究[J]. 西安文理学院学报（自然科学版），2017,20（5）:113-117.

[2] 瞿迪，翟丰．人工智能化体育用品发展研究 [J]. 体育文化导刊，2018（6）:104-108.

客观、真实以及便捷的方式获取学生的体质健康数据，体质测试过程又存在数据收集量大、测试项目较多、测试周期长等问题。因此，智能化的体质测试设备将大幅度提升数据采集的准确性和规范性，避免测试过程中的人为因素，提升体质测试的效率。加强可穿戴式运动产品的研发与普及，为学校体育提供了可靠的技术基础和硬件条件，例如学校每年给体质测试不合格的学生分配可穿戴式运动产品并开具运动处方，利用设备采集的体征数据分析他们的运动情况等，一方面提升了数据收集过程的效率，另一方面也为获取数据后的分析与处理提供了便利，加快了数据的上传与管理，有助于对体质健康数据的单项体质测试成绩的横向、纵向比较，极大程度上为学生测试完成后的数据应用提供了便利。

（三）应用性趋势

学生体质健康数据分析可提升体质健康测试的质量，其效果更体现在体质健康测试结果的应用领域。首先，对学生体质健康数据进行分析将有利于信息的深度挖掘，加强显性信息和隐性信息的收集与分析，判断获取信息的真实程度，可用来验证体质健康测试的数据收集质量，使数据的收集者能够更加清晰、客观地了解学生的体质健康状况。其次，有利于促进体质健康干预，通过数据分析可以更有针对性地进行干预，面对不同人群，采取不同的干预模式，加强数据分析的针对性。再次，数据管理和评价可将管理和评价量化，使得学生体质健康测试更加有效。最后，加强对学生体质健康测试的监督，构建体质健康数据分析模型，可以判断学生的体质健康发展水平，增强学生体质健康干预的引导和问责机制。

第三章　学生体质健康数据分析的理论基础及模型构建

第一节　基于大数据的身体素质关键期模型构建

一、关键期（敏感期）的概念

儿童青少年身体素质的发展存在关键期，在大多数研究中被称为敏感期。身体素质通常是人体各器官系统的功能在肌肉工作中的综合反映，是运动中所表现出的力量、速度、耐力、柔韧性、灵敏度和协调性的总称。儿童青少年在成长过程中，身体素质有着较为明显的发展规律，存在着某种身体素质增长速度特别快的阶段，运动生理学中将身体素质增长快的年龄阶段称为增长敏感期（关键期）。有研究表明："敏感期"并不只有一个阶段，而是连续的几个时间段或时间点，即身体素质在不同的年龄阶段显示出不同的发展状态，既有阶段性的迅速增长，又有较长时期的缓慢增长趋势。国内外学者对敏感期的概念表述不一，但其研究内容大体相同。国外有的学者将敏感期称为某项素质的"加速适应窗口"（window of accelerated adaptation），有的学者将"敏感期"称为"关键期"（critical period）或"敏感期"（sensitive period），也有部分国外学者将其称为"机会之窗"（windows of opportunity）。国内学者通常将其表述为"身体素质发展的敏感期""身体素质增长敏感期""运动素质的发展敏感期""运动素质敏感期发展期""敏感优效期"等。

二、身体素质发展关键期（敏感期）的研究进展

许多研究表明：在儿童青少年关键期（敏感期），如果训练等外因和遗传、

自然生长发育等内因相互配合，势必对体能发展会起到事半功倍的效果，并可为儿童青少年体质健康水平打下坚实基础。

（一）力量素质发展的敏感期

力量素质是指人体肌肉对抗阻力的能力。在学生体质健康监测中，通常用仰卧起坐作为衡量腰腹力量的标准，用引体向上衡量男生上肢力量。然而，近年来的学生体质健康测试结果显示了肌肉力量明显下降的趋势。

儿童时期，由于肌肉发育未完全，神经系统对肌纤维的控制调节能力不完善，因此肌肉力量较差，随着年龄增长，肌肉力量也逐渐增长。男生在12～16岁时力量素质增长速度最快，青春期后，由于睾酮激素的作用，男生力量骤增。女生在11～15岁时力量素质增长速度较快，跟激素分泌也有一定关系。16～17岁是青少年力量素质快速提高的第二高峰，肌肉横向生长加快。也有研究研究认为，10～13岁，肌肉的绝对力量和相对力量增长速度最快，均处于持续上升的状态，三年中总的绝对力量可提高约46%，因此这个阶段是发展儿童一般肌肉力量的黄金阶段，为力量训练的敏感期；15～16岁是用较大重量负荷进行力量素质训练的敏感期；17～18岁是从事较大强度力量训练的敏感期。力量是一切身体素质的基础，在儿童阶段抓好力量素质，能够有效提升儿童的运动能力和表现。但需要注意的是，避免进行大负荷的抗阻训练，负荷过大容易造成运动性损伤，同时由于儿童肌肉骨骼未发育成熟，骨的韧性较好，负荷过大容易产生形变，也可能抑制生长。

据2010年中国（汉族）学生体质与健康调研统计资料显示：随着年龄增长，男女生立定跳远成绩的均值都呈上升趋势，男生12～16岁增长速度最快，18岁达最大值；女生7～12岁增长速度较快，16岁接近最大值。男子引体向上在13～16岁增长速度较快，女子腰腹肌力在7～11岁发展较快。齐景宇对北京市中小学男女生进行了八周力量素质干预练习，结果显示：男生提高最快的为初中二年级，然后是初中一年级，其次就是小学六年级和五年级，对应11～14岁；女生四年级到初一年级阶段为力量素质快速增长的阶段，对应10～13岁，通过八周力量干预练习，男女生敏感期干预获得效果量较非敏感期显著。力量素质：引体向上/1分钟仰卧起坐敏感期，男生12～13岁，女生6～8岁。

（二）耐力素质发展的敏感期

在学生体质健康监测中，通常用800米/1000米，以及50米×8往返跑成绩来评定耐力素质。成绩的高低可以显示出个体的心肺功能、运动系统综合能力。近年来，学生体质健康测试结果显示，我国青少年耐力素质呈持续下降趋势。因此寻找发展耐力素质的关键期，并在关键期内开展合理的体育锻炼就显得尤为重要。

耐力素质包括有氧耐力和无氧耐力。目前认为，男孩的有氧耐力发展的敏感期，为10～17岁，女孩为9～14岁及16～17岁。男儿童青少年的无氧耐力发展的敏感期为10～20岁，女子为9～18岁。青少年的耐力素质发展相对较晚，从有氧供能能力来看，男子的最大摄氧量在12～16岁时随着年龄的增长而增长，18岁可达最大值；女子的这一指标从13岁开始趋于稳定。因此，在青春发育期前后可安排强度适中的有氧训练，而17～18岁是发展专项耐力训练的敏感期。

（三）速度素质发展的敏感期

速度素质是指人体进行快速运动的能力或以最短时间完成某种运动的能力。在学生体质健康监测中，通常用50米跑成绩来反映速度素质。

速度素质在发展过程中存在明显的性别和年龄差异。研究发现，速度素质在10～13岁时增长最快，为发展敏感期，如果该阶段不进行速度训练，14岁以后肌肉收缩的速度会变慢。此外，反应速度的快慢与神经系统的功能密切相关，9～12岁阶段神经系统处于第二个发育高峰期，所以该阶段发展反应速度最为合适。速度素质发展的敏感期是7～12岁，是提高短跑成绩的黄金时期，抓住这一有利阶段对儿童进行科学的教学和训练，对挖掘未来速度的潜力有较大的影响，如果7～11岁时不予以训练，再提高步频是很难的。湖北省体科所邓华源采用追踪研究法探讨儿童青少年速度的增长规律及较为合理的确定敏感期，他认为速度敏感期有持续的年龄阶段，也有分散的年龄点。男儿童青少年速度敏感期为8岁、13～15岁，女为8～9岁、12岁[1]。针对50米跑，也有研究认为男子的发展敏感期为7～9岁，12～14岁这两个阶段，而

[1] 邓华源．少年儿童速度素质的增长敏感期[J]．武汉体育学院学报，1982(2):61-65.

女子的发展敏感期为 7 ～ 11 岁。因此体育教师需要抓住儿童速度素质发展的敏感期，有针对性的安排教学与训练。袁圣敏等人研究中国 7 ～ 18 岁儿童青少年 1985—2010 年速度素质（50 米）敏感期变化特征，认为男生速度素质呈现出 7 ～ 8 岁和 12 ～ 13 岁两个敏感期，而女生只有 7 ～ 8 岁 1 个敏感期，另外 8 ～ 9 岁成绩增长率也相对较快，仅次于 7 ～ 8 岁[1]。王伟杰的研究数据来源于 2012 年《国家体育锻炼标准》修订课题组，对 6 个省市的 6 ～ 17 岁儿童青少年进了力量、速度、耐力、灵敏度、柔韧性等身体素质的测试，研究中用 50 米和 30 秒跳绳分别表示位移速度和动作速度，研究表明，速度素质：50 米男女生 9 ～ 13 岁增长迅速，敏感期：男生为 10 ～ 11 岁、12 ～ 13 岁；女生为 10 ～ 11 岁。30s 跳绳男生为 6 ～ 10 岁，女生为 6 ～ 9 岁增长迅速，男女生敏感为 6 ～ 8 岁[2]。

（四）柔韧素质发展的敏感期

柔韧性是人体在运动过程中完成大幅度运动技能的能力，它对于快速、有力、轻松、富有表现力的高难度运动技能的学习和掌握有重要影响。在学生体质健康监测中，通常用坐位体前屈成绩来反映柔韧素质。

儿童少年时期 6 ～ 12 岁是发展柔韧素质的最佳阶段，在这个阶段进行柔韧性训练，可以达到事半功倍的效果。髋关节的灵活性提高幅度最大在 7 ～ 10 岁，肩关节则在 12 岁左右。柔韧性在 13 ～ 14 岁时接近成年人，成年以后只要坚持锻炼拉伸，则可以保持巩固。研究显示，柔韧素质（坐位体前屈）敏感期，男生为 6 ～ 7 岁、15 ～ 16 岁；女生为 10 ～ 11 岁、13 ～ 14 岁。柔韧素质的早期练习很重要，发展柔韧素质应从小抓起，4 ～ 7 岁开始进行舞蹈、体操等项目最佳，男子 19 岁、女子 20 岁以后，柔韧素质趋于稳定或有所下降。

（五）灵敏素质发展的敏感期

灵敏度是指在复杂条件下对刺激做出快速和准确反应的能力。灵活控制身

---

❶ 袁圣敏，吴键.中国儿童青少年1985—2010年速度素质发展敏感期变化[J]. 中国学校卫生，2018,39(2):304-306.

❷ 王伟杰.儿童青少年身体素质敏感期的变化特点[D]. 北京：北京体育大学，2015.

体和随机应变的能力，灵敏度与中枢神经活动有着紧密联系，它是一项复杂的综合素质，与儿童的力量、反应、速度、爆发力和协调性等密切相关。灵敏度发育男女无性别差异，儿童阶段是发展灵敏素质的关键时期，男女灵敏素质发育的敏感期为 6 ～ 13 岁，13 ～ 15 岁发展速度减缓，15 岁以后基本趋于稳定。因此小学阶段的体育课和训练计划应以灵敏素质的发展为主。根据相关研究，灵敏素质：1 分钟绕杆跑，敏感期为男生 7 ～ 8 岁、12 ～ 13 岁，女生 7 ～ 9 岁；十字象限跳，男女生敏感期为 6 ～ 7 岁、8 ～ 9 岁。

从大量文献资料中可以看到，儿童青少年身体素质敏感期并不是一成不变的。随着时代的发展，在遗传、营养、环境、生长发育等相关因素的影响下，儿童青少年身体素质的敏感期也会产生变化。另外，不同地域的儿童生长发育程度不一样，身体素质发展的敏感期也可能存在差异。因此为了确保敏感期干预的准确性和精准度，可以开展长期跟踪调研，基于大数据计算出学生的敏感期变化规律。

本书旨在通过数学建模，构建一种基于大数据的身体素质敏感期的计算方法。为了体现儿童青少年身体素质发展敏感期这一阶段在数据收集、分析、干预以及反馈整个闭环中的重要性和关键性，模型构建中的命名将采用“关键期”这一说法。本书将介绍基于大数据身体素质关键期的算法，验证各地区儿童青少年身体素质发展敏感期的时间段、变化特点与普遍情况的差异，为体育教师、家长和学生在不同身体素质发展敏感期间选择性地加强锻炼提供参考，为大数据背景下儿童青少年体质健康测试的精准干预提供理论支持和科学的依据。

三、基于大数据的身体素质关键期（敏感期）计算方法

身体素质发展关键期为身体素质的快速增长期，关系到儿童青少年运动能力发育的阶段节点和教育干预的可塑性。发达国家因其经济社会发展相对稳定，儿童青少年生长发育敏感期的变化也趋于稳定。而我国自 20 世纪 70 年代末以来，经济社会的锐变带来了青少年生长发育的爆发式变迁，亟待结合大数据探究发育变迁的规律，为制定不同类别的学生体育和健康促进政策服务。

武汉体院研究小组曾探讨了湖北省青少儿身体素质的发展情况，并以年增长环比的几何均值加一个标准差作为其临界值，初步确定凡属于增长环比大于或等于临界值的年龄为敏感期，自此，国内体育业内有了关于敏感期年龄的研究。广东省青少儿体质研究组专门对少儿速度素质的敏感期做过探讨，确定敏感期的方法为：求出逐年增长值，找出最大增长值的对应年龄，靠近最大增长值的上下两个年龄阶段则为敏感期，确立了身体素质敏感期年龄区间范围。甄志平等人总结了身体素质敏感期的几种常见界定方法[1]（见表 3-1）：①以年增长环比的几何均值或算术平均数加 1.0 或 0.5 标准差作为临界值，年增长率大于或等于标准值的年龄阶段为“敏感期”，小于标准值的为“非敏感期”，年增长率计算公式为：增长率 =（当年指标值 - 去年指标值）/ 去年指标值；②求出逐年增长值，找出最大增长值的年龄，靠近该值的上下两个年龄阶段为敏感期；③青春发育突增期理论，以形态发育中身高、骨龄增长速度最快的 3 个相邻年龄组为突增期来研究体质的发展特征；④快速增长期理论，即测试年龄区间逐岁增长值达到最大的年龄段。

表3-1　不同身体素质敏感期研究及计算方法

作者	性别	样本量 / 人	立定跳远 / 岁	50 米跑 / 岁	耐力跑 / 岁	体前屈 / 岁	计算方法
邢文华等（1982 年）	男生	2321	8 ~ 10、14	8 ~ 10、15	8 ~ 11、14	—	增长率（环比）的均值加上 1 标准差作为临界值
	女生	2416	8 ~ 11	8 ~ 10	8 ~ 11	—	
邓华源（1982 年）	男生	1556	—	8、13 ~ 15[①]	—	—	增长率（环比）的均值加上 0.5 标准差作为临界值
	女生	1447	—	8 ~ 9、12[①]	—	—	

[1] 甄志平，李晗冉，陈麒先，等. 改革开放以来中国学生身体素质发展敏感期变迁趋势研究 [J]. 北京师范大学学报（自然科学版），2021,57(2)：283-292.

续表

作者	性别	样本量/人	立定跳远/岁	50米跑/岁	耐力跑/岁	体前屈/岁	计算方法
周君来等（2010年）	城市男生	150	6～8、10～15	6～9、11～15	2000年与2005年结果差异不大，不予参考	2000年与2005年结果差异不大，不予参考	以增长量大于总增长量的9%作为临界值
	乡村男生	150	6～9、9～14	6～10、12～15			
	城市女生	150	6～12	6～12			
	乡村女生	150	6～14	6～10			
易妍（2013年）	男	不详	12～15	7～9	13～14	15～16	以增长率（环比）的均值加上1标准差作为临界值
	女		9～11	7～9	14～15	9～11	
王伟杰（2015年）	男	共计9081	6～7、12～13	10～11、12～13	12～13	6～7、15～16	以增长率（环比）的均值加上1标准差作为临界值
	女		6～8	10～13	不显著	10～11、13～14	
汪君萍等（2017年）	男生	7879	—	7～15	—	—	采用帕累托分析法对各等级下的儿童青少年年龄区间进行分析，并结合儿童青少年速度素质增长率（环比）的年龄分布，明确儿童青少年速度素质发展的年龄阶段
	女生	7017		7～15			
梁健等（2017年）	男生	1050	11～12	10～15	16～18	13～16	T检验
	女生	1256	不显著	不显著	16～18	13～16	

注：①此为60米跑测试结果。

由表3-1可见，采用较多的计算方法是：以年增长率的均值加一个标准差为临界值，凡大于和等于临界值的年龄组划为敏感期，小于临界值为非敏感期，从而划出各项身体素质发展的敏感期年龄。该算法提出较早，也被众多关于身体素质敏感期的研究所采用至今。

四、基于大数据的身体素质关键期模型构建与实践

（一）数据来源与方法

1. 数据来源

利用 2019—2021 年重庆市 ×× 区国家学生体质健康测试 7 ～ 18 岁儿童青少年的 1000 米跑、800 米跑、1 分钟跳绳、立定跳远、50 米跑、坐位体前屈、1 分钟引体向上、1 分钟仰卧起坐测试成绩数据，此测试涉及 50 所小学、26 所初中、9 所高中。学生样本情况如表 3–2 所示。

表3–2 2019—2021年××区国家学生体质健康测试学生样本分布

组别	2019 年	2020 年	2021 年
小学男生 / 人	32826	34412	37056
小学女生 / 人	30439	32279	34612
初中男生 / 人	13915	14931	15529
初中女生 / 人	13013	13971	14427
高中男生 / 人	9047	10512	11044
高中女生 / 人	8218	9439	9920
合计 / 人	107458	115544	122588

2. 统计学方法

使用 MySQL 统计软件对数据进行描述统计分析，计算不同年份、不同年龄、不同性别儿童青少年的体质健康测试均值，利用 Excel 2007 进行增长率的计算分析。比较不同年龄段学生身体素质的变化情况。

学生体质健康测试指标相对快速变化的时期为各项素质发展的关键期或敏感期。计算方法使用成绩增长率的公式：

增长率 =（当年指标值 – 去年指标值）/ 去年指标值

（二）名词说明

1. 指标值

针对各身体素质测试项目，以各个年龄所有测试学生的测试成绩为样本，以算术平均值公式 $\bar{x}=\frac{x_1+x_2+\cdots+x_n}{n}=\frac{\sum_{i=1}^{n}x_i}{n}$ 计算出各个年龄的算术平均值，

该算术平均值即指标值。

2. 年增长率

对于低优指标的测试项目（50 米跑、1000 米跑、800 米跑），其年增长率计算方法为（低年龄指标值 - 高年龄指标值）/ 低年龄指标值 ×100，以 9 ～ 10 岁 50 米指标的年增长率为例，增长率 =（9 岁时 50 米指标值 -10 岁时 50 米指标值）/9 岁时 50 米指标值 ×100；对于高优指标的测试项目（立定跳远、1 分钟跳绳、坐位体前屈、1 分钟仰卧起坐、1 分钟引体向上），其年增长率计算方法为（高年龄指标值 - 低年龄指标值）/ 低年龄指标值 ×100，以 9 ～ 10 岁立定跳远指标的年增长率为例，增长率 =（10 岁时立定跳远指标值 -9 岁时立定跳远指标值）/9 岁时立定跳远指标值 ×100。

3. 临界值

以各年龄的年增长率为样本，计算出年增长率的算术平均值和标准差，标准差计算公式为 $\sigma=\sqrt{\frac{\sum_{i=1}^{n}(x_i-\overline{x})^2}{n}}$，临界值 =（算术平均值 +1× 平均值）或（算术平均值 +0.5× 平均值）。

（三）计算结果

1. 1000 米跑、800 米跑

（1）男子 1000 米跑。以 2019—2021 年重庆市 ×× 区 13 ～ 18 岁男生 1000 米跑为例，其成绩及成绩变化率分别如表 3-3、图 3-1 所示。

表3-3　2019—2021年××区13～18岁男生1000米跑成绩表

体测年份	年龄 / 岁	样本量 / 人	指标值 / 秒	年龄段 / 岁	年增长率 / %	年增长率平均值 /%	年增长率标准差	临界值
2019 年	13	5006	280.73	—	—	2.31	3.5	5.81
	14	4360	261.95	13 ～ 14	6.69			
	15	4549	252.43	14 ～ 15	3.63			
	16	3780	250.76	15 ～ 16	0.66			
	17	2040	240.40	16 ～ 17	4.13			
	18	3227	248.97	17 ～ 18	−3.56			

续表

体测年份	年龄/岁	样本量/人	指标值/秒	年龄段/岁	年增长率/%	年增长率平均值/%	年增长率标准差	临界值
2020年	13	5340	273.61	—	—	2.18	1.9	4.08
	14	5117	259.12	13～14	5.3			
	15	4474	251.28	14～15	3.02			
	16	3615	246.26	15～16	2.0			
	17	3676	246.63	16～17	−0.15			
	18	3221	244.80	17～18	0.75			
2021年	13	4996	274.14	—	—	1.97	1.73	3.7
	14	5422	261.34	13～14	4.67			
	15	5111	255.11	14～15	2.38			
	16	4026	248.47	15～16	2.6			
	17	3447	248.64	16～17	−0.07			
	18	3571	247.96	17～18	0.27			

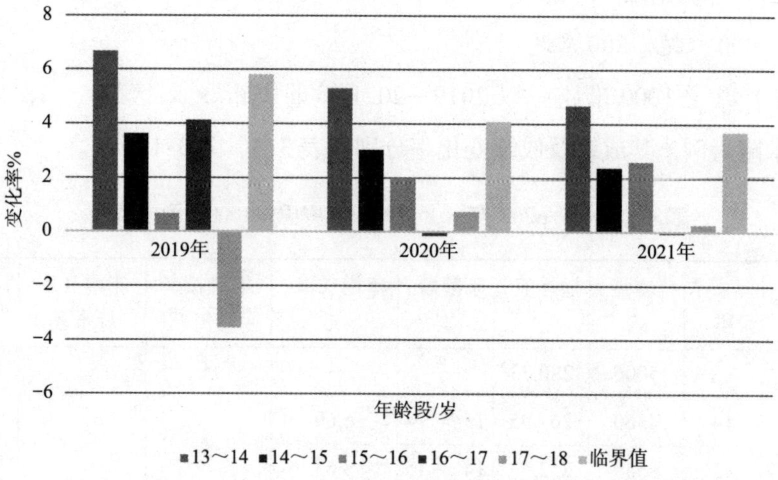

图3-1　2019—2021年××区13～18岁男生1000米跑成绩变化率

（2）女子 800 米跑。以 2019—2021 年重庆市 ×× 区 13 ～ 18 岁女生 800 米跑为例，其成绩及成绩变化率分别如表 3-4、图 3-2 所示。

表3-4　2019—2021年××区13～18岁女生800米跑成绩表

体测年份	年龄/岁	样本量/人	指标值/秒	年龄段/岁	年增长率/%	年增长率平均值/%	年增长率标准差	临界值
2019年	13	4815	244.44	—	—	0.57	1.2	1.77
	14	4091	239.39	13～14	2.07			
	15	4107	236.45	14～15	1.23			
	16	3466	240.02	15～16	−1.51			
	17	1997	238.14	16～17	0.78			
	18	2755	237.43	17～18	0.3			
2020年	13	4914	244.40	—	—	0.44	1.45	1.89
	14	4895	237.97	13～14	2.63			
	15	4162	234.09	14～15	1.63			
	16	3199	236.41	15～16	−0.99			
	17	3423	238.76	16～17	−0.99			
	18	2817	238.93	17～18	−0.07			
2021年	13	4513	245.73	—	—	0.31	1.46	1.77
	14	4995	238.70	13～14	2.86			
	15	4919	237.84	14～15	0.36			
	16	3474	241.68	15～16	−1.61			
	17	3115	242.56	16～17	−0.36			
	18	3331	241.84	17～18	0.3			

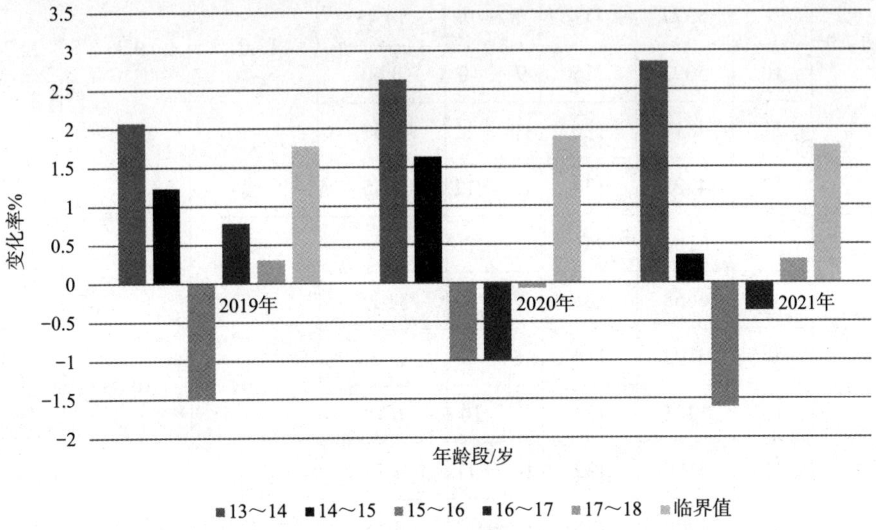

图3-2　2019—2021年××区13～18岁女生800米跑成绩变化率

由图 3-1、图 3-2 可见，2019—2021 年，男生 1000 米成绩在 13 ～ 14 岁年龄段增长率均大于临界值，故 13 ～ 14 岁为身体素质发展的关键期；女生 800 米成绩在 13 ～ 14 岁年龄段增长率均大于临界值，因此身体素质发展的关键期同样为 13 ～ 14 岁。国家学生体质健康测试指标中，男子 1000 米跑与女子 800 米跑这两项指标主要反映人体心血管和呼吸系统机能的强弱，代表耐力素质，该素质发展关键期在区域学生的验证中，与已有研究基本吻合。由于样本数据受限，缺乏 13 岁以下的学生测试指标，结合前期研究成果，我们推论女生耐力素质（800 米跑）的关键期可能出现在青春期早期阶段，即早于 13 岁。因此，在青春发育期前后可安排强度适中的有氧训练。

2. 1 分钟跳绳

（1）男子 1 分钟跳绳。以 2019—2021 年重庆市 ×× 区 7 ～ 12 岁男生 1 分钟跳绳成绩为例，其成绩及成绩变化率分别如表 3-5、图 3-3 所示。

表3-5　2019—2021年××区7～12岁男生1分钟跳绳成绩表

体测年份	年龄/岁	样本量/人	指标值/个	年龄段/岁	年增长率/%	年增长率平均值/%	年增长率标准差	临界值
2019 年	7	6717	74	—	—	13.01	9.73	22.74
	8	6100	97	7 ～ 8	31.08			
	9	5377	111	8 ～ 9	14.43			
	10	5093	115	9 ～ 10	3.60			
	11	4816	126	10 ～ 11	9.57			
	12	4723	134	11 ～ 12	6.35			
2020 年	7	6181	80	—	—	11.94	10.06	22
	8	6668	105	7 ～ 8	31.25			
	9	6102	118	8 ～ 9	12.38			
	10	5421	126	9 ～ 10	6.78			
	11	5100	132	10 ～ 11	4.76			
	12	4940	138	11 ～ 12	4.55			

续表

体测年份	年龄 / 岁	样本量 / 人	指标值 / 个	年龄段 / 岁	年增长率 / %	年增长率平均值 /%	年增长率标准差	临界值
2021 年	7	7111	87	—	—	11.24	8.89	20.13
	8	6453	112	7 ～ 8	28.74			
	9	6742	123	8 ～ 9	9.82			
	10	6146	131	9 ～ 10	6.50			
	11	5481	138	10 ～ 11	5.34			
	12	5123	146	11 ～ 12	5.80			

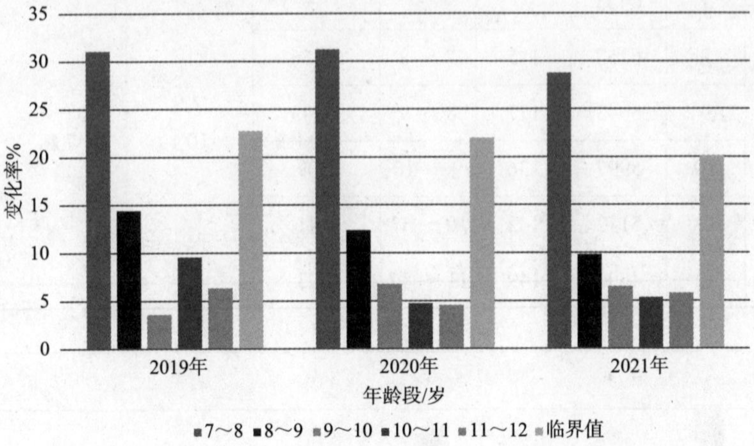

图3-3　2019—2021年××区7～12岁男生1分钟跳绳成绩变化率

（2）女子 1 分钟跳绳。以 2019—2021 年重庆市 ×× 区 7 ～ 12 岁女生 1 分钟跳绳成绩为例，其成绩及成绩变化率分别如表 3-6、图 3-4 所示。

表3-6　2019—2021年××区7～12岁女生1分钟跳绳成绩表

体测年份	年龄 / 岁	样本量 / 人	指标值 / 个	年龄段 / 岁	年增长率 / %	年增长率平均值 /%	年增长率标准差	临界值
2019 年	7	5979	79	—	—	12.16	9.25	21.41
	8	5879	103	7 ～ 8	30.38			
	9	5114	114	8 ～ 9	10.68			
	10	4631	122	9 ～ 10	7.02			
	11	4360	130	10 ～ 11	6.56			
	12	4476	138	11 ～ 12	6.15			

续表

体测年份	年龄 / 岁	样本量 / 人	指标值 / 个	年龄段 / 岁	年增长率 / %	年增长率平均值 /%	年增长率标准差	临界值
2020 年	7	6054	84	—	—	11.28	9.23	20.51
	8	6012	108	7 ～ 8	28.57			
	9	5941	122	8 ～ 9	12.96			
	10	5144	130	9 ～ 10	6.56			
	11	4665	136	10 ～ 11	4.62			
	12	4463	141	11 ～ 12	3.68			
2021 年	7	6453	93	—	—	10.1	7.1	17.2
	8	6257	115	7 ～ 8	23.66			
	9	6043	127	8 ～ 9	10.43			
	10	5997	136	9 ～ 10	7.09			
	11	5172	142	10 ～ 11	4.41			
	12	4690	149	11 ～ 12	4.93			

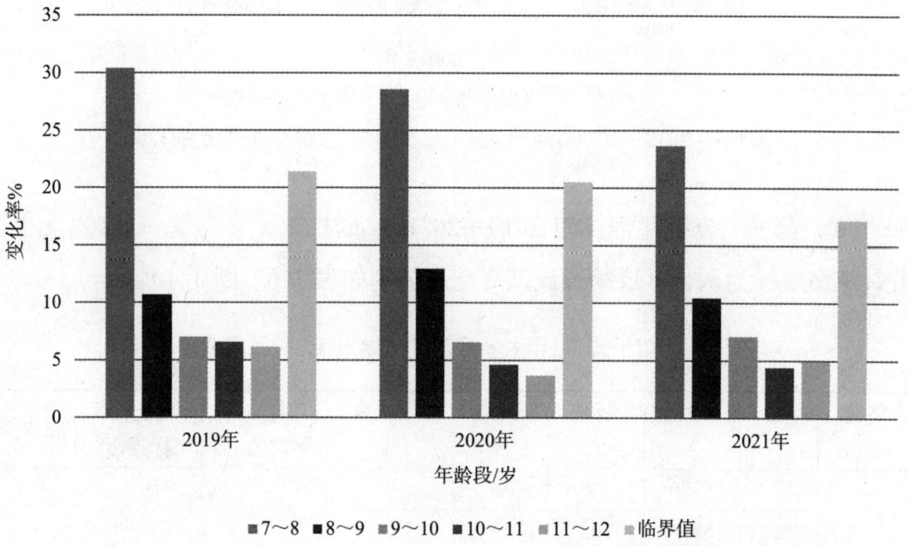

图3-4　2019—2021年××区7～12岁女生1分钟跳绳成绩变化率

由图 3-3、图 3-4 可见，2019—2021 年，男生、女生 1 分钟跳绳成绩在 7 ～ 8 岁年龄段增长率均大于临界值，故 7 ～ 8 岁为关键期。国家学生体质健康测试指标中，1 分钟跳绳能够反映小学生动作速度、灵敏性等，该素质发展关键期在区域性的验证中与已有研究基本一致。在王伟杰的研究中，30 秒跳绳男女生敏感为 6 ～ 8 岁。

3. 立定跳远

（1）男子立定跳远。以 2019—2021 年重庆市 ×× 区 13 ～ 18 岁男生的立定跳远成绩为例，其成绩及成绩变化率分别如表 3-7、图 3-5 所示。

表3-7　2019—2021年××区13～18岁男生立定跳远成绩表

体测年份	年龄/岁	样本量/人	指标值/厘米	年龄段/岁	年增长率/%	年增长率平均值/%	年增长率标准差	临界值
2019 年	13	5006	186.44	—	—	4.99	4.74	9.73
	14	4360	205.39	13 ～ 14	10.16			
	15	4549	211.82	14 ～ 15	3.13			
	16	3780	234.06	15 ～ 16	10.5			
	17	2040	241.31	16 ～ 17	3.1			
	18	3227	236.63	17 ～ 18	−1.94			
2020 年	13	5340	192.96	—	—	4.36	1.32	5.68
	14	5117	205.72	13 ～ 14	6.61			
	15	4474	219.37	14 ～ 15	6.64			
	16	3615	232.43	15 ～ 16	5.95			
	17	3676	238.48	16 ～ 17	2.6			
	18	3221	238.49	17 ～ 18	0.01			
2021 年	13	4996	189.63	—	—	4.78	3.45	8.23
	14	5422	208.93	13 ～ 14	10.18			
	15	5111	222.42	14 ～ 15	6.46			
	16	4026	233.69	15 ～ 16	5.07			
	17	3447	236.44	16 ～ 17	1.18			
	18	3571	238.78	17 ～ 18	0.99			

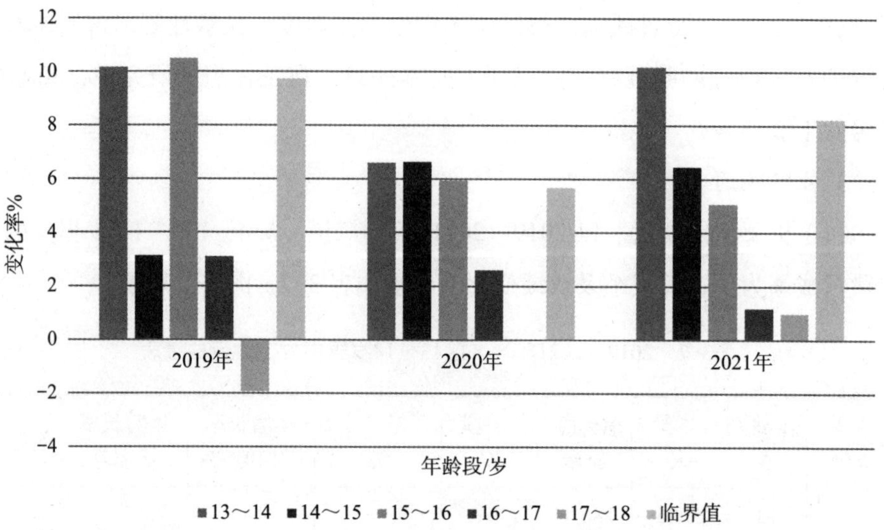

图3-5　2019—2021年××区13～18岁男生立定跳远成绩变化率

（2）女子立定跳远。以 2019—2021 年 13 ～ 18 岁女生立定跳远成绩为例，其成绩及成绩变化率分别如表 3-8、图 3-6 所示。

表3-8　2019—2021年××区13～18岁女生立定跳远成绩表

体测年份	年龄 / 岁	样本量 / 人	指标值 / 厘米	年龄段 / 岁	年增长率 / %	年增长率平均值 /%	年增长率标准差	临界值
2019 年	13	4815	170.37	—	—	2.19	2.69	4.88
	14	4091	180.91	13 ～ 14	6.19			
	15	4107	181.05	14 ～ 15	0.08			
	16	3466	189.41	15 ～ 16	4.62			
	17	1997	190.28	16 ～ 17	0.46			
	18	2755	189.49	17 ～ 18	−0.42			
2020 年	13	4914	177.28	—	—	1.53	3.04	4.57
	14	4895	179.91	13 ～ 14	1.48			
	15	4162	186.21	14 ～ 15	3.5			
	16	3199	195.73	15 ～ 16	5.11			
	17	3423	188.12	16 ～ 17	−3.89			
	18	2817	190.88	17 ～ 18	1.47			

续表

体测年份	年龄/岁	样本量/人	指标值/厘米	年龄段/岁	年增长率/%	年增长率平均值/%	年增长率标准差	临界值
2021年	13	4513	170.41	—	—	2.31	1.28	3.59
	14	4995	178.07	13～14	4.5			
	15	4919	185.55	14～15	4.2			
	16	3474	186.32	15～16	0.41			
	17	3115	194.25	16～17	4.26			
	18	3331	190.71	17～18	-1.82			

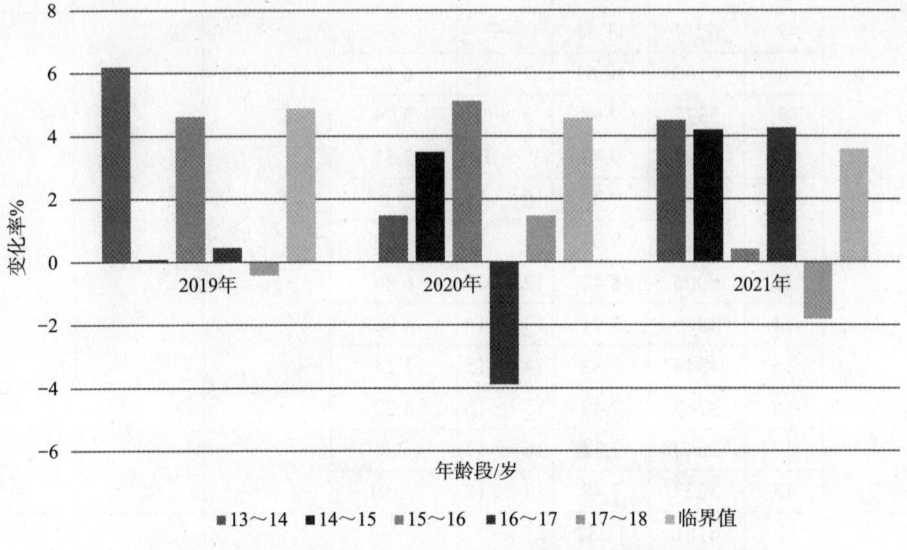

图3-6　2019—2021年××区13～18岁女生立定跳远成绩变化率

由图3-5、图3-6可见，男生立定跳远2019年呈现双关键期的特性，13～14岁，15～16岁为关键期；2020年时13～16岁为关键期；2021年时13-14岁为关键期。女生立定跳远2019年关键期为13～14岁；2020年关键期为15～16岁；2021年关键期包括13～15岁，16～17岁，其中主关键期为13～14岁，增长率最高达到4.5%。立定跳远是公认的能够较为准确地反映下肢爆发力素质水平的一项指标，与下肢肌肉力量和速度有关。由于样本数据受限，缺乏13岁以下学生的测试指标。相关研究表明，2010年中国学生体质与健康调研报告得出青少年男学生立定跳远成绩提高的敏感期为8～15岁，青少年女学生立定跳远成绩提高的敏感期为 8 ～ 12 岁。本研究各组数据显示，16 岁以后，尤其是 17 ～ 18 岁，男女生立定跳远成绩增长率基本处于较低水平，成绩提高不明显，与已有研究基本一致。

4. 50 米跑

（1）男子 50 米跑。以 2019—2021 年重庆市 ×× 区 7 ～ 18 岁男生 50 米跑成绩为例，其成绩及成绩变化率分别如表 3-9、图 3-7 所示。

表3-9　2019—2021年××区7～18岁男生50米跑成绩表

体测年份	年龄 / 岁	样本量 / 人	指标值 / 秒	年龄段 / 岁	年增长率 / %	年增长率平均值 /%	年增长率标准差	临界值
2019 年	7	6717	11.31	—	—	3.66	2.51	6.17
	8	6100	10.61	7 ～ 8	6.19			
	9	5377	9.98	8 ～ 9	5.94			
	10	5093	9.73	9 ～ 10	2.51			
	11	4816	9.38	10 ～ 11	3.6			
	12	4723	9.04	11 ～ 12	3.62			
	13	5006	8.42	12 ～ 13	6.86			
	14	4360	7.91	13 ～ 14	6.06			
	15	4549	7.82	14 ～ 15	1.14			
	16	3780	7.49	15 ～ 16	4.22			
	17	2040	7.34	16 ～ 17	2.0			
	18	3227	7.48	17 ～ 18	-1.91			
2020 年	7	6181	11.32	—	—	3.76	2.37	6.13
	8	6668	10.65	7 ～ 8	5.92			
	9	6102	10.11	8 ～ 9	5.07			
	10	5421	9.71	9 ～ 10	3.96			
	11	5100	9.54	10 ～ 11	1.75			
	12	4940	9.17	11 ～ 12	3.88			
	13	5340	8.35	12 ～ 13	8.94			
	14	5117	7.89	13 ～ 14	5.51			
	15	4474	7.76	14 ～ 15	1.65			
	16	3615	7.65	15 ～ 16	1.42			
	17	3676	7.44	16 ～ 17	2.75			
	18	3221	7.40	17 ～ 18	0.54			

续表

体测年份	年龄/岁	样本量/人	指标值/秒	年龄段/岁	年增长率/%	年增长率平均值/%	年增长率标准差	临界值
2021年	7	7111	11.45	—	—	3.82	2.27	6.09
	8	6453	10.54	7～8	7.95			
	9	6742	10.15	8～9	3.7			
	10	6146	9.78	9～10	3.65			
	11	5481	9.4	10～11	3.89			
	12	5123	9.05	11～12	3.72			
	13	4996	8.34	12～13	7.85			
	14	5422	7.95	13～14	4.68			
	15	5111	7.74	14～15	2.64			
	16	4026	7.57	15～16	2.2			
	17	3447	7.56	16～17	0.13			
	18	3571	7.44	17～18	1.59			

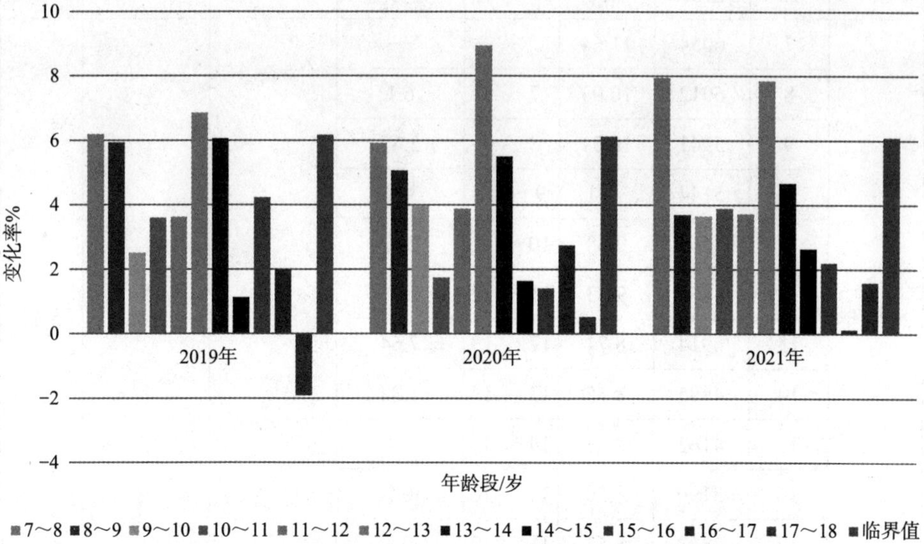

图3-7　2019—2021年××区7～18岁男生50米跑成绩变化率

（2）女子 50 米跑。以 2019—2021 年重庆市 ×× 区 7 ～ 18 岁女生 50 米跑成绩为例，其成绩及成绩变化率分别如表 3-10、图 3-8 所示。

表3-10　2019—2021年××区7～18岁女生50米跑成绩表

体测年份	年龄 / 岁	样本量 / 人	指标值 / 秒	年龄段 / 岁	年增长率 / %	年增长率平均值 /%	年增长率标准差	临界值
2019 年	7	5979	11.67	—	—	2.64	2.65	5.29
	8	5879	10.90	7 ～ 8	6.6			
	9	5114	10.23	8 ～ 9	6.15			
	10	4631	9.96	9 ～ 10	2.64			
	11	4360	9.59	10 ～ 11	3.71			
	12	4476	9.35	11 ～ 12	2.5			
	13	4815	8.90	12 ～ 13	4.81			
	14	4091	8.53	13 ～ 14	4.16			
	15	4107	8.56	14 ～ 15	−0.35			
	16	3466	8.71	15 ～ 16	−1.75			
	17	1997	8.60	16 ～ 17	1.26			
	18	2755	8.66	17 ～ 18	−0.7			
2020 年	7	6054	11.64	—	—	2.7	2.72	5.42
	8	6012	10.93	7 ～ 8	6.1			
	9	5941	10.31	8 ～ 9	5.67			
	10	5144	9.91	9 ～ 10	3.88			
	11	4665	9.68	10 ～ 11	2.32			
	12	4463	9.43	11 ～ 12	2.58			
	13	4914	8.71	12 ～ 13	7.64			
	14	4895	8.55	13 ～ 14	1.84			
	15	4162	8.43	14 ～ 15	1.4			
	16	3199	8.50	15 ～ 16	−0.83			
	17	3423	8.53	16 ～ 17	−0.35			
	18	2817	8.58	17 ～ 18	−0.59			

续表

体测年份	年龄 / 岁	样本量 / 人	指标值 / 秒	年龄段 / 岁	年增长率 / %	年增长率平均值 /%	年增长率标准差	临界值
2021 年	7	6453	11.76	—	—	2.84	2.39	5.23
	8	6257	10.83	7 ～ 8	7.91			
	9	6043	10.37	8 ～ 9	4.25			
	10	5997	9.98	9 ～ 10	3.76			
	11	5172	9.58	10 ～ 11	4.01			
	12	4690	9.32	11 ～ 12	2.71			
	13	4513	8.88	12 ～ 13	4.72			
	14	4995	8.72	13 ～ 14	1.8			
	15	4919	8.53	14 ～ 15	2.18			
	16	3474	8.65	15 ～ 16	-1.41			
	17	3115	8.59	16 ～ 17	0.69			
	18	3331	8.54	17 ～ 18	0.58			

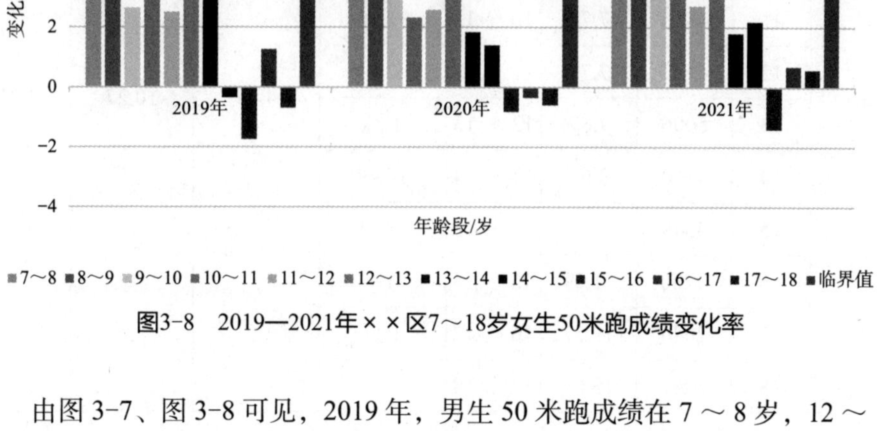

图3-8　2019—2021年××区7～18岁女生50米跑成绩变化率

由图 3-7、图 3-8 可见，2019 年，男生 50 米跑成绩在 7 ～ 8 岁，12 ～ 13

岁年龄段增长率大于临界值，为关键期；2020 年关键期为 12 ～ 13 岁年龄段；2021 年男生 50 米跑成绩呈现双关键期特性，分别为 7 ～ 8 岁和 12 ～ 13 岁两个年龄段。2019 年女生 50 米跑成绩关键期为 7 ～ 9 岁；2020 年关键期为 7 ～ 9 岁、12 ～ 13 岁；2021 年关键期为 7 ～ 8 岁，增长率高达 7.91%，表明女生该项成绩提高的关键期年龄段有所提前。男女生 50 米跑成绩在 15 岁以后成绩增长率明显减少，成绩变化趋于平稳。国家学生体质健康测试指标中，50 米跑主要反映学生的速度素质，该素质发展关键期在区域性的验证中与已有研究基本一致。袁圣敏对中国儿童青少年 1985—2010 年速度素质发展敏感期变化进行了研究，得出男生速度素质呈现出 7 ～ 8 岁和 12 ～ 13 岁两个敏感期，而女生只有 7 ～ 8 岁一个敏感期。

5. 坐位体前屈

（1）男子坐位体前屈。以 2019—2021 年重庆市 ×× 区 7 ～ 18 岁男生坐位体前屈成绩为例，其成绩及成绩变化率分别如表 3-11、图 3-9 所示。

表3-11 2019—2021年××区7～18岁男生坐位体前屈成绩表

体测年份	年龄/岁	样本量/人	指标值/厘米	年龄段/岁	年增长率/%	年增长率平均值/%	年增长率标准差	临界值
2019年	7	6717	8.89	—	—	4.45	10.27	14.72
	8	6100	8.37	7～8	−5.85			
	9	5377	8.70	8～9	3.94			
	10	5093	7.97	9～10	−8.39			
	11	4816	7.78	10～11	−2.38			
	12	4723	7.73	11～12	−0.64			
	13	5006	7.87	12～13	1.81			
	14	4360	9.01	13～14	14.49			
	15	4549	11.57	14～15	28.41			
	16	3780	11.79	15～16	1.9			
	17	2040	13.57	16～17	15.1			
	18	3227	13.65	17～18	0.59			

续表

体测年份	年龄 / 岁	样本量 / 人	指标值 / 厘米	年龄段 / 岁	年增长率 / %	年增长率平均值 /%	年增长率标准差	临界值
2020 年	7	6181	9.34	—	—	4.88	7.61	12.5
	8	6668	9.00	7 ～ 8	−3.64			
	9	6102	8.88	8 ～ 9	−1.33			
	10	5421	8.68	9 ～ 10	−2.25			
	11	5100	8.77	10 ～ 11	1.04			
	12	4940	8.54	11 ～ 12	−2.62			
	13	5340	9.51	12 ～ 13	11.36			
	14	5117	10.46	13 ～ 14	9.99			
	15	4474	11.67	14 ～ 15	11.57			
	16	3615	13.85	15 ～ 16	18.68			
	17	3676	13.61	16 ～ 17	−1.73			
	18	3221	15.32	17 ～ 18	12.56			
2021 年	7	7111	8.69	—	—	4.84	7.8	12.64
	8	6453	9.09	7 ～ 8	4.6			
	9	6742	9.12	8 ～ 9	0.33			
	10	6146	8.48	9 ～ 10	−7.02			
	11	5481	8.39	10 ～ 11	−1.06			
	12	5123	9.43	11 ～ 12	12.4			
	13	4996	9.01	12 ～ 13	−4.45			
	14	5422	10.57	13 ～ 14	17.31			
	15	5111	11.58	14 ～ 15	9.56			
	16	4026	13.20	15 ～ 16	13.99			
	17	3447	14.46	16 ～ 17	9.55			
	18	3571	14.17	17 ～ 18	−2.01			

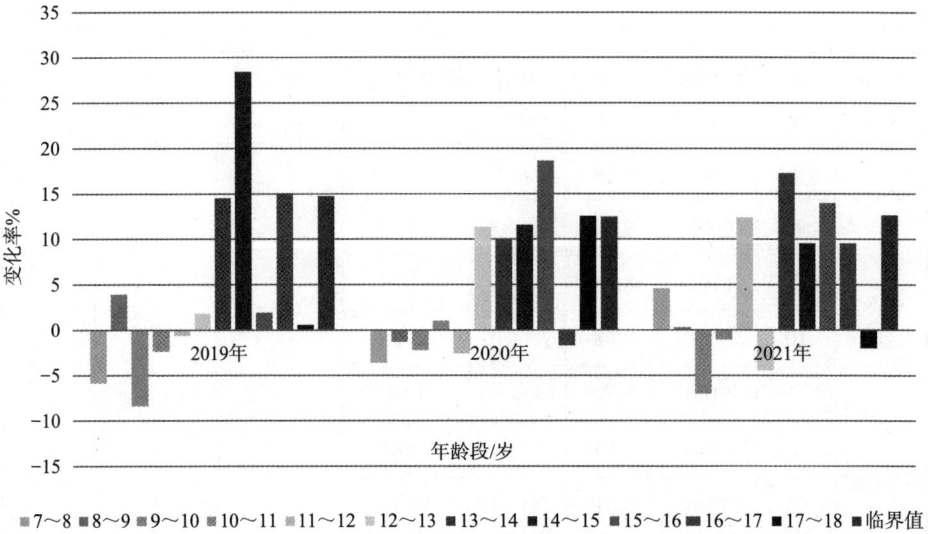

图3-9　2019—2021年××区7～18岁男生坐位体前屈成绩变化率

（2）女子坐位体前屈。以 2019—2021 年重庆市 ×× 区 7 ～ 18 岁女生坐位体前屈成绩为例，其成绩及成绩变化率分别如表 3-12、图 3-10 所示。

表3-12　2019—2021年××区7～18岁女生坐位体前屈成绩表

体测年份	年龄/岁	样本量/人	指标值/厘米	年龄段/岁	年增长率/%	年增长率平均值/%	年增长率标准差	临界值
2019年	7	5979	12.22	—	—	3.84	6.09	9.93
	8	5879	12.40	7 ～ 8	1.47			
	9	5114	12.32	8 ～ 9	-0.65			
	10	4631	12.28	9 ～ 10	-0.32			
	11	4360	12.57	10 ～ 11	2.36			
	12	4476	12.98	11 ～ 12	3.26			
	13	4815	13.55	12 ～ 13	4.39			
	14	4091	13.25	13 ～ 14	-2.21			
	15	4107	15.88	14 ～ 15	19.85			
	16	3466	15.79	15 ～ 16	-0.57			
	17	1997	17.51	16 ～ 17	10.89			
	18	2755	18.17	17 ～ 18	3.77			

续表

体测年份	年龄/岁	样本量/人	指标值/厘米	年龄段/岁	年增长率/%	年增长率平均值/%	年增长率标准差	临界值
2020年	7	6054	12.58	—	—	3.54	5.4	8.94
	8	6012	12.67	7～8	0.72			
	9	5941	12.73	8～9	0.47			
	10	5144	12.39	9～10	−2.67			
	11	4665	13.46	10～11	8.64			
	12	4463	13.7	11～12	1.78			
	13	4914	15.19	12～13	10.88			
	14	4895	15.22	13～14	0.2			
	15	4162	15.41	14～15	1.25			
	16	3199	17.67	15～16	14.67			
	17	3423	17.22	16～17	−2.55			
	18	2817	18.17	17～18	5.52			
2021年	7	6453	12.83	—	—	3.34	4.89	8.23
	8	6257	13.22	7～8	3.04			
	9	6043	13.11	8～9	−0.83			
	10	5997	13.32	9～10	1.6			
	11	5172	13.24	10～11	−0.6			
	12	4690	15.00	11～12	13.29			
	13	4513	14.16	12～13	−5.6			
	14	4995	14.96	13～14	5.65			
	15	4919	15.60	14～15	4.28			
	16	3474	16.98	15～16	8.85			
	17	3115	17.98	16～17	5.89			
	18	3331	18.20	17～18	1.22			

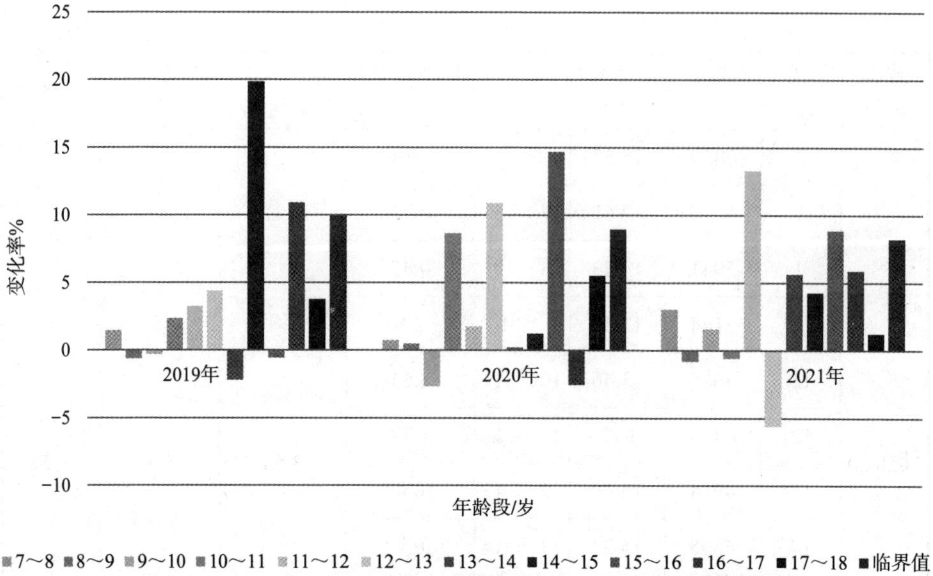

图3-10　2019—2021年××区7～18岁女生坐位体前屈成绩变化率

由图 3-9、图 3-10 可见，2019 年，男生坐位体前屈成绩 14 ～ 15 岁年龄段增长率大于临界值，14 ～ 15 岁为关键期；2020 年关键期为 15 ～ 16 岁，17 ～ 18 岁增长率略微高于临界值；2021 年关键期为 13 ～ 14 岁、15 ～ 16 岁两个年龄段，其中 13 ～ 14 岁为主关键期。2019 年，女生坐位体前屈成绩关键期为 14 ～ 15 岁、16 ～ 17 岁，其中 14 ～ 15 岁为主关键期；2020 年关键期为 12 ～ 13 岁、15 ～ 16 岁，其中主关键期为 15 ～ 16 岁；2021 年关键期除了 15 ～ 16 岁，还包括 11 ～ 12 岁。坐位体前屈能够反映躯干、腰、髋等关节可以活动的最大幅度以及下肢肌肉的伸展性，是衡量柔韧素质的重要指标，对于柔韧素质发展的关键期各项研究说法不一，有的研究认为儿童少年时期 6 ～ 12 岁是发展柔韧素质的最佳阶段，沈勋章对 2020 年中国学生体质与健康调研报告进行了分析，认为青少年男学生坐位体前屈的敏感期为 12 ～ 16 岁年龄段，青少年女学生坐位体前屈的敏感期则是 12 ～ 17 岁，这与本书的研究结果更趋于一致。

6. 引体向上

（1）男子引体向上。以 2019—2021 年重庆市 ×× 区 13 ～ 18 岁男生引体向上成绩为例，其成绩及成绩变化率分别如表 3-13、图 3-11 所示。

表3-13　2019—2021年××区13～18岁男生引体向上成绩表

体测年份	年龄/岁	样本量/人	指标值/个	年龄段/岁	年增长率/%	年增长率平均值/%	年增长率标准差	临界值
2019年	13	5006	5	—	—	13.86	17.71	31.57
	14	4360	7	13～14	40.00			
	15	4549	8	14～15	14.29			
	16	3780	8	15～16	0.00			
	17	2040	10	16～17	25.00			
	18	3227	9	17～18	-10.00			
2020年	13	5340	6	—	—	15.87	14.91	30.78
	14	5117	7	13～14	16.67			
	15	4474	8	14～15	14.29			
	16	3615	10	15～16	37.50			
	17	3676	9	16～17	-9.09			
	18	3221	11	17～18	20.00			
2021年	13	4996	6	—	—	11.55	12.89	24.44
	14	5422	7	13～14	16.67			
	15	5111	9	14～15	28.57			
	16	4026	8	15～16	-11.11			
	17	3447	9	16～17	12.50			
	18	3571	10	17～18	11.11			

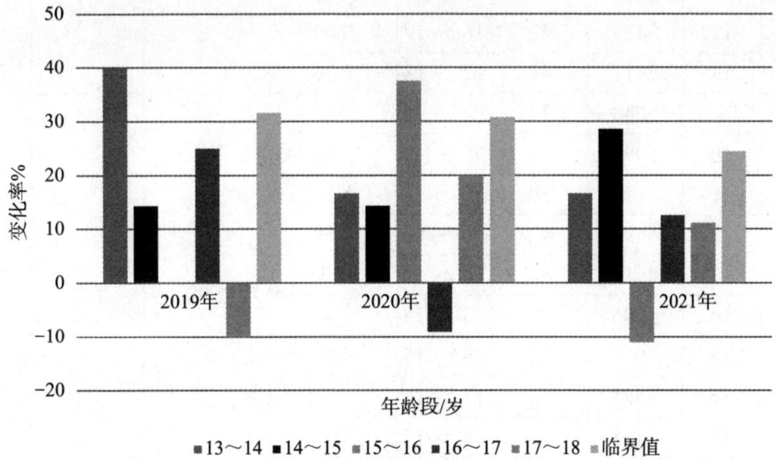

图3-11　2019—2021年××区13～18岁男生引体向上成绩变化率

（2）女子仰卧起坐。以 2019—2021 年重庆市 ×× 区 9 ～ 18 岁女生仰卧起坐成绩为例，成绩及成绩变化率分别如表 3-14、图 3-12 所示。

表3-14　2019—2021年××区9～18岁女生仰卧起坐成绩表

体测年份	年龄 / 岁	样本量 / 人	指标值 / 个	年龄段 / 岁	年增长率 / %	年增长率平均值 /%	年增长率标准差	临界值
2019 年	9	5114	33	—	—	3.08	4.31	7.39
	10	4631	36	9 ～ 10	9.09			
	11	4360	38	10 ～ 11	5.56			
	12	4476	40	11 ～ 12	5.26			
	13	4815	40	12 ～ 13	0.00			
	14	4091	42	13 ～ 14	5.00			
	15	4107	43	14 ～ 15	2.38			
	16	3466	41	15 ～ 16	−4.65			
	17	1997	44	16 ～ 17	7.32			
	18	2755	43	17 ～ 18	−2.27			
2020 年	9	5941	33	—	—	3.36	4.90	8.26
	10	5144	37	9 ～ 10	12.12			
	11	4665	40	10 ～ 11	8.11			
	12	4463	39	11 ～ 12	−2.50			
	13	4914	41	12 ～ 13	5.13			
	14	4895	43	13 ～ 14	4.88			
	15	4162	44	14 ～ 15	2.33			
	16	3199	42	15 ～ 16	−4.55			
	17	3423	42	16 ～ 17	0.00			
	18	2817	44	17 ～ 18	4.76			
2021 年	9	6043	34	—	—	2.98	3.77	6.75
	10	5997	36	9 ～ 10	5.88			
	11	5172	39	10 ～ 11	8.33			
	12	4690	42	11 ～ 12	7.69			
	13	4513	41	12 ～ 13	−2.38			
	14	4995	42	13 ～ 14	2.44			
	15	4919	44	14 ～ 15	4.76			
	16	3474	43	15 ～ 16	−2.27			
	17	3115	43	16 ～ 17	0.0			
	18	3331	44	17 ～ 18	2.33			

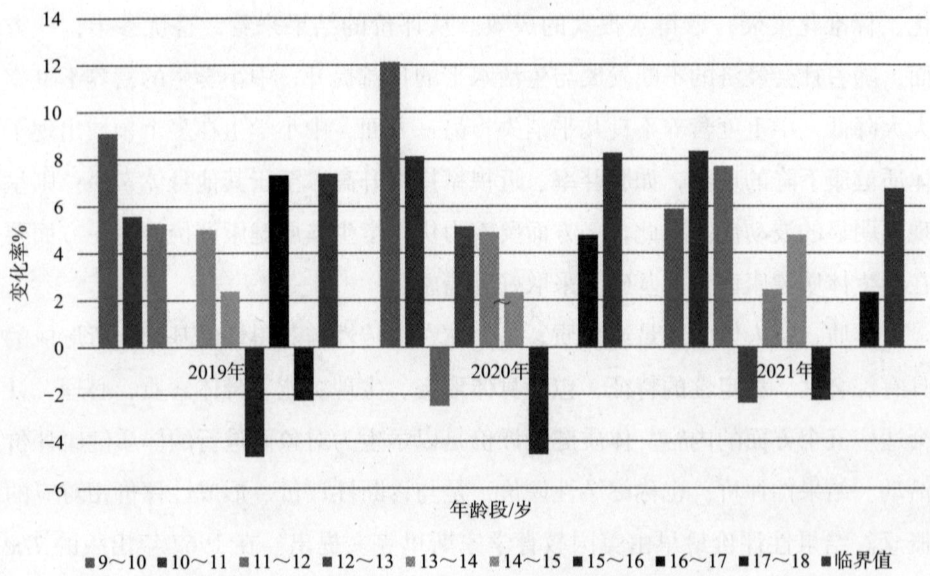

图3-12　2019—2021年××区9～18岁女生仰卧起坐成绩变化率

由图 3-11 可见，2019 年男生引体向上成绩提高关键期在 13～14 岁；2020 年关键期为 15～16 岁；2021 年关键期为 14～15 岁。由图 3-12 可见，2019 年女生仰卧起坐成绩提高关键期在 9～10 岁；2020 年关键期仍然为 9～10 岁；2021 年女生仰卧起坐成绩提高关键期为 10～12 岁，主关键期为 10～11 岁。引体向上和仰卧起坐分别代表上肢和腰腹部的肌肉耐力。关于这两项成绩提升的关键期，已有研究说法不一，有研究认为男子引体向上在 13～16 岁增长速度较快，女子腰腹肌力在 7～11 岁发展较快。还有研究显示，引体向上 /1 分钟仰卧起坐敏感期，男生为 12～13 岁，女生为 6～8 岁。青春期由于激素的作用，力量素质会有明显提升，因此本研究力量耐力素质的关键期出现在青春期左右也符合生长发育的一般规律。

五、学生体质健康结果性评价的理论基础与模型构建

体质健康是学生最为基本的素质，也是其他素质培养和发展的基础，在学生健康成长和全面发展中发挥着至关重要的作用。学生体质健康评价是反映学生锻炼效果与健康状况的重要工作，在体育教学以及学生健康成长中具有重要的意义。近年来，随着健康中国战略的提出，学生体质健康评价逐渐向常态

化、标准化发展，取得了很大的成效。从评价的结果来看，喜忧参半，一方面，随着社会经济的不断发展与生活水平的日益提升，中小学生的营养不良率大大降低，中重度营养不良几乎消失；另一方面，中小学生在多个领域出现了体质健康下降的现象，如肥胖率、近视率持续升高。至于其他身体素质，则呈现出明显的波动性。对此，一方面要着力优化学生体质健康评价，另一方面要在学生体质健康评价的基础上采取好预措施。

体质，指人体的质量或素质，是个体在遗传性与获得性的基础上所形成的具有综合性、稳定性的特征，包含身体形态、生理机能、身体素质、心理、社会适应五个方面的内容。体质健康评价是以学生为对象而进行的体质健康评价活动。结果性评价，也称终结性评价，是与诊断性评价、形成性评价相对应的概念。结果性评价最早由美国教育学家斯里克文提出。在 1967 年出版的 *The Methodology of Education* 中，斯里克文指出“（结果性评价）指在某项教育活动告一段落时，对最终成果作出的价值判断 [1]”。结果性评价以预先设定的目标为基准，对评价对象的达成程度以及最终取得的成绩开展评价。结果性评价一般在某一节点开展，如期中、期末等，具有次数少、综合性强的特点。基于此，笔者将学生体质健康结果性评价定义为：立足结果性评价的内涵、特点、要求，借助完善的指标体系、科学的评价方法以及标准化的评价流程来评价学生体质健康结果的评价活动。

作为学生体质健康评价的重要方式，学生体质健康结果性评价具有非常重要的意义，主要体现在以下两点：

第一，了解学生体质健康状况。学生体质健康测试的主要目标是了解当前学生体质健康的实际状况。学生体质健康测试会形成大量的数据，能将学生体质健康结果呈现出来。借助数据分析，可以充分挖掘学生体质健康测试数据的价值，比如，了解学生的体质健康水平与标准水平的离散程度，总结归纳学生体质健康水平偏低的具体原因。当前，学生体质健康暴露出一些新的问题，如肥胖率偏高、爆发力不强、柔韧性偏低等，学生体质健康评价有助于借助科学的分析方法，如描述性统计分析等，将学生体质健康中存在的问题直观地呈现

[1] 金娣，王刚 . 教育评价与测量 [M]. 北京：教育科学出版社，2002:12.

出来，使学生、家长、学校乃至政府对当前学生体质健康中存在的问题有直观的了解。

第二，助力运动干预的开展。运动干预是以运动为手段而实施的干预，指有计划、按步骤对特定对象的运动心理、运动方式、运动习惯施加影响，从而使对象向着预期方向变化的过程。体质健康结果性评价与运动干预有着密切的关系。一方面，体质健康结果性评价能够将学生体质健康的实际情况展现出来，如肌肉软、关节硬、动作不协调、耐力素质差，这为进行有针对性的运动干预实施提供了条件，是确保运动干预沿着正确方向开展的先决条件。另一方面，在运动干预实施一段时间后，再次开展体质健康结果性评价，能够将运动干预的效果呈现出来，有助于分析运动干预中的不足，从而持续性地改善运动干预模式。

（一）学生体质健康结果性评价的理论基础

1. 建构主义理论

建构主义理论是认知心理学中的基础性理论，由瑞士儿童心理学家皮亚杰提出，并经由科尔伯格、斯滕伯格、维果茨基等人的发展，最终成为影响世界教育的重要理论。传统的教育理论多将学生视作被动的接受者，建构主义理论则将学生视作学习的主人，认为学生是知识、意义的主动建构者，相应地，教师也从知识的讲解者、灌输者转变为学生学习的组织者、引导者以及学生知识建构的帮助者。建构主义理论颠覆了传统的师生关系，也对教学活动带来了巨大的影响。基于图式理论、最近发展区理论的支架式教学成为主要的教学方法，教师以搭建脚手架的方式来诱导学生自主学习、探究。建构主义理论是学生体质健康结果性评价开展的基础性理论。在建构主义理论下，学生体质健康结果性评价要立足于学生的主体特征。一方面，从学生的身心特征出发，优化体质健康评价的内容、方式、流程；另一方面，借助结果性评价让学生对自身的体质健康状况有深入、充分的了解，强化学生自主提升体质健康水平的积极性、主动性。

2. 核心素养理论

从国际范围内来看，素养研究始于 20 世纪末。1997 年，经济合作与发展组织（OECD）在瑞士联邦统计局（SFSO）以及美国教育部教育统计中心

（NCES）的协助下，开启了“素养界定与选择：理论与概念基础”项目。根据 OECD 的研究成果，（素养）是在特定情境中、通过利用和调动心理社会资源（包括技能和态度）、以满足复杂需要的能力。核心素养则在素养体系中占据核心地位，或者发挥主导作用[1]。核心素养的概念最早出现于 20 世纪末，21 世纪以来，核心素养的育人价值得到了广泛的关注，欧盟、新加坡、日本等先后提出了学生核心素养体系。2016 年，北京师范大学课题组从我国学生的学习、发展出发，提出了具有中国特色的学生核心素养体系，融文化基础、个人发展以及社会参与于一体，分为 6 个主要方面和 18 个关键点。核心素养具有整体性和学科性相结合的特征。从整体性的角度而言，所有课程均需要将文化基础、自主发展、社会参与作为育人目标；从学科性的角度而言，不同学科教育内容、教育任务有别，核心素养的具体构成也有一定的差异性。健康生活是核心素养的重要组成部分，而学生体质健康结果性评价则是驱动学生健康生活的有效手段。

3. 生本主义理论

生本主义理论由我国学者、华南师范大学教授郭思乐提出[2]。生本主义理论的内涵有三点：一是教育立足于学生。教育活动要从学生的身心特征出发，采用学生感兴趣、易于接受的教学内容和教学活动，使学生对教育活动产生亲近感而非畏惧感。二是教育服务于学生。教育活动要以学生的学习、成长、发展为出发点和价值归宿，注重教育内容与学生需求间的精准对接，强化教育的实效性。三是教育依靠学生。教育活动的开展不能简单地将学生作为被教育的对象，要在尊重学生主体地位的基础上，强化学生的学习自主性，提高学生的学习能动性。生本主义理论由皮亚杰的认知发展理论以及罗杰斯的学生中心理论发展而来，又具有浓厚的本土色彩。生本主义理论在学生体质健康结果性评价开展中具有重要的指导作用，生本主义理论要求学生体质健康结果性评价以学生健康成长、全面发展为目标，通过科学、完善、细致的体质健康结果性评价方案来全面反映学生体质健康状况，发挥好体质健康评价在学生健康成长、

---

❶ 柳夕浪 . 从“素质”到“核心素养”[J]. 教育科学研究，2014（3）:5-11.

❷ 郭思乐 . 生本教育：人的培养模式的根本变革 [J]. 基础教育论坛，2012（3）:17-20.

发展中的作用。

4. 多元评价理论

多元评价是当前课程教学中较为常见的一种评价方式，以“多元”为核心，其具体表现为主体多元、内容多面、指标多维与方法多样，具有开放性、发展性、创新性等特征。从评价主体而言，评价主体的多位性是多元评价的基本要求。多元评价在注重师评基本作用的同时，将学生及其他主体纳入评价主体中，以多元评价主体来完善评价活动。比如，发挥好学生的自评与互评作用。自评为学生对自身的评价，主要培养学生的反思意识，互评则为学生相互之间评价，以达到共同进步的目标。从评价方式而言，多元评价在注重语文、文字评价的同时，也重视其他评价方式的作用。评价的本质是将教师对学生的看法传递给学生，而除了语言文字，面部表情、肢体动作同样具有信息传递的作用。比如，在某个学生正确完成了某项操作后，教师可以为他竖起大拇指，这就是一种鼓励性的评价。从评价功能而言，多元评价具有多元化的功能，反馈功能是评价的基础性功能，对此，要通过评价内容的多元化来完善评价的指标体系，以期全面准确地反映学生的表现。激励功能同样是评价的重要功能。德国教育家第斯多惠曾言“教学的艺术不在于传授本领，而在于激励、唤醒和鼓舞”，而评价则是激励、唤醒和鼓舞学生的有效工具。

（二）学生体质健康结果性评价模型构建

1. 学生体质健康结果性评价的内容体系

学生体质健康结果性评价体系设计事关学生的体质健康评价结果及其未来的发展，在当前的学校教育中占据着非常重要的地位，因此，全方位评价学生体质健康也就成为体质健康结果性评价体系设计的基本要求。当前，学生体质健康结果性评价中存在的问题和指标选择中缺乏明确的原则有着很大关系。对此，要从以下两点出发，明确指标选择的原则：一是全面性原则。评价指标的选取要具有全面性，使体质健康评价和学生的健康发展以及学校教育的具体要求深度衔接起来，确保体质健康结果性评价能够全面、准确地反映出学生的健康状况。二是动态化原则。体质健康结果性评价指标的选取需要和学生的发展阶段、发展要求以及外部环境紧密衔接起来，这样才能保证评价活动与时俱进。

完善的评价模型是学生体质健康结果性评价的依据。当前，学界关于学生体质健康结果性评价模型的研究有很多，如原儒建，叶种翔，赵燕冰将体质健康结果性评价分为身体形态、身体机能、身体素质三大部分，身体形态包括身高、体重、胸围、坐高，身体机能包括静息脉搏、血压、血液检测、肺活量，身体素质包括引体向上、100 米跑、俯卧撑、立定跳远、1000 米跑[1]。本书在前人研究的基础上，将学生体质健康结果性评价模型分为三个部分：一是体能素质评价。一般体能训练以体能素质的整体提升为目标，对提高学生的体质和各项运动能力有重要作用，最为常见的便是跑步。跑步能够让学生全身心地参与运动，对学生力量素质、速度素质、耐力素质等的训练均有良好的效果。不同学生的体能素质表现出很大的差别，有的学生速度素质较为欠缺，而有的学生则存在柔韧性不高的问题。体能素质评价的主要作用是服务学生的体能素质训练。二是专项体育运动素质评价。学校体育教学以专项体育运动为教学内容，如篮球、足球、跳远、跳高等，体育项目虽然在形式上有差别，但各种体育项目均具有体能素质培养与发展的作用，以足球运动为例，作为对抗性极高的竞技运动，足球运动对学生的耐力素质、速度素质等均有显著效果。体质健康评价的目标是了解学生专项体育运动的学习情况。三是心理健康状况评价。心理健康是学生身心健康的有机组成部分，并对学生的体质健康有重要影响。体能素质、专项体育运动素质、心理健康状况的权重为 5∶3∶2。

2. 学生体质健康结果性评价结果的应用设计

为了更好地发挥学生体质健康结果性评价结果过的价值，要加强学生体质健康结果性评价结果的应用设计。首先，精准实施运动干预。运动干预是改善学生体质健康水平的关键环节，针对当前运动干预中存在的问题，学校要以体质健康终结性评价模型为依托，提高运动干预的精准性，为学生有计划、系统性地改善体质健康水平提供帮助。比如，从片面干预向全面干预发展。借助评价模型中的专家系统，使运动干预从以往的片面干预向全面干预发展，结合学生体质健康评价中的实际问题，形成系统性的干预方案，为学生更好地开展体

---

[1] 原儒建，叶种翔，赵燕冰．学生体质评价模型的构建与分析 [J]. 数学的实践与认知，2014，44（21）：308-309.

育运动，提高体质健康水平铺平道路。其次，辅助学校决策。学体质健康水平的提升是一项综合性的系统工程，需要多方参与其中，从而实现协同提升的目的，其中，学校是最为重要的主体。举例而言，近年来体质健康评价的结果显示，相较于男生，女生体重两极分化的现象更为严重，有些女生因为缺乏良好的运动意识导致了肥胖问题，有些女生受社会审美风气的影响，过度追求“完美”身材，出现了营养不良的问题。体质健康结果性评价模型为学校以及教育职能部门从宏观角度把控学生的体质健康提供了有效支撑，保证了教育决策的科学性，对当前学生体质健康中存在问题的解决有很好的作用。

3. 学生体质健康数据结果性评价的分析建模

学生体质健康结果性评价中会产生大量的数据，而对数据的分析则是评价模型构建的要点。比如，描述性分析。描述性统计分析是社会调查中最为常见的数据分析方法，其以一组数据的各种特征为分析内容，借以描述测量样本的特征以及样本所代表的总体特征。描述性统计分析具有很强的基础性，涵盖频数分析、数据分布分析、集中趋势分析、离散程度分析等多项内容，是复杂统计分析的前置工作。因此，学生体质健康数据分析多以描述性统计分析为第一步，待初步发现学生体质健康数据中的内在规律后，再进一步选择适宜的数据分析方法。例如，肺活量是体质健康测试中不及格率最高的体育项目，城市学生的体质健康水平高于农村学生等。又如，回归分析法能够确定两种及以上变数间相互依赖的定量关系，比如随着体重的不断增加，学生的 BMI 指数会发生相应的变化。回归分析法可以分为一元回归分析和多元回归分析两大基本模式，而自变量的多少则是划分两大模式的主要依据。多元回归以数据资料的分析处理为前提，以学生体质健康测试数据分析为例，分析者首先要从多个变量中找出导致某一变化的原因，比如高三学生肺活量下降的原因，再确定自变量、因变量以及预测目标，继而以学生体质健康测试数据为基础，在变量之间建立经验公式，做好可信度检验工作。

第二节　学生体质健康增值性评价的理论基础与模型构建

随着社会经济的不断发展与生活水平的持续提升，学生的生活方式发生了巨大变化。从积极的一面来看，学生的生活环境和生活条件得到了极大的改善，营养不良率大幅度下降；从消极的一面来看，现代化的生活方式也带来了许多新问题。体质健康测评是反映学生体质健康状况的重要手段。改革开放以来，我国学生体质健康测评呈现出两个趋势，一个是身体形态指标如身高、体重等的持续升高，另一个则是体能素质的下滑，如耐力素质、柔韧性等。增值性评价是相对于终结性评价而言的新型评价方式，在学生体质健康测评中有着重要的应用价值。

一、增值性评价

（一）增值性评价的起源与发展

增值性评价最早可以追溯到20世纪60年代。1966年，美国社会学家詹姆斯·科尔曼向美国国会提交了《关于教育机会平等性的报告》。该报告以美国4000所学校60万名学生的调查数据为基础，分析了教育机会不平等的原因，发现弱势学生自我评价较低、对未来缺乏自我期望。报告虽然没有直接提出增值性评价的内容，但拉开了增值性评价的大幕。自20世纪70年代以来，增值性评价日益成为学界研究的热点。统计学与信息技术的发展是增值性评价从理论走向实践的重要支撑。20世纪80年代末，多水平模型技术得到了极大的发展。多水平模型技术为增值性评价提供了更为精准的分析方法，强化了增值性评价的实施效能。得益于此，美国率先将增值性评价应用于教育实践中，例如，1992年，美国田纳西州政府在教育促进法案中将增值性评价作为重要内容[1]。21世纪以来，增值性评价逐渐从美国向全世界扩散，以英国为例，

[1] SANDERS W L, HORN S P. Research findings from the tennessee value-added assessment system（TVAAS）database：implications for educational evaluation and research[J]. Journal of Personnel Evaluation in Education，1998，12（3）：247-256.

2002 年，英格兰、威尔士等地推行学校效能的增值性评价模式，将增值评价指标纳入现有的评价指标体系。我国增值性评价虽然起步较晚，但在国家、社会以及教育系统内部的协同发力下，增值性评价得到了普及，已经成为学校评价的重要组成部分。

（二）增值性评价的内涵

评价是日常生活中使用频率较高的词汇，多指判断、考评。根据《教育评价字典》，评价指“对人或事物的价值作出判断[1]”。英文中的评价主要有 evaluation、assessment 两个词汇，二者侧重点有别，evaluation 强调价值判断，而 assessment 则侧重于评价方法。因此朗兰德提出了一个评价的公式：评价 = 测量（量化研究）或非测量（质性分析）+ 价值判断。增值性评价是评价的一种形式，具体而言，指以是否增值以及增值表现为评价内容的评价形式。增值性评价中“增值”一词原为经济学概念。生产领域涉及投入、产出的问题，而增值则是实际产出与预定产出比较的产物。如果实际产出超过了预定产出，即获得了增值。增值性评价是经济学中增值概念与评价活动的结合。根据美国田纳西州教育改革法案的定义，增值性评价是一种“通过用教育成果评价学生学业成就的方法，进而评价教师、学校和学区性能的统计模式[2]”。增值性评价既包括价值判断的内容，也包括具体的应用方法。随着研究工作的不断深入，增值性评价的应用范围日趋广泛，学生体质健康是当前增值性评价的重点领域，而增值性评级也在反映学生体质健康状况以及变化中发挥着重要作用。

（三）增值性评价的特点

与传统的终结性评价相比，增值性评价的特点主要有以下三点：

第一，增值性评价改变了评价的关注点。终结性评价以最终成果为关注点，比如，期末考试的结果，这种评价方式过度关注优秀学生的表现，而忽略了绝大部分学生的发展，难以实现评价活动助力教育事业的整体发展目标。增值性评价使评价的关注点从最终结果转变为每个学生的进步情况，克服了传统评价的不足。关注点的改变不仅可以优化评价的效果，还能推动教育公平的

[1] 陶西平 . 教育评价词典 [M]. 北京 : 北京师范大学出版社，1998：55.

[2] 庞威 . 美国中小学增值性教师评价研究 [D]. 重庆：西南大学，2009.

实现。

第二，增值性评价具有诊断功能。评价活动肩负着多元化的重任，诊断是评价的主要任务之一。增值性评价具有良好的诊断功能。尽管单纯的增值性评价并不能实现诊断的目的，但由于增值性评价是基于追踪设计的研究，因而可以从各类数据出发来诊断学生的情况，如学习情况、体质健康情况等，这为学校发现问题以及采取决策提供了依据。

第三，增值性评价能够满足学生差异化的需求。受主客观各种因素影响，学生的在校表现有着很大的差别，而保证所有水平的学生都能以相同的速率取得进步则是增值性评价的基本理念。增值性评价的这一特点要求学校在教育教学中不能仅仅关注表现好的学生，而要兼顾所有学生，并从学生的差异化需求出发采取有针对性的教学措施，从而使每个学生都能在现有基础上得到个性化的发展。

二、学生体质健康增值性评价的理论基础

（一）教育评价标准 PUFA 理论

1975 年，美国、加拿大评价质量专业协会联盟组成教育评价标准委员会（JCSEE），教育评价标准委员会提出了教育评价的四大标准，分别为适当性（propriety）、实用性（utility）、可行性（feasibility）、准确性（accuracy），因四大标准的首字母分别为 P、U、F、A，该理论也被称为 PUFA 理论。从适当性的角度而言，教育评价标准要兼顾法律以及道德上的适当性，法律上的适当性指教育评价标准在法律上可行，不会出现违反法律的现象。道德上的适当性指教育评价标准符号道德要求，如评价活动的公平性、合理性。从实用性的角度而言，教育评价标准要具有丰富的内容、快速的反应力以及有影响力的评价结果，如评价者本身要具备相应的资格，熟悉评价活动的流程。从可行性的角度而言，教育评价标准要在操作上、经济上乃至增值上具备可行性。以经济为例，教育评价标准需要以最少的经济支出来实现教育评价的目标。从准确性的角度而言，教育评价结果要和被评价者的真实情况高度契合，能够准确地反映出被评价者的情况。教育评价标准模型理论是体质健康增值性评价的基础性理论，为体质健康增值性评价提供了明确的要求以及实践标准。

（二）最近发展区理论

最近发展区理论由苏联心理学家维果茨基（Lev Vygotsky）提出，维果茨基认为“游戏活动创造了儿童的最近发展区”，在维果茨基看来，幼儿的发展水平有两种不同的判断标准与依据，第一种标准是幼儿现有的发展水平，即幼儿在独立活动中所能达到的解决问题的水平；第二种则是幼儿可能的发展水平，即幼儿借助教学活动而获得的潜力。实际水平与可能水平之间的差距就是所谓的最近发展区。区域活动是儿童在最近发展区里的活动，能为每个儿童提供发展潜能的机会，让他们在活动中超越自己的原有水平，从而获得新的发展。最近发展区理论对体质健康增值性评价具有重要的指导意义。“少年强则国强”，青少年学生作为健康中国战略推行的重要对象，他们的身体健康水平不仅关系到个人的成长发展，更关系到国家民族的未来。学生体质健康测评借助各种测评方法将学生体质健康的实际状况呈现出来，这不仅有助于学生了解自身的体质健康水平，对学校有针对性地开展体育教育，践行健康中国战略也有着非常重要的意义。不同阶段的学生体质健康表现具有一定的差异性，紧扣学生当前体质健康的实际情况，关注学生体质健康的发展是体质健康增值性评价的要求，而这正与最近发展区理论的内容不谋而合。

（三）学业自我效能感理论

学业自我效能感（perceived academic efficiency），也称学习自我效能感，源自班杜拉（Bandura）的自我效能感。学业自我效能感是自我效能感在学习领域的表现，根据班杜拉与申克的定义，学业自我效能感指“学生对自身形成和实施要达到既定学习目的的行动过程的能力判断”。Schunk D H 在班杜拉的基础上对学业自我效能感的概念做了拓展，认为学业自我效能感是个体对自己是否具备成功完成给定学业任务所需能力的自信，并在学业自我效能感中增加了自我控制的内容。基于此，学业自我效能感是个体对自身控制学习行为、学习能力的主观判断和主观感受[1]。改革开放以来，随着中西方交流的不断深入，班杜拉自我效能感传入我国，并对教育界产生了重要影响，相关的研究层出不

[1] Schunk D H. Self-efficacy and achievement behaviors[J]. Educational psychology review, 1989, 1(3): 173-208.

穷。实证研究是国内学业自我效能感研究的主要范式，多以学业自我效能感与学生成绩之间的关系为研究内容。王振宏的研究显示，学业自我效能感与学生的学习成绩具有正相关性，学业自我效能感强度越高，学业表现越佳，而从作用机制而言，学业自我效能感对学习成绩的影响作用主要是通过影响学生的目标定向、归因方式、学习动机、自我调控学习等因素而间接实现的。体质健康增值性评价以激发学生的学业自我效能感为重点，注重学生在自我认知的基础上实现发展。

三、学生体质健康增值性评价模型构建

（一）确定学生体质健康增值性评价的内容体系

学生体质健康增值性评价是有效反映学生体质健康变化情况的评价方法，而紧扣体质健康评价的内涵、要求，做好评价内容的优化、完善，则是最大限度发挥好增值性评价作用的先决条件。对此，要着力优化学生体质健康增值性评价的内容体系，首先应细化体质健康评价的指标。体质健康评价的指标有很多，除了常见的身体形态指标、体能素质指标外，更要从当前学生身心健康与全面发展的角度出发，进一步增加体质健康评价的内容。比如，心理健康评价。将心理健康评价纳入学生体质健康评价体系，设置心理健康评价的二级指标，如抗压能力、不良情绪化解能力等，可全面、准确地反映学生的体质健康状况。又如学生主观层面的指标，学生体质健康的发展离不开主观层面的积极意愿，如运动热情、健康认知状况等，因此要将学生主观层面的指标作为体质健康评价的重要内容。

（二）配合使用过程性评价方法获取增值评价数据

为了更好地发挥增值性评价在学生体质健康评价中的作用，要做好增值性评价与其他关联性评价的配合使用工作。其中，最为典型的便是档案袋评价方法。档案袋评价方法属于过程性评价方法，以搜集整理学生资料，将学生资料汇聚于档案袋中，并以档案袋为依托开展评价活动。档案袋评价法与增值性评价具有很强的融合空间，一方面，档案袋评价法可以有效解决增值性评价中数据量庞大且容易丢失的问题，为增值性评价提供有效的依据；另一方面，档案袋评价法能有效发挥学生档案在学生体质健康记录中的作用，并且，档案袋的

设计与使用动态化地反映了学生体质健康变化的情况，契合增值性评价的需求。因此，要着力做好档案袋评价法与增值性评价的协同工作，为每个学生设计针对性的档案袋，助力增值性评价的深入开展。

（三）学生体质健康数据增值评价的分析建模

学生体质健康增值性评价是一项系统性的工作，而做好增值性评价的准备工作则是保障体质健康增值性评价深入、有序开展的必然要求。对此，要从数据搜集、技术应用、数据分析等角度采取措施。从数据搜集的角度而言，要采用统一、科学的方法搜集学生增值性评价数据。从技术应用的角度而言，在信息技术不断发展的今天，各种新式技术在体质健康增值性评价中有广阔的应用价值，如物联网技术、大数据技术等。要利用新式技术的作用提高增值性评价的精准性。得益于统计学的不断发展，增值性评价模型也在增加。比如概要统计分析。概要统计分析属于描述性分析，能够借助一系列的统计量，如最大值、最小值、平均值、中位数、方差等呈现统计数据的概况，这种统计分析方法在各影响因素的辨别中存在局限性，属于数据的简单应用。又如多元线性回归分析。多元线性分析是分析处理一个因变量和多个自变量之间关系的有效方法，能够将各种影响因素纳入统计模型。多水平模型分析是在多元线性回归分析的基础上发展而来的新型分析方法，能够充分利用各类数据信息，进一步完善增值性评价的结果。从数据分析的角度而言，当前，能够用于体质健康增值性评价的数据分析模式有很多，如 Self-Organizing Map（SOM）。SOM 是一种人工神经网络，其网络结构为竞争性非监督网络结构，具有很强的自学习功能。SOM 神经网络可以拓扑意义的模式将任意维度的输入信号映射在二维分散图中，对分类和识别各变量之间的关系和模式有着突出的效果。可以借助 SOM 神经网络来反映各变量，如年龄、性别、身高、体重等与体质健康间的关系，为增值性评价的实施提供帮助。

第三节　学生体质健康干预模型构建

一、干预依据

在着力优化学生体质健康数据分析和体质健康评价以后，需要在数据分析以及评价的基础上做好运动干预。根据前面所介绍的关键期算法及关键期模型构建，基于学生国家体质健康测试的大数据，我们可以得出全国不同区域儿童青少年身体素质发展的关键期，再结合学生体质健康评价结果，以此作为依据构建中小学学校体育的课程标准，制定学生精准化运动干预的方案，并进一步实现"家、校、社"联动机制，让家长和老师及时了解学生的体质健康状况，让学生养成积极参与体育锻炼的习惯，形成追求健康的意识。

《标准》中反映身体素质和运动能力的评价指标和测试项目继承了《国家体育锻炼标准》测试项目的基本精神[1]。根据《标准》要求，小学一年级、二年级的指标体系包括身体形态、身体机能指标，以及柔韧性、速度、灵敏度、协调性等身体素质指标；小学三年级、四年级的评价指标系统包括身体形态、身体机能指标，以及柔韧性、速度、灵敏度、协调性、腹部肌肉力量及力量耐力等素质指标；小学五年级、六年级则包括身体形态、身体机能指标，心肺耐力、柔韧性、速度、灵敏度、协调性、腹部肌肉力量、力量耐力等素质指标；初中、高中、大学各年级则包括身体形态、身体机能指标，心肺耐力、柔韧性、速度、下肢爆发力、上肢肌肉力量、腹部肌肉力量、力量耐力等素质指标。下面着重梳理学生体质健康测试标准中身体素质相关的指标。

（一）50 米跑

50 米跑是通过较短距离的高强度跑来测试速度素质。速度素质与中枢

---

❶《〈国家学生体质健康标准〉解读》编委会《国家学生体质健康标准》解读[M].北京：人民教育出版社，2007.

神经系统的灵活性、下肢肌肉力量、灵敏度等有关。它能部分反映身体运动的综合素质，也是人体从事体育活动、学习运动技能所必须具备的身体基本素质。

（二）坐位体前屈

坐位体前屈是用来反映人体柔韧性的素质指标。柔韧性是指身体各个关节的活动幅度以及跨过关节的韧带、肌腱、肌肉等软组织的伸展性和弹性，柔韧性与关节面大小、关节囊厚薄、韧带的松紧度、韧带的强弱、关节周围肌肉和骨的状况、软组织的伸展性和弹性有关。柔韧性与年龄、性别和专门性锻炼等多种因素有关。一般来说，儿童少年时期，由于骨中有机物含量较高，骨的韧性比较好，同时肌纤维较细，因此柔韧性比成年人好。另外，女性要比男性运动幅度大，长期训练者要比不训练者运动幅度大。

（三）1 分钟跳绳

跳绳是反映小学生上下肢协调性、灵敏度、下肢力量、弹跳能力以及心肺功能的指标，也是测试身体素质和运动能力的指标。通常情况下，我们可以用 1 分钟跳绳的成绩来反映学生的灵敏素质。

（四）50 米 ×8 往返跑

50 米 ×8 往返跑主要用来评价小学生的耐力素质，同时也可以在一定程度上反映速度、灵敏素质。耐力是指人体长时间进行肌肉活动，并且对抗疲劳的能力，是评定人体健康状况以及活动能力的重要指标之一。

由于学业负担重以及对体育活动不重视，导致小学生耐力素质普遍下降。而长期参加耐力运动的儿童少年，心脏功能增强，心肌收缩力增强，心输出量增大，心肺功能也有所提升。

（五）800 米 /1000 米跑

800 米跑（女生）和 1000 米跑（男生）是评价学生耐力素质的重要指标。对于没有参加过专业训练的学生来说，800 米跑（女生）和 1000 米跑（男生）既能测试有氧耐力，也能测试无氧耐力水平，同时该项指标也可反映学生的心血管系统、呼吸系统的机能及肌肉耐力水平。

（六）1 分钟仰卧起坐（女生）

仰卧起坐是评价学生腰腹肌肉力量和肌肉耐力的测试指标。腰腹部属于人体的核心区，因此，腰腹肌力也是决定人体核心力量的因素之一。儿童青少年核心稳定，有助于形成良好的体态，预防脊柱问题，同时核心稳定性也会直接影响运动表现。

（七）引体向上（男生）

引体向上是评价学生上肢周围肌肉力量和肌肉耐力的指标，该指标反映了男生肩臂、胸肌的最大肌肉力量和耐力水平。

（八）立定跳远

立定跳远是测试爆发力的项目，爆发力要求在最短时间内发挥最大的力量，爆发力的大小取决于力量和速度的乘积。下肢爆发力基于腿部力量，在人们的生活、劳动工作中具有重要意义。

二、基于关键期的干预方法

（一）发展力量素质的运动干预

男、女生的力量素质敏感期都在 9 岁以后。随着年龄的增长和敏感期的到来，其肌肉体积增大，肌纤维直径增粗，肌糖原增加，以及各个肌群之间协调性增强，在力量素质敏感期进行适宜的体育锻炼为青少年肌肉力量的增长创造了条件，因此，初中阶段是重要的发展力量素质敏感期，学校应该有计划、有针对性地安排力量训练。青少年时期由于身体发育等特点，不适合器械力量训练，练习中可以采用负荷较小、动作较快的练习，或中等负荷的练习，适宜做速度力量训练，以提高神经系统对肌肉运动单位的动员能力。中高年级的小学生可以逐渐增加负荷，并且可以进行自重练习，如仰卧起坐、俯卧撑、直角支撑等；中学生可以开始增加负荷，学习技术难度较高的动作，并且可以使用小哑铃、小壶铃、瑞士球、弹力带等进行力量训练。当学生到 14 岁以后，骨的无机物比例增高，骨质增加，变得较为坚固，这时候可以开始进行正规的阶段性训练，增加专项内容，如杠铃、哑铃等循环练习，并增加负荷量；从 16 岁开始可进行专项力量的训练，包括各种力量举、握推、深蹲、跳箱等。儿童青少年力量训练注意事项见表 3-15。

表3-15 儿童青少年力量训练注意事项

年龄	力量训练形式及注意事项
6 岁以下	不负重练习，教会基本动作及要领，从徒手类动作开始，负荷量低
7 ～ 10 岁	增加练习手段，掌握力量练习的基本动作，逐渐增加负荷和负荷量，加强监督
11 ～ 13 岁	学会所有基本动作，逐渐增加练习负重，注重动作的正确性，开始学习技术含量更高的动作
14 ～ 15 岁	开始正规阶段性训练，增加专项内容，增加负荷量，注重技术动作的正确性
16 岁以上	建立坚实基础，逐步开始成人训练

（二）发展耐力素质的运动干预

提高耐力素质可选择全身大肌肉群参与、长时间且中高强度的运动，年龄稍小的儿童青少年则宜选择以体育游戏类的活动为主。一般改善儿童青少年耐力素质的运动时间在 20 ～ 60 分钟，刚开始锻炼运动量可以进行少量多次累加，注意循序渐进，合理增加训练强度和训练时间。

在耐力素质发展敏感期，进行合理的体育锻炼，能够提高青少年的心肺耐力和有氧供能以及糖酵解代谢能力。因此，在青春发育期前后，及小学高年级段至中学阶段，可安排强度适中的有氧训练，如耐力跑、骑车、爬山、游泳、舞蹈、球类项目等活动，以提高青少年的心肺功能。到高中阶段，进入专项耐力素质发展的敏感期，则可以进行专项长距离跑训练。具体到年龄段，一般从 8 岁起可以进行有氧耐力练习，多利用慢跑的方法进行心肺功能的适应性练习；11 ～ 12 岁以有氧耐力的训练为主，从而改进氧运输系统和肌肉代谢的功能；15 ～ 16 岁无氧训练逐渐增多；16 ～ 17 岁再进行大强度的有氧及无氧耐力训练。

（三）发展速度素质的运动干预

速度素质可分为反应速度、动作速度和周期性位移速度。反应速度是人体对各种信号刺激的快速反应能力；动作速度是快速完成动作的能力；周期性位移速度是快速通过一定距离的能力。通常发展反应速度可以采用听信号加速跑、转身起跑、听口令起跑等。发展动作速度包括原地高抬腿跑、快速左右提膝、高抬腿转加速跑、快速后蹬跑等方法。发展位移速度一般采用冲刺跑进行训练，如30米冲刺跑、50米冲刺跑等，注意训练应有充分的组间间歇，以保证磷酸原供能系统得到充分锻炼。

在速度素质敏感期内的青少年，体育锻炼应合理安排低乳酸的间歇性训练内容，以短时间、高频率的反应能力训练为主，如短距离冲刺、接力赛、追逐游戏、反应跑等。体育教师需要抓住儿童青少年速度素质发展的敏感期，有针对性地安排教学与训练。但需要注意的是，在小学阶段，儿童生长发育尚未完全，肌肉骨骼发育仍在继续，因此发展速度素质时，运动距离不要求太长，强度不能过大，尤其要避免过度疲劳训练，做到循序渐进。

（四）发展柔韧素质的运动干预

儿童青少年时期是发展柔韧素质的最佳时期，柔韧素质的早期练习非常重要，对将来运动水平的提高具有重要作用。发展柔韧素质的练习主要包括静力性以及动力性的拉伸，同时可以多进行舞蹈、瑜伽、体操、艺术体操等项目的练习。但需要注意的是，在发展柔韧素质的同时需要结合一定的力量训练，防止运动损伤同时促进生长发育。此外，练习前应该充分热身，提高身体温度，增加软组织的弹性、伸展性，降低肌肉粘滞性，从而避免损伤发生。

（五）发展灵敏素质的运动干预

力量、速度、耐力、柔韧素质等是发展灵敏素质的基础。竞技体操、武术、技巧运动、滑冰、滑雪、各种球类运动等项目都是发展灵敏素质的有效项目。在专项练习复杂化的条件下，反复练习与专项运动性质相似的动作，是发展专项灵敏素质的有效途径。此外，徒手练习、器械练习、组合练习和游戏等也是发展灵敏素质的有效手段。通过锻炼，可以改善青少年各感觉器官功能，提升其反应能力、平衡能力等，从而提高其灵敏度。良好的灵敏性不但有助于青少年更快、更准确地掌握技术动作，还有助于运动表现的提升，以及防止伤害事故的发生。在灵敏素质发展的关键期，适当偏重发展灵敏素质，如通过跳绳、快速折返跑、滑步、交叉步、双人摸肩、球类运动、游戏类等，可以取得良好的效果。

三、基于信息化的干预路径

（一）学校体质健康干预实施方案

为了促进体质发展较差、不均衡学生积极参加日常体育锻炼，推荐学校通过体质健康测试大数据制订体质健康干预方案，并实行信息化的实时推送，旨在通过精准干预提升学生整体体质健康水平。

1. 干预人群

（1）体质健康测试总成绩排名后 5% 者；

（2）体质健康测试总成绩不及格者；

（3）BMI 指数显示为“肥胖”者；

（4）单项成绩不及格者；

（5）体质健康测试成绩后进班级者。

2. 干预路径

（1）体育课堂干预。体育教师上课时应关注本班需要干预人群，并根据实际情况个性化指导体育活动。

（2）班级活动干预。班主任在班级活动中要重点关注需要干预人群，并有针对性地安排相应体育活动。

（3）大课间、课外活动干预。利用大课间、课外活动组织被干预学生，进行统一的技能训练或者力量、柔韧性、有氧耐力等练习。

（4）校外干预。利用手机 App、手环（计步）、信息化手段（自动布置作业），让学生和家长一起进行校外运动与健康干预，以达到改善相应指标的目的，促进学生锻炼习惯的养成。

3. 成效检验

对每年筛选出来的干预人群进行成效检验，经过一年的干预后要进行量化测量并分析，计算出干预有效率。

（二）体质健康干预的三方联动模式

为了能让学生更好地完成运动干预，数据分析系统应实现干预信息的互通共享，即体育教师、班主任、家长都能够及时查收学生的运动干预信息和完成运动量的情况，再由三方联合负责，跟踪与督促学生开展体育锻炼，以实现运动干预的管理和监督。

1. 体育教师的管理

体育教师对干预的管理主要体现在课堂，结合大数据分析，掌握班级学生体测的整体情况，找到班级学生身体素质的薄弱点，并结合关键期模型以及学生发育情况安排教学内容。了解个别需要单独指导学生的体质情况，通过制订特殊的训练方案，对班级学生进行精准干预。此外，体育教师可以根据评价模型和关键期模型，开展特色体育课程教学，一方面能够提高学生学习的乐趣，让体育锻炼不枯燥，通过不同关键期对应运动项目的练习，有针对性地提升、改善学生的身体素质，促进其健康水平的提升。另一方面，培养有天赋学生的体育特长，让他们掌握一至两项运动技能。此外，体育教师应根据实施干预后学生健康数据反馈的情况，与校领导、班主任和家长及时对接沟通，进一步修订运动干预方案。

2. 班主任的管理

班主任对干预的管理主要体现在课后，班主任可以组织和指导学生有计划、有目的、有规律地参加课外体育活动，例如，充分利用大课间及“全国亿万学生阳光体育运动”开展运动干预，让在校学生每天至少 1 小时“走向操场、走进大自然、走到阳光下，积极参加体育锻炼”。此外，班主任应该对学生的运动干预起到督促、监督的作用。班主任可以在智能系统上查看学生的课后运动情况，监督学生是否按要求完成运动干预内容，对于偷懒的学生给予提醒或者及时与其家长沟通。在班级管理上，班主任应杜绝体育课被占用等情况，为学生争取更多的体育锻炼时间。

3. 家长的管理

家长对干预的管理主要是鼓励并配合学生完成日常的运动干预内容，起到督促的作用。家长是学生最好的老师，由家长亲自参与亲子互动式锻炼，对于培养学生的运动兴趣和习惯、形成终身体育理念是非常重要的。

体质健康干预的绩效评估。对学校的体质健康干预过程和效果进行评估，能够有效监督和促进学校体质健康工作的开展。主要评价指标如下：

（1）科学管理的体系。包含的二级指标为学校管理保障体系、健康监测体系、健康干预体系等，具体可以从是否有组织保障、制度保障、人员保障，家庭干预举措，是否具有学校干预举措等方面进行评价。

（2）智能化信息平台。其所包含的二级指标有健康指标测试、健康数据分析和健康工作评估。体质健康测试、分析和评价是实现运动干预的重要环节，环环相扣、必不可少。评价需要看是否进行了个人纵向、横向的分析，是否进行了全数据分析；增值性评价着重看是否具有心理测试网络平台；健康工作评估主要从班级管理数据、体育教学评估报告、学校体育工作评估等方面进行评价。

（3）健康干预路径。对家校结合、健康指导、运动处方等二级指标进行评价。家校结合主要看是否已建立家校沟通渠道，以及家长的参与情况；健康指导主要看学校是否已对健康干预知识进行有效的宣传，以及从具有运动习惯的学生比例层面进行评估。运动处方可以通过对不同群体学生体质健康测试成绩提升水平进行评估。

（4）高效的学校体育课程。学校体育课是对学生进行体质健康运动干预最直接且最重要的板块。二级指标包含国家体育课程、校本体育课程和心理健康课程。从课时计划（课时数是否合规）、课程质量（综合素质测评是否达到平均水平）、师资配备、活动计划（是否引导学生参与自主锻炼）、课程计划（是否依据关键期模型构建、教师是否利用信息技术等手段做好课程延伸、健康干预等工作）、专家指导、教师进修等方面评分。

第四章　学生体质健康数据分析案例

第一节　区域学生体质健康数据分析案例

《标准》要求各学校每学年开展覆盖各年级学生的《标准》测试工作，并根据学生学年总分评定等级。为了进一步加强 ×× 区各学校对学生体质健康测试数据的科学应用，现对 ×× 区 2020 年度学生体测数据进行分析，为相关部门和学校提供参考。

一、重庆市 ×× 区 2020 年度中小学生体质健康数据

×× 区 2020 年中小学生体质健康测试总成绩平均分为 83.55 分，较 2019 年增长 1.23 分。其中，优秀占比 26.83%，良好占比 39.16%，及格占比 32.83%，不及格占比 1.18%。优秀率较 2019 年增长了 4.69%；及格率很高，较 2019 年增长了 0.12%，达到 98.82%；持续不及格人数为 192 人，占不及格人数的 19.69%。新增肥胖及超重 6334 人，占比 9.59%；身高增长未达到同年级平均身高增长 25% 的学生 11499 人，占比 15.63%。各项指标分值排序为：BMI 值（身体形态重要指标）93 分，1 分钟跳绳（灵敏素质高度相关）87 分，肺活量（生理机能重要指标）82 分，1 分钟仰卧起坐（力量素质相关）81 分，立定跳远（力量素质高度相关）80 分，50 米跑（速度素质高度相关）79 分，800 米跑（耐力素质高度相关）79 分，坐位体前屈（柔韧素质高度相关）79 分，50 米 ×8 往返跑（耐力素质高度相关）77 分，1000 米跑（耐力素质高度相关）76 分，引体向上（力量素质相关）64 分。达标率最低的两项分指标为：引体向上（力量素质相关）为 72%，1000 米跑（耐力素质高度相关）为 88%。详细内容见结果与分析。

二、对象与方法

（一）研究对象

本报告对2020年××区各学校上报学生体质健康测试数据进行加工整理，剔除无效数据，对69所学校（其中小学段48所、初中段25所，高中段9所，同一学校的不同学段分别统计）的115544名学生（其中小学段男生34412名、女生32279名，初中段男生14931名、女生13971名，高中段男生10512名、女生9439名）的体质健康测试有效数据进行分析（见表4-1）。

表4-1 2020年××区各学校学生体质健康测试数据

序号	学校名称	小学	初中	高中	人数/人		
					男生	女生	合计
1	××××小学	√	—	—	2431	2251	4682
2	×××小学	√	—	—	1827	1659	3486
3	××××小学	√	—	—	1670	1501	3171
4	××××小学	√	—	—	1651	1497	3148
5	××小学	√	—	—	1464	1399	2863
6	××××小学	√	—	—	1409	1351	2760
7	×××小学	√	—	—	1418	1341	2759
8	×××××小学	√	—	—	1279	1182	2461
9	××××小学	√	—	—	1232	1173	2405
10	××××小学	√	—	—	1222	1150	2372
11	××××小学	√	—	—	1215	1141	2356
12	×××小学	√	—	—	1106	1079	2185
13	××××学校	√	—	—	1076	1038	2114
14	××××××小学	√	—	—	1056	1025	2081
15	××××××小学	√	—	—	1045	1008	2053
16	××学校	√	√	—	1193	1150	2343
17	××××××××小学	√	—	—	938	911	1849
18	××××小学	√	—	—	857	772	1629
19	××小学	√	—	—	805	806	1611

续表

序号	学校名称	小学	初中	高中	人数 / 人		
					男生	女生	合计
20	×××× 小学	√	—	—	748	688	1436
21	×× 小学	√	—	—	655	686	1341
22	××××××× 学校	√	√	—	904	694	1598
23	×××× 学校	√	√	—	918	842	1760
24	××× 小学	√	—	—	532	526	1058
25	×××××× 小学	√	—	—	525	506	1031
26	××× 小学	√	—	—	512	499	1011
27	×××××× 小学	√	—	—	492	407	899
28	×× 学校	√	√	—	688	654	1342
29	××× 小学	√	—	—	406	407	813
30	××× 小学	√	—	—	426	372	798
31	××× 小学	√	—	—	426	330	756
32	×× 小学	√	—	—	373	356	729
33	××××× 小学	√	—	—	343	311	654
34	××× 小学	√	—	—	320	310	630
35	×××× 小学	√	—	—	291	290	581
36	×× 小学	√	—	—	308	257	565
37	××× 小学	√	—	—	291	272	563
38	×× 小学	√	—	—	267	238	505
39	××× 小学	√	—	—	168	178	346
40	×× 小学	√	—	—	161	162	323
41	×× 小学	√	—	—	148	157	305
42	××× 学校	√	√	—	189	166	355
43	××× 小学	√	—	—	135	118	253
44	×××××× 小学	√	—	—	125	125	250
45	×× 小学	√	—	—	102	111	213
46	×× 学校	√	√	—	160	159	319
47	×××××× 小学	√	—	—	95	97	192

续表

序号	学校名称	小学	初中	高中	人数 / 人		
					男生	女生	合计
48	×× 小学	√	—	—	31	15	46
49	×××× 中学	—	√	√	2106	1912	4018
50	×××× 中学	—	√	—	1555	1627	3182
51	×× 中学	—	√	√	2716	2351	5067
52	×× 中学	—	√	—	1222	1166	2388
53	××× 中学	—	√	—	1113	1103	2216
54	×× 中学	—	√	√	2040	2110	4150
55	×××××× 中学	—	√	—	879	929	1808
56	×× 中学	—	√	√	1806	1903	3709
57	×× 中学	—	√	√	1613	1534	3147
58	××× 中学	—	√	—	507	547	1054
59	××× 中学	—	√	—	479	381	860
60	××× 中学	—	√	√	1087	1085	2172
61	××××× 学校	—	√	—	310	283	593
62	×××× 中学	—	√	√	410	293	703
63	×××× 中学	—	√	—	261	226	487
64	××× 中学	—	√	—	182	140	322
65	××× 中学	—	√	—	167	145	312
66	×××× 中学	—	√	—	129	117	246
67	×××× 中学	—	√	—	114	98	212
68	××××× 中学	—	—	√	3671	2558	6229
69	×× 中学	—	—	√	1855	1814	3669
合计					59855	55689	115544

（二）研究方法

本报告主要采用数理统计法，在统计学的基础上，运用统计应用软件对学生体质健康测试成绩进行分析和可视化处理，见表 4-2。

表4-2 中小学体质健康测试项目与分值

组别	评价指标（测试项目）	分值
所有年级	BMI	15
	肺活量	15
小学一年级、二年级	50 米跑	20
	坐位体前屈	30
	1 分钟跳绳	20
小学三年级、四年级	50 米跑	20
	坐位体前屈	20
	1 分钟跳绳	20
	1 分钟仰卧起坐	10
小学五年级、六年级	50 米跑	20
	坐位体前屈	10
	1 分钟跳绳	10
	1 分钟仰卧起坐	20
	50 米 ×8 往返跑	10
中学（初中、高中）	50 米跑	20
	坐位体前屈	10
	立定跳远	10
	男生引体向上、女生 1 分钟仰卧起坐	10
	男生 1000 米跑、女生 800 米跑	20

注：BMI= 体重 / 身高的平方（体重单位为千克，身高单位为米）。

三、结果与分析

（一）数据可信指数评价

数据可信指数评价是指运用大数据思维和技术，发现学生体质健康测试数据的相关联系、揭示数据中的潜在规律，探索因果关系。对学校学生体质健康各数据间的相关度、数据的离散度、纵向数据的增长幅度三个维度进行研究。对体质健康测试数据的可信度进行有效测评如图 4-1 所示。

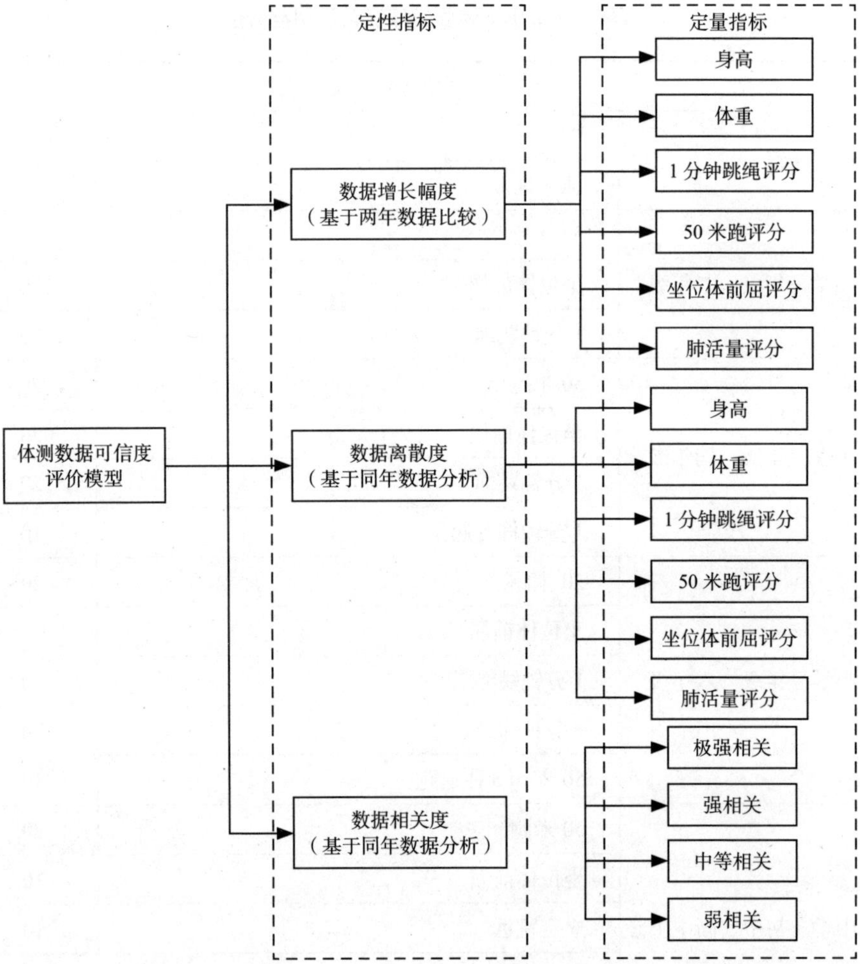

图4-1　体测数据可信度评价模型

1. 全区各学段可信指数平均分（见表 4-3）

表4-3　全区各学段可信指数平均分

学段	增长率平均分	离散度平均分	相关性平均分	可信度平均分
小学	94.19	72.28	33.59	61.18
初中	90.03	68.00	34.73	59.10
高中	89.90	69.71	26.48	56.46

2. 全区小学段可信指数列表（见表4-4）

表4-4　全区小学段可信指数

学校	增长率评分	离散度评分	相关性评分	可信度评分
×××××× 小学	96.62	90.00	39.78	71.23
×× 小学	96.23	87.50	37.55	69.26
××× 小学	93.72	87.50	36.08	68.17
××× 小学	98.01	85.00	35.58	67.83
××× 小学	94.95	82.50	39.11	67.63
×× 小学	96.41	85.00	35.36	67.43
×××× 学校	95.01	82.50	38.14	67.26
×××× 小学	95.24	82.50	37.47	67.03
×××× 小学	95.44	82.50	35.98	66.48
×× 小学	97.06	72.50	45.05	66.43
××××× 小学	95.26	82.50	34.46	65.84
×××× 小学	96.02	82.50	33.35	65.54
××× 小学	93.74	80.00	36.80	65.47
××× 小学	95.43	77.50	36.01	64.49
×××××× 小学	97.00	70.00	42.31	64.32
××××× 小学	94.13	80.00	33.06	64.05
××× 小学	92.98	77.50	35.99	63.99
××× 小学	96.00	77.50	32.94	63.38
××× 小学	94.05	80.00	30.92	63.18
×× 小学	94.73	75.00	35.39	63.10
×××× 小学	95.21	82.50	27.58	63.07
×××× 小学	92.63	82.50	28.17	62.80
×××××× 小学	94.63	72.50	36.48	62.52
×× 小学	95.74	67.50	40.54	62.37
×× 学校	94.65	75.00	33.29	62.24
×××× 小学	94.88	82.50	23.85	61.52
××× 小学	90.79	70.00	37.59	61.19
×× 小学	94.17	65.00	37.81	59.96
××× 小学	94.63	72.50	29.71	59.81

续表

学校	增长率评分	离散度评分	相关性评分	可信度评分
××× 小学	87.52	60.00	42.15	58.36
×× 学校	91.39	75.00	24.77	58.18
××× 小学	94.67	62.50	35.32	58.06
×× 学校	93.05	50.00	48.32	57.94
××××××× 小学	96.00	57.50	38.46	57.58
×× 小学	96.69	55.00	36.66	56.00
×××× 学校	92.66	57.50	36.10	55.97
×××× 小学	89.76	75.00	20.05	55.97
×× 小学	94.06	52.50	38.64	55.27
×× 小学	93.36	75.00	14.83	54.60
×××× 小学	91.25	57.50	32.46	54.23
×××× 小学	91.69	67.50	20.00	53.34
×××× 小学	93.69	57.50	24.47	51.52
×××××× 小学	92.86	55.00	25.49	50.77
××××××× 学校	92.50	60.00	19.85	50.44
××× 学校	92.19	45.00	27.49	47.44

3. 全区初中段可信指数列表（见表 4-5）

表4-5　全区初中段可信指数

学校	增长率评分	离散度评分	相关性评分	可信度评分
×××× 中学	87.71	80.00	79.51	81.35
×× 中学	91.87	84.00	45.00	69.97
×× 中学	92.30	82.00	45.08	69.29
××××× 学校	92.57	82.00	36.85	66.05
××× 中学	87.51	74.00	43.42	64.47
×× 中学	92.68	78.00	35.94	64.11
×× 学校	90.85	72.00	40.80	63.29
××× 中学	88.39	78.00	33.69	62.36
×××× 中学	92.25	74.00	32.18	60.92
××× 中学	94.20	66.00	38.64	60.70

续表

学校	增长率评分	离散度评分	相关性评分	可信度评分
×××× 学校	88.55	72.00	34.87	60.46
×× 中学	86.70	80.00	26.54	59.95
×××××× 中学	91.14	76.00	26.44	59.20
×××× 中学	90.59	76.00	25.80	58.84
××× 中学	88.34	78.00	23.44	58.24
×××× 中学	91.34	64.00	35.48	58.06
××× 中学	90.08	56.00	42.95	57.59
×× 学校	91.08	46.00	51.46	57.20
××× 学校	89.43	54.00	33.99	53.08
×× 学校	91.14	56.00	30.88	52.98
××× 中学	89.42	60.00	24.16	51.55
×××× 中学	87.96	58.00	26.39	51.35
××××××× 学校	93.07	60.00	13.87	48.16
×× 中学	89.08	50.00	22.74	46.91
×××× 中学	82.61	44.00	18.08	41.35

4. 全区高中段可信指数列表（见表 4-6）

表4-6　全区高中段可信指数

学校	增长率评分	离散度评分	相关性评分	可信度评分
×× 中学	87.22	84.00	50.10	71.09
×× 中学	88.78	86.00	33.22	65.44
××× 中学	93.79	76.00	37.37	64.11
×× 中学	86.95	86.00	29.91	63.75
×× 中学	97.12	68.00	24.20	56.30
×× 中学	89.13	56.00	3.10	41.46
××××× 中学	86.31	32.00	7.48	33.05

（二）学生体质健康总成绩

×× 区 2020 年学生体质健康总成绩平均分为 83.55 分，优秀率为

26.83%，及格率为 98.82%。其他数据指标见以下图表。

1. 2019—2020 年学生体质健康总成绩平均分对比（见图 4-2）。

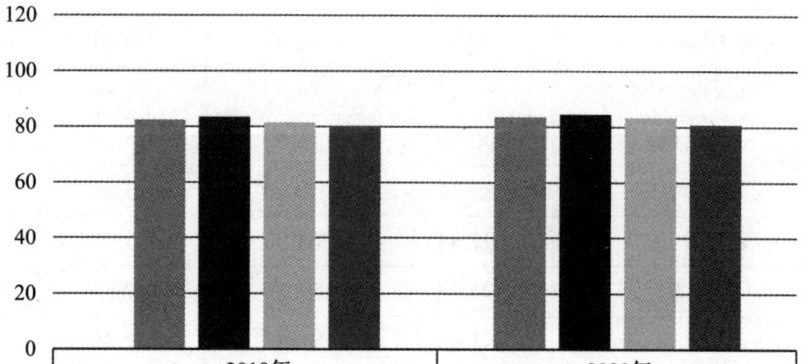

	2019年	2020年
全区	82.32	83.55
小学	83.47	84.5
初中	81.37	83.28
高中	79.58	80.8

■ 全区 ■ 小学 ■ 初中 ■ 高中

图4-2　2019—2020年学生体质健康总成绩平均分对比

2. 体质健康总成绩人数分布

（1）全区学生体质健康成绩人数分布（见图 4-3）。

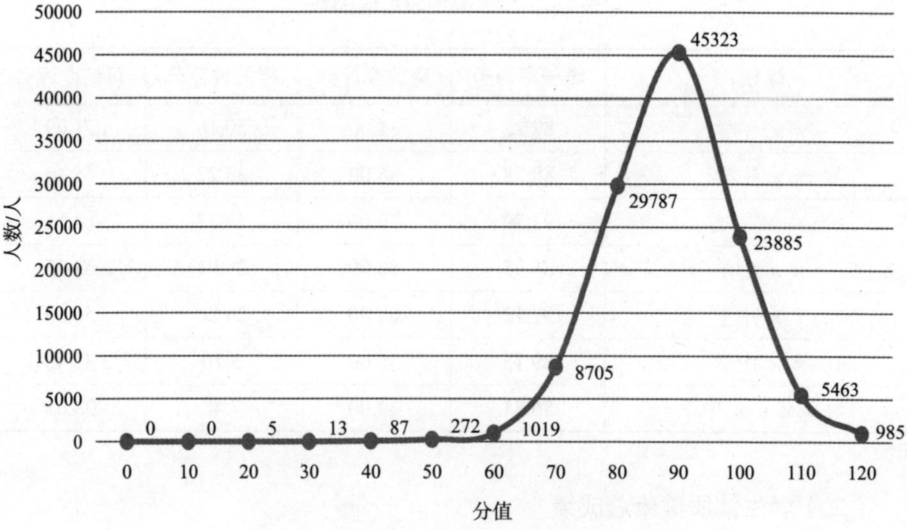

图4-3　全区学生体质健康成绩人数分布

（2）小学段学生体质健康成绩人数分布（见图 4-4）。

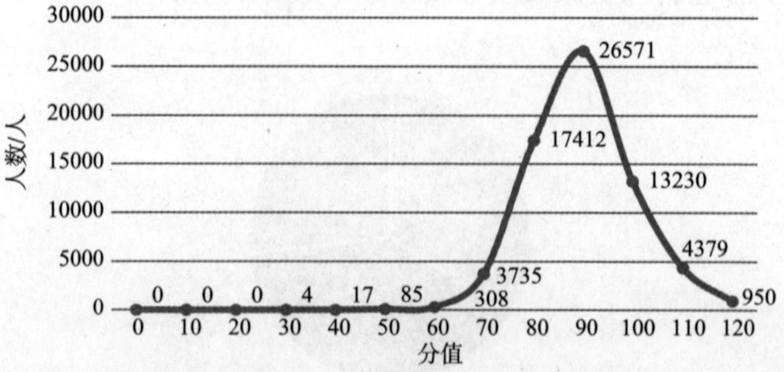

图4-4　小学段学生体质健康成绩人数分布

（3）初中段学生体质健康成绩人数分布（见图 4-5）。

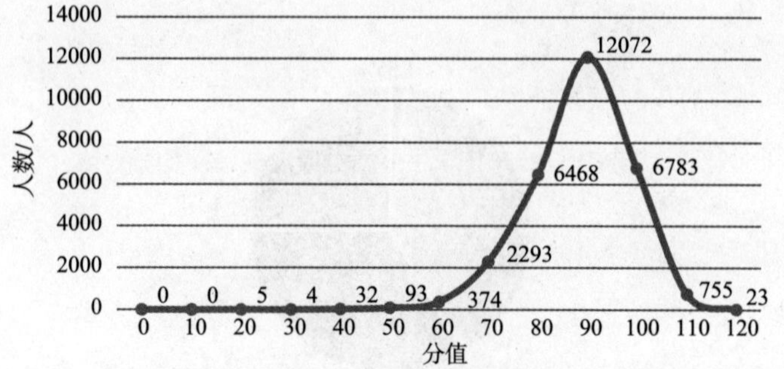

图4-5　初中段学生体质健康成绩人数分布

（4）高中段学生体质健康成绩人数分布（见图 4-6）。

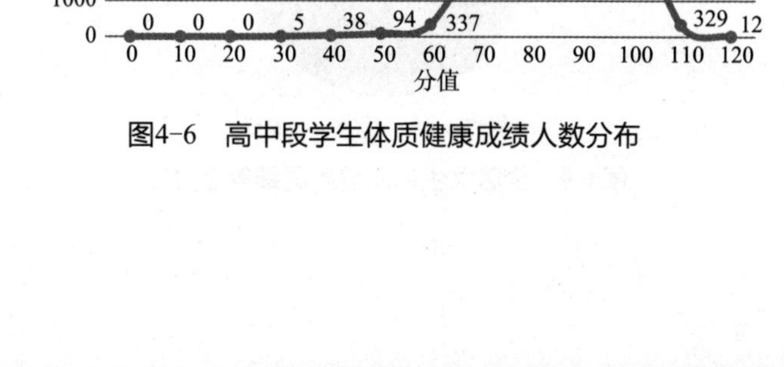

图4-6　高中段学生体质健康成绩人数分布

3. 学生体质健康成绩等级分布

（1）全区学生体质健康成绩等级分布（见图 4-7）。

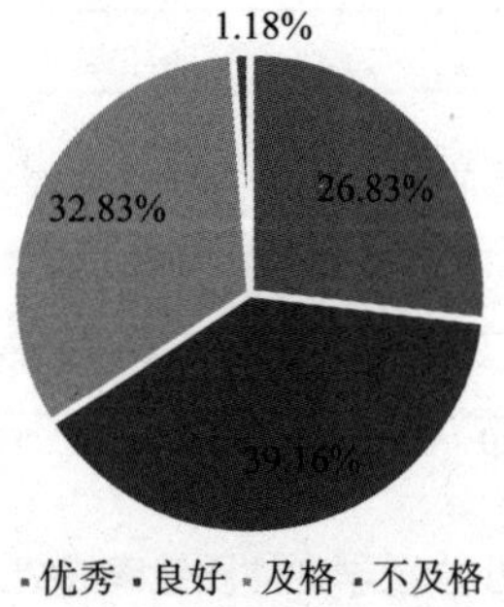

图4-7　全区学生体质健康成绩等级分布

（2）全区男生体质健康成绩等级分布（见图 4-8）。

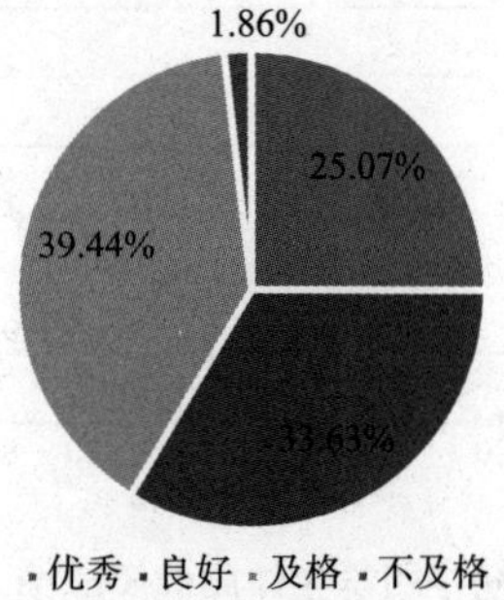

图4-8　全区男生体质健康成绩等级分布

（3）全区女生体质健康成绩等级分布（见图 4-9）。

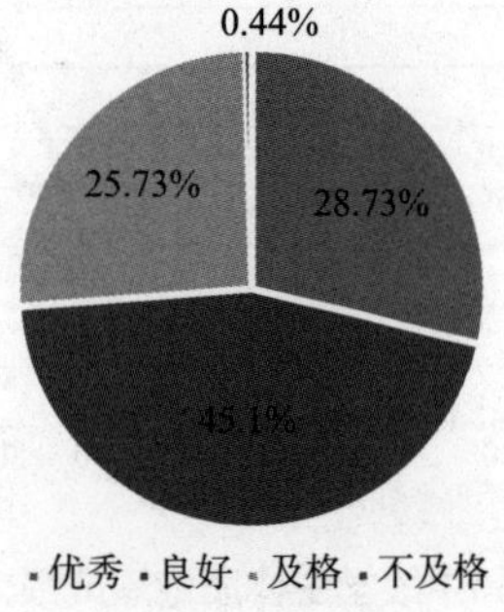

图4-9　全区女生体质健康成绩等级分布

（4）全区小学段学生体质健康成绩等级分布（见图 4-10）。

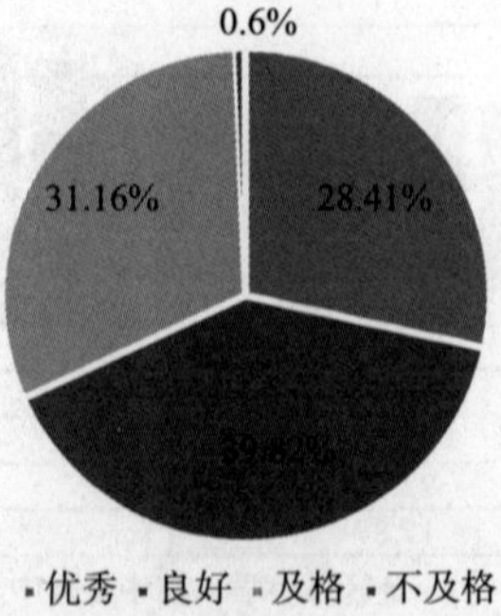

图4-10　全区小学段学生体质健康成绩等级分布

（5）全区初中段学生体质健康成绩等级分布（见图 4-11）。

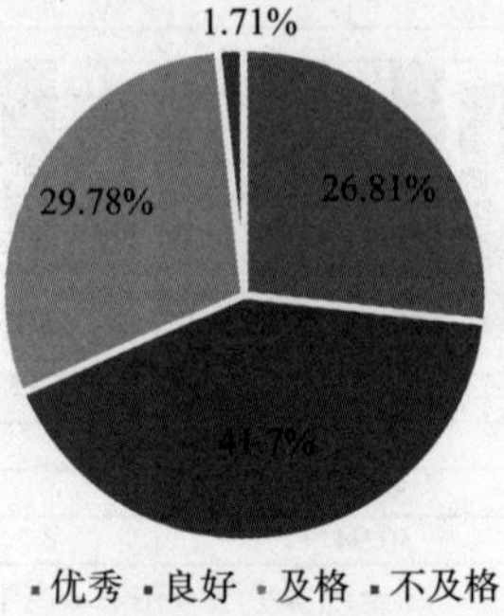

图4-11　全区初中段学生体质健康成绩等级分布

（6）全区高中段学生体质健康成绩等级分布（见图 4-12）。

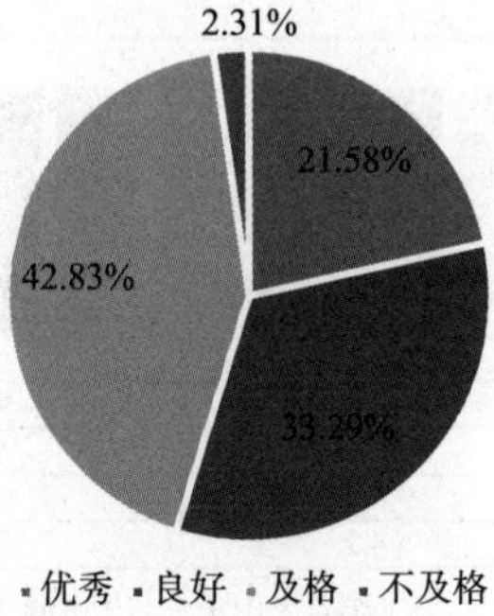

图4-12　全区高中段学生体质健康成绩等级分布

4. 2019—2020 年学生体质健康成绩优秀率对比（见图 4-13）

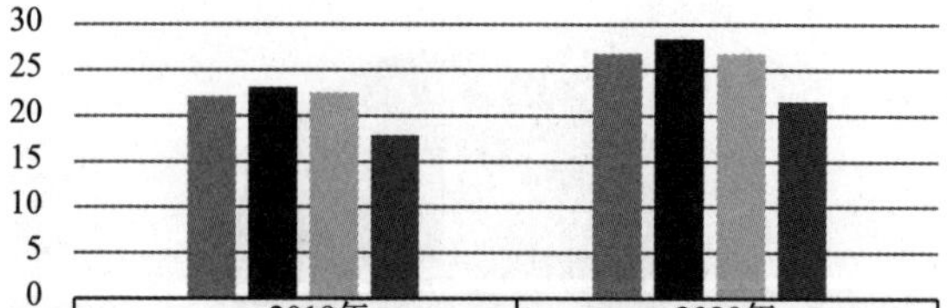

	2019年	2020年
全区/%	22.14	26.83
小学/%	23.14	28.41
初中/%	22.52	26.81
高中/%	17.87	21.58

■全区 ■小学 ■初中 ■高中

图4-13　2019—2020年学生体质健康成绩优秀率对比

5. 2019—2020 年学生体质健康成绩良好率对比（见图 4-14）

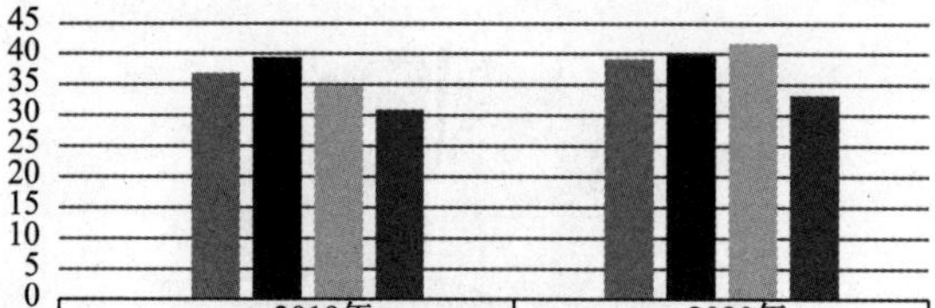

	2019年	2020年
全区/%	36.86	39.16
小学/%	39.39	39.82
初中/%	34.7	41.7
高中/%	30.94	33.29

■全区 ■小学 ■初中 ■高中

图4-14　2019—2020年学生体质健康成绩良好率对比

6. 2019—2020 年学生体质健康成绩及格率对比（见图 4-15）

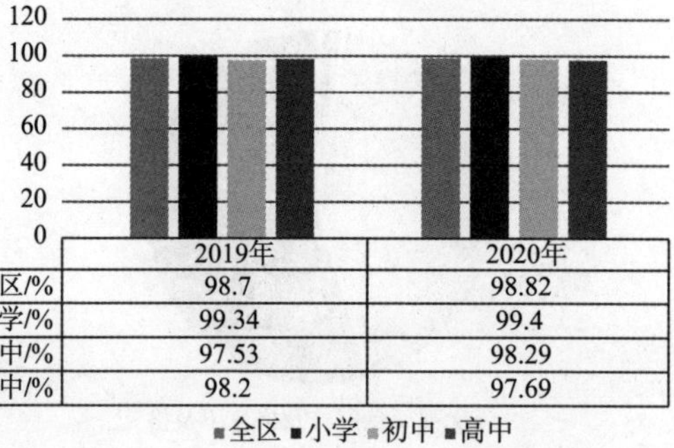

	2019年	2020年
全区/%	98.7	98.82
小学/%	99.34	99.4
初中/%	97.53	98.29
高中/%	98.2	97.69

■全区 ■小学 ■初中 ■高中

图4-15　2019—2020年学生体质健康成绩及格率对比

7. 2019—2020 年学生体质健康成绩优秀率趋势（见图 4-16）

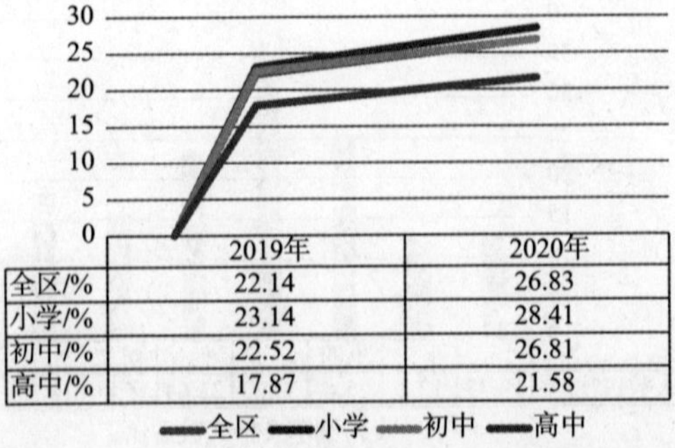

	2019年	2020年
全区/%	22.14	26.83
小学/%	23.14	28.41
初中/%	22.52	26.81
高中/%	17.87	21.58

图4-16　2019—2020年学生体质健康成绩优秀率趋势

8. 各年级学生新增体质健康成绩优秀人数占比（见图 4-17）

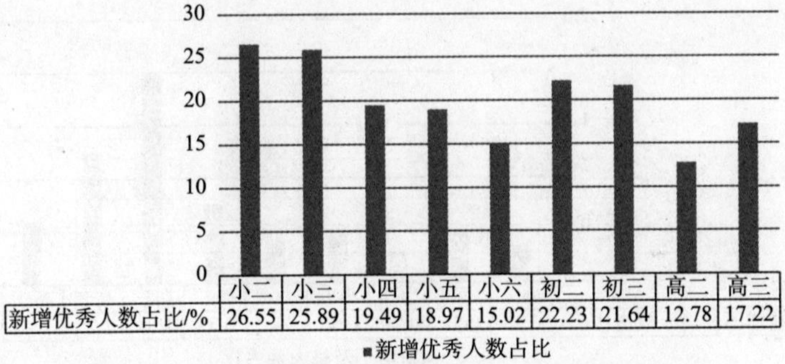

	小二	小三	小四	小五	小六	初二	初三	高二	高三
新增优秀人数占比/%	26.55	25.89	19.49	18.97	15.02	22.23	21.64	12.78	17.22

图4-17　各年级学生新增体质健康成绩优秀人数占比

9. 2019—2020 年学生体质健康成绩及格率趋势（见图 4-18）

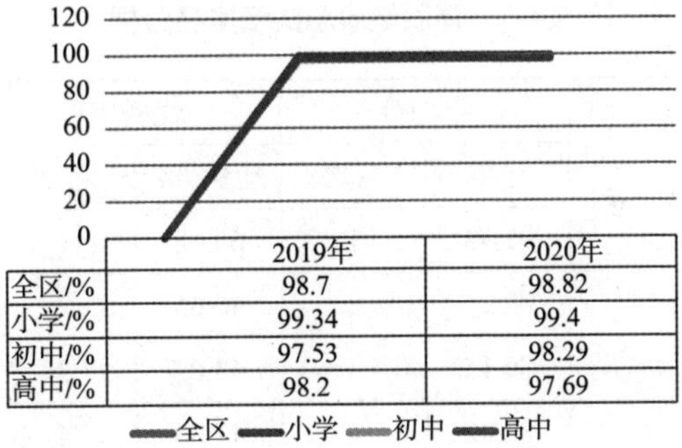

	2019年	2020年
全区/%	98.7	98.82
小学/%	99.34	99.4
初中/%	97.53	98.29
高中/%	98.2	97.69

图4-18　2019—2020年学生体质健康成绩及格率趋势

10. 各年级学生体质健康成绩持续不及格人数占比（见图 4-19）

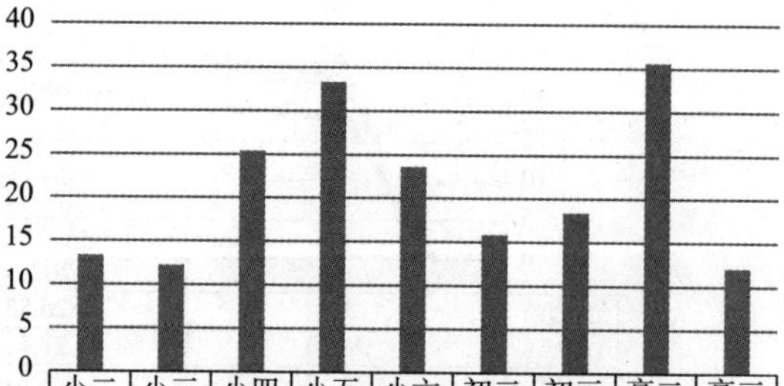

	小二	小三	小四	小五	小六	初二	初三	高二	高三
持续不及格人数占比/%	13.33	12.2	25.4	33.33	23.64	15.86	18.39	35.63	12.07

图4-19　各年级学生体质健康成绩持续不及格人数占比

11. 各年级学生体质健康成绩新增不及格人数占比（见图 4-20）

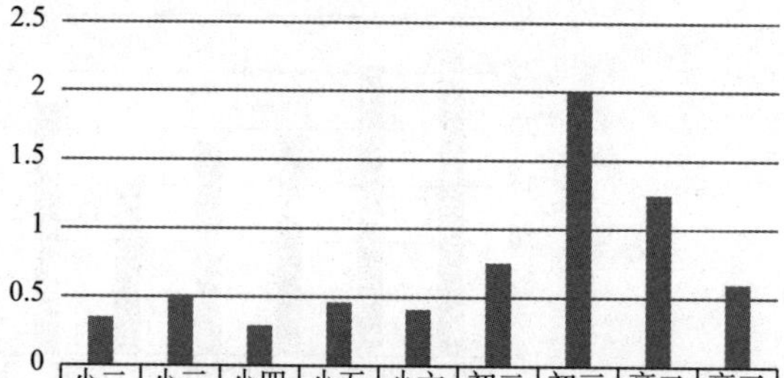

	小二	小三	小四	小五	小六	初二	初三	高二	高三
新增不及格人数占比/%	0.35	0.51	0.29	0.46	0.41	0.75	1.99	1.25	0.6

图4-20　各年级学生体质健康成绩新增不及格人数占比

12. 体质健康总成绩排名分析（见表 4-7）

表4-7　体质健康总成绩排名分析

学校	平均分		优秀率		及格率	
	分值	名次	比例 /%	名次	比例 /%	名次
×× 中学	91.73	1	65.68	1	99.87	18
×××× 小学	89.26	2	46.65	2	99.36	35
×× 小学	89.15	3	43.07	3	100	1
×××× 学校	88.48	4	41.99	4	98.92	44
×××××× 小学	88.24	5	38.82	7	99.67	27

续表

学校	平均分		优秀率		及格率	
	分值	名次	比例 /%	名次	比例 /%	名次
×× 中学	87.93	6	35.24	10	99.95	14
××××× 小学	87.68	7	35.32	9	99.85	19
×××× 小学	87.42	8	39.2	5	99.4	33
×× 小学	87.4	9	36.91	8	100	1
×× 小学	87.35	10	31.68	15	100	1
×× 小学	87.28	11	39.13	6	100	1
×××××× 小学	86.42	12	31.04	17	99.52	30
××××××× 小学	85.9	13	33.59	12	100	1
×××× 小学	85.7	14	26.72	34	99.85	19
×××× 小学	85.64	15	29.17	21	100	1
×××× 小学	85.39	16	32.31	14	98.4	54
××× 小学	85.35	17	28.9	23	99.71	25
×× 中学	85.34	18	29.66	19	99.35	36
××× 中学	85.15	19	32.4	13	99.23	39
×××××× 小学	85.13	20	29.26	20	98.94	43
×××× 小学	85.09	21	28.41	26	99.93	15
××× 小学	85.02	22	25.22	43	99.9	16
××× 小学	84.97	23	24.35	52	99.75	24
×× 小学	84.87	24	28.71	25	99.6	28
×××× 学校	84.83	25	28.86	24	98.91	45
×××× 中学	84.83	25	34.19	11	98.62	50
×× 小学	84.73	27	29.11	22	100	1
××× 中学	84.66	28	26.92	31	98.4	54
××× 小学	84.58	29	26.88	33	100	1
××××××× 学校	84.58	29	18.27	62	100	1
×××× 中学	84.55	31	19.81	60	99.06	40
×× 小学	84.54	32	31.05	16	99.76	23

续表

学校	平均分		优秀率		及格率	
	分值	名次	比例 /%	名次	比例 /%	名次
××× 小学	84.32	33	25.87	41	98.73	48
××× 小学	84.11	34	25.22	43	100	1
×××× 小学	83.91	35	27.25	28	99.78	22
×× 中学	83.89	36	30.65	18	99.25	38
×××× 小学	83.75	37	22.96	56	98.9	46
××× 小学	83.69	38	26.13	39	99.45	31
×××××× 中学	83.67	39	18.31	61	99	41
×× 小学	83.53	40	25.08	45	99.32	37
×× 学校	83.43	41	26.9	32	99.85	19
×× 中学	83.4	42	26.96	30	99.41	32
×× 小学	83.3	43	23.61	55	100	1
×× 小学	83.13	44	25.08	45	99.69	26
×× 中学	82.85	45	24.24	53	97.71	60
×××× 小学	82.77	46	27.57	27	100	1
××× 中学	82.74	47	24.91	48	98.57	53
×××× 中学	82.74	47	27.24	29	97.15	63
××× 小学	82.58	49	22.43	57	98.72	49
×××××× 小学	82.57	50	20.26	59	99.9	16
××××× 学校	82.35	51	26.14	38	97.64	61
×××× 小学	82.23	52	24.61	49	97.93	58
××× 小学	82.21	53	25.94	40	99.37	34
××× 小学	82.14	54	24.07	54	98.81	47
××× 中学	81.83	55	26.71	35	96.27	67
×× 学校	81.48	56	26.25	37	98.38	56
××× 小学	81.24	57	26.56	36	97.83	59
×××××× 小学	81.17	58	24.4	51	99.6	28
××× 小学	80.92	59	25.08	45	98.22	57

续表

学校	平均分		优秀率		及格率	
	分值	名次	比例 /%	名次	比例 /%	名次
×××× 中学	80.72	60	20.48	58	99	41
×××× 中学	80.55	61	6.78	67	96.92	64
×× 学校	80.38	62	24.45	50	97.49	62
××× 学校	80.05	63	9.01	64	98.59	52
×××××× 小学	79.52	64	5.21	68	100	1
××××× 小学	79.1	65	8.94	65	98.62	50
××× 中学	78.15	66	25.7	42	96.28	66
×××× 中学	78.03	67	7.74	66	95.42	68
××× 中学	77.78	68	10.63	63	96.39	65
××××× 中学	71.44	69	0.63	69	95.01	69

13. 体质健康总成绩统计（见表 4-8）

表4-8 体质健康总成绩统计

年级	学生人数 / 人	标准总分		附加总分		附加总分等级 /%			
		平均值	标准差	平均值	标准差	优秀	良好	及格	不及格
小一	12235	81.41	8.05	82.87	9.78	23.57	39.85	35.84	0.74
小二	12680	82.27	7.58	85.47	10.83	32.65	37.22	29.64	0.49
小三	12043	82.43	7.39	85.72	10.62	33.35	38.69	27.35	0.61
小四	10565	82.13	7.25	84.97	10.31	29.11	41.04	29.36	0.49
小五	9765	81.75	7.67	84.06	10.25	26.43	40.46	32.39	0.72
小六	9403	81.73	7.4	83.67	9.67	23.97	42.7	32.74	0.58
初一	10254	82.68	8.8	83.25	9.36	24.76	44.87	28.83	1.54
初二	10012	82.83	9.07	83.61	10.03	27.21	42.49	29.03	1.28
初三	8636	82.07	9.6	82.92	10.46	28.77	37.01	31.8	2.42
高一	6814	81.58	10.2	82.32	11.1	28.57	29.5	39.87	2.05
高二	7099	80.09	9.91	80.47	10.4	20.72	31.69	45.88	1.7
高三	6038	79.25	10.1	79.48	10.33	14.69	39.43	42.58	3.3
合计	115544	81.83	8.5	83.55	10.39	26.83	39.16	32.83	1.18

（三）学生身高体重 BMI 值（身体形态重要指标）分析

××区 2020 年学生身体质量 BMI 值平均分为 93.29 分，正常率为 74.36%，肥胖率为 19.66%。其他数据指标见以下图表。

1. 成绩等级分布

（1）全区学生 BMI 成绩等级分布（见图 4-21）。

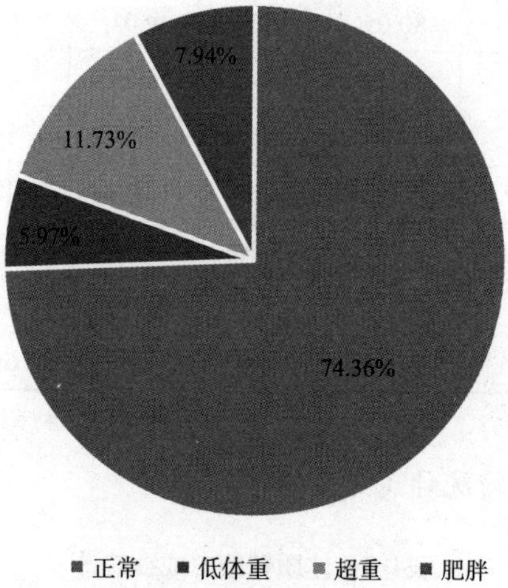

图4-21　全区学生BMI成绩等级分布

（2）全区男生 BMI 成绩等级分布（见图 4-22）。

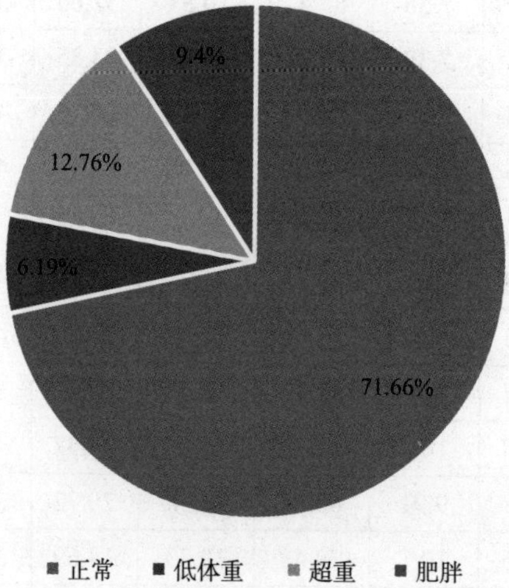

图4-22　全区男生BMI成绩等级分布

（3）全区女生 BMI 成绩等级分布（见图 4-23）。

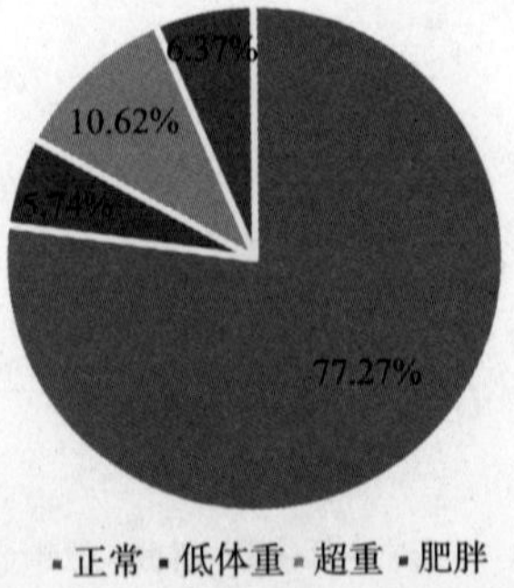

图4-23　全区女生BMI成绩等级分布

（4）全区小学段学生 BMI 成绩等级分布（见图 4-24）。

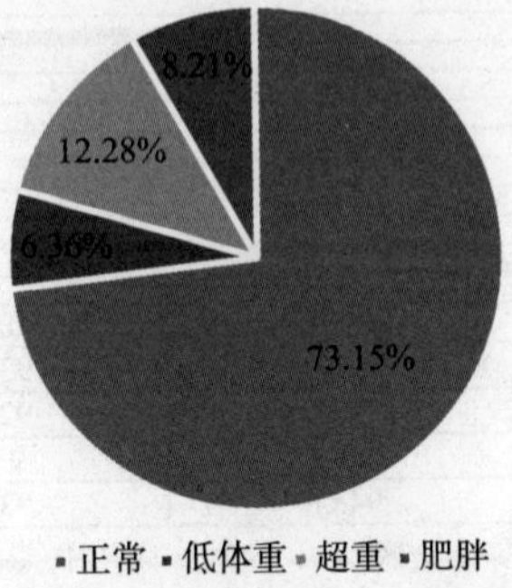

图4-24　全区小学段学生BMI成绩等级分布

（5）全区初中段学生 BMI 成绩等级分布（见图 4-25）。

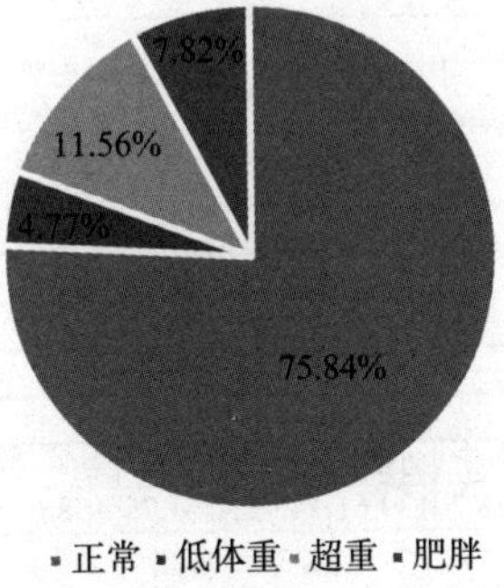

图4-25　全区初中段学生BMI成绩等级分布

（6）全区高中段学生 BMI 成绩等级分布（见图 4-26）。

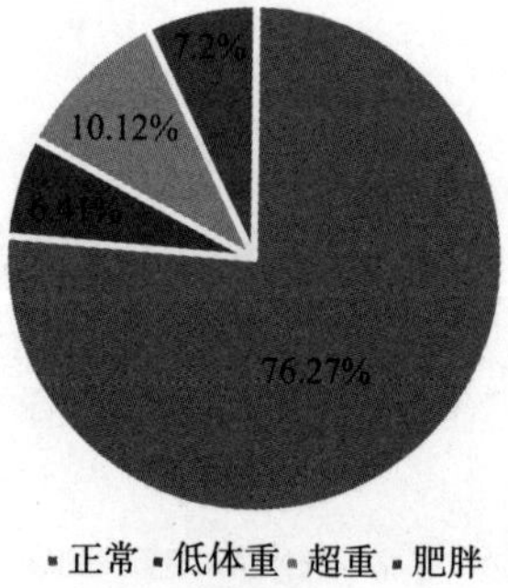

图4-26　全区高中段学生BMI成绩等级分布

2. 2019—2020 年学生 BMI 平均分趋势（见图 4-27）

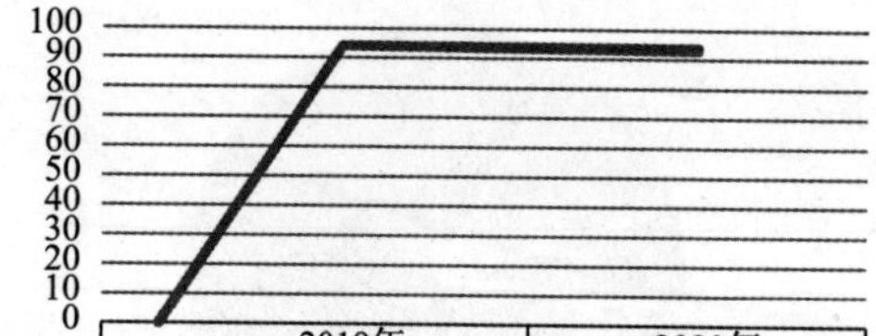

	2019年	2020年
全区	94.03	93.29
小学	94.02	92.99
初中	94	93.6
高中	94.08	93.81

图4-27　2019—2020年学生BMI平均分趋势

3. 各年级学生身高趋势（见图 4-28）

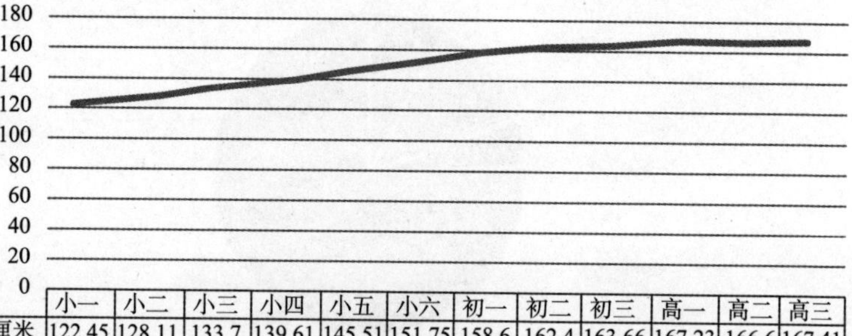

	小一	小二	小三	小四	小五	小六	初一	初二	初三	高一	高二	高三
平均身高/厘米	122.45	128.11	133.7	139.61	145.51	151.75	158.6	162.4	163.66	167.23	166.6	167.41

图4-28　各年级学生身高趋势

4. 各年级学生身高平均增高（见图 4-29）

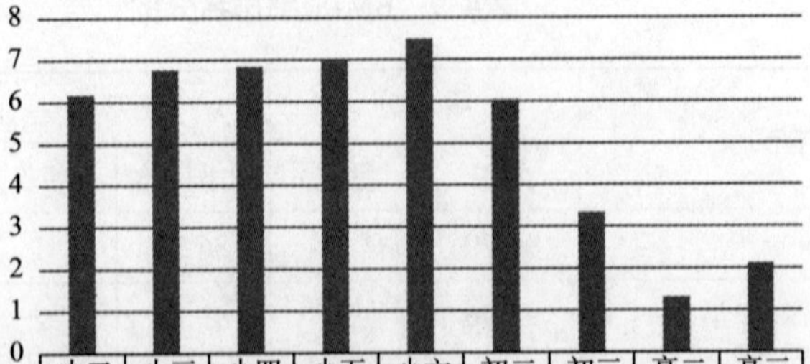

	小二	小三	小四	小五	小六	初二	初三	高二	高三
平均增高/厘米	6.17	6.77	6.84	6.97	7.49	6.04	3.34	1.32	2.12

■ 平均增高

图4-29　各年级学生身高平均增高

5. 各年级学生体重趋势（见图 4-30）

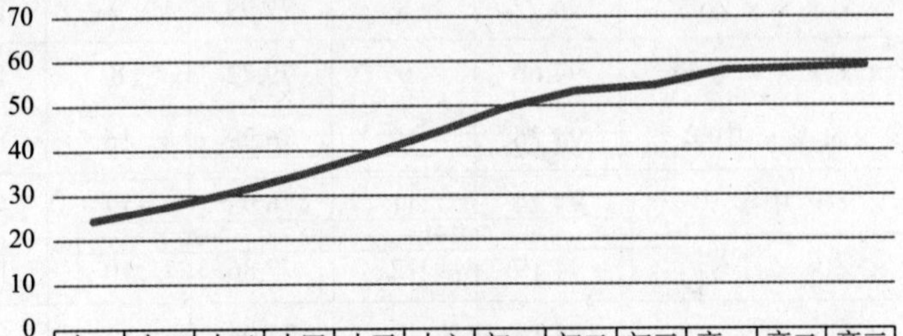

	小一	小二	小三	小四	小五	小六	初一	初二	初三	高一	高二	高三
平均体重/千克	24.29	27.31	30.77	34.78	39.49	44.53	49.33	53.23	54.55	57.91	58.28	59.02

平均体重

图4-30　各年级学生体重趋势

6. 各年级学生超重及肥胖率趋势（见图 4-31）

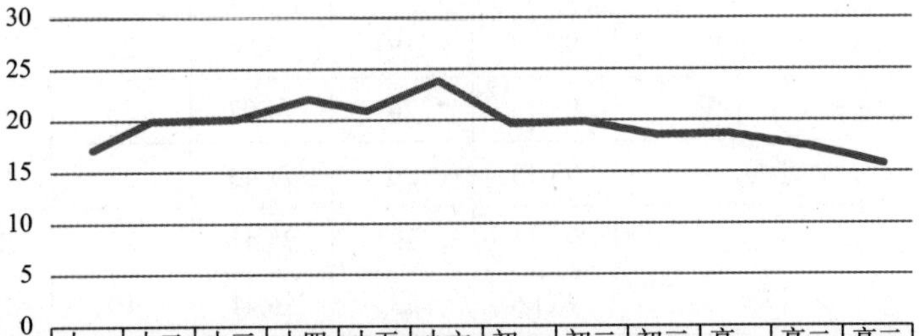

	小一	小二	小三	小四	小五	小六	初一	初二	初三	高一	高二	高三
超重及肥胖率/%	17.16	19.94	20.12	22.05	20.9	23.81	19.65	19.83	18.56	18.67	17.37	15.75

超重及肥胖率

图4-31　各年级学生超重及肥胖率趋势

7. BMI 成绩排名分析（见表 4-9）

表4-9　BMI成绩排名分析

学校	平均分		正常率		超重与肥胖	
	分值	名次	比例 /%	名次	比例 /%	名次
×××× 中学	96.79	1	86.32	1	9.43	69
××× 中学	95.96	2	83.17	2	11.06	68
××××× 学校	95.95	3	82.8	3	11.8	67
×× 中学	95.85	4	82.62	4	12.4	66
×× 中学	95.44	5	81.36	5	14.28	64
×× 小学	95.12	6	80	7	16.64	54
×××××× 小学	94.92	7	80.31	6	14.84	62
××××××× 小学	94.72	8	77.99	9	14.98	61
××××××× 学校	94.66	9	79.72	8	16.58	55
×××××× 中学	94.26	10	76.99	16	14.49	63
××× 中学	94.24	11	76.98	17	15.61	60
××××× 小学	94.19	12	77.86	10	19.02	37
××× 中学	94.16	13	77.04	13	16.13	58
×× 小学	93.9	14	77	14	21.6	25
×××××× 小学	93.86	15	75.88	21	19.46	34
×× 中学	93.84	16	77.6	11	17.67	47
×××× 学校	93.84	16	76.82	18	15.63	59
×××× 小学	93.78	18	75.64	22	17.91	46
×××× 中学	93.74	19	74.68	27	17.92	45
××××× 小学	93.73	20	74.92	26	19.88	31
×× 学校	93.73	20	77.43	12	19.44	35
×× 小学	93.71	22	75.41	23	18.9	39
×× 小学	93.66	23	76.41	19	18.93	38
××× 小学	93.63	24	74.44	29	16.17	57
×××× 中学	93.59	25	77	14	19.1	36

续表

学校	平均分		正常率		超重与肥胖	
	分值	名次	比例 /%	名次	比例 /%	名次
×× 中学	93.47	26	74.63	28	18.89	40
×××× 小学	93.45	27	74.37	31	17.41	51
×××××× 小学	93.44	28	75.2	25	16.8	53
×××××× 小学	93.38	29	74.23	33	17.63	48
×××× 小学	93.36	30	73.88	39	17.57	49
××× 小学	93.35	31	75.37	24	21.36	26
××× 中学	93.23	32	74.07	35	18.6	43
×××× 小学	93.18	33	71.77	56	13.43	65
×××× 小学	93.17	34	73.92	37	22.74	16
××××× 中学	93.13	35	74.28	32	17.43	50
×××× 中学	93.11	36	74.14	34	22.65	17
××× 小学	93.11	36	73.65	41	22.38	19
×××× 小学	93.08	38	71.94	53	17.07	52
××× 小学	93.07	39	74.42	30	21.14	27
×× 小学	93	40	74.05	36	20.3	28
×× 中学	92.97	41	73.91	38	22.99	12
×××× 中学	92.93	42	72.76	48	18.7	41
××× 小学	92.91	43	73.01	45	21.97	21
××× 小学	92.82	44	70.32	62	18.43	44
×× 学校	92.8	45	72.43	52	22.83	14
××× 中学	92.8	45	72.98	46	21.74	22
×××× 小学	92.76	47	73.82	40	23.27	11
×××× 小学	92.75	48	72.72	49	23.66	9
×× 中学	92.59	49	72.82	47	21.62	24
××× 小学	92.59	49	72.62	50	19.84	32
×× 小学	92.55	51	72.48	51	25.15	7
×× 小学	92.52	52	73.11	44	19.67	33

续表

学校	平均分		正常率		超重与肥胖	
	分值	名次	比例 /%	名次	比例 /%	名次
××××× 小学	92.51	53	70.74	61	20.15	30
×××× 小学	92.44	54	70.17	64	18.66	42
×××× 小学	92.41	55	71.08	59	20.21	29
××× 学校	92.39	56	73.24	43	22.82	15
××× 小学	92.37	57	70.11	65	22.33	20
×××× 中学	92.34	58	71.94	53	24.07	8
×××××× 小学	92.29	59	73.44	42	22.92	13
×××× 学校	92.26	60	70.2	63	22.47	18
×× 小学	92.23	61	71.89	55	25.35	6
×× 小学	92.17	62	76.09	20	21.74	22
×× 学校	92.07	63	71.31	57	25.41	5
×× 小学	92.01	64	69.97	66	23.53	10
××× 小学	91.68	65	67.05	68	16.47	56
××× 中学	91.67	66	71.15	58	27.56	4
××× 小学	91.38	67	70.75	60	28.46	3
××× 小学	90.89	68	67.23	67	30.84	2
××× 小学	87.68	69	61.87	69	33.33	1

8. BMI 统计（见表 4-10）

表4-10　BMI统计

年级	学生人数 / 人	身高 / 厘米		体重 / 千克		BMI 值等级 / %			
		平均值	标准差	平均值	标准差	优秀	良好	及格	不及格
小一	12235	122.45	5.57	24.29	5.4	75.46	7.38	10	7.15
小二	12680	128.11	5.96	27.31	5.94	73.23	6.82	11.48	8.46
小三	12043	133.7	6.25	30.77	7.04	72.5	7.38	12.63	7.49

续表

年级	学生人数 / 人	身高 / 厘米		体重 / 千克		BMI 值等级 / %			
		平均值	标准差	平均值	标准差	优秀	良好	及格	不及格
小四	10565	139.61	6.73	34.78	7.97	71.63	6.31	13.3	8.76
小五	9765	145.51	7.25	39.49	9.29	74.13	4.97	12.56	8.35
小六	9403	151.75	7.51	44.53	10.64	71.56	4.63	14.42	9.39
初一	10254	158.6	7.45	49.33	10.91	74.84	5.51	11.58	8.07
初二	10012	162.4	7.48	53.23	10.98	75.83	4.34	11.33	8.5
初三	8636	163.66	7.78	54.55	10.98	77.05	4.39	11.82	6.74
高一	6814	167.23	8.08	57.91	12.32	75.45	5.88	10.74	7.92
高二	7099	166.6	8.26	58.28	11.1	77.43	5.2	10.3	7.07
高三	6038	167.41	8.08	59.02	13.03	75.84	8.41	9.21	6.54

（四）学生肺活量（生理机能重要指标）成绩分析

××区学生肺活量平均分为 82.07 分，优秀率为 37%，及格率为 97.44%。其他数据指标见以下图表。

1. 肺活量成绩等级分布

（1）全区学生肺活量成绩等级分布（见图 4-32）。

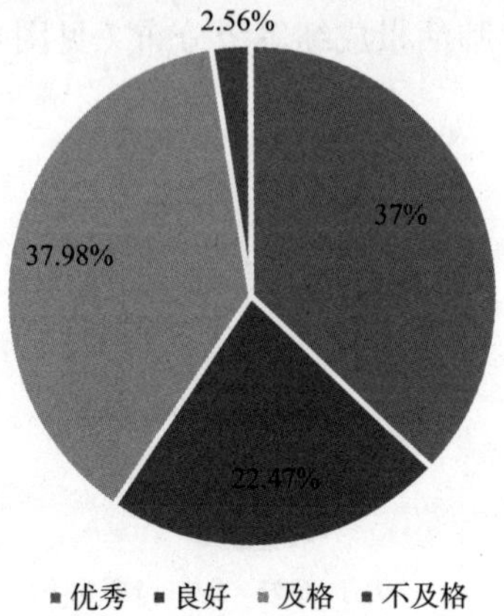

图4-32　全区学生肺活量成绩等级分布

（2）全区男生肺活量成绩等级分布（见图 4-33）。

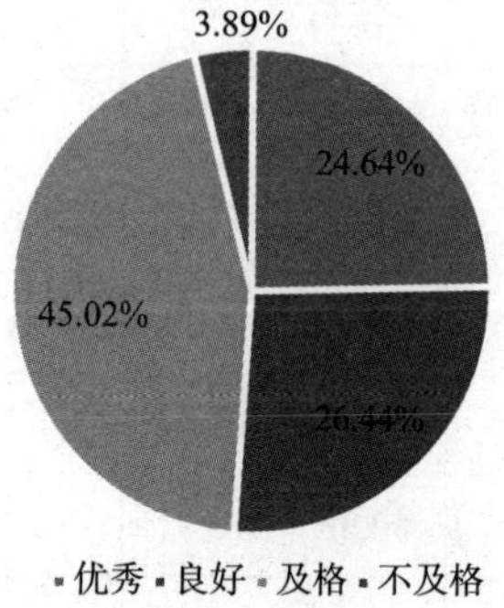

图4-33　全区男生肺活量成绩等级分布

（3）全区女生肺活量成绩等级分布（见图 4-34）。

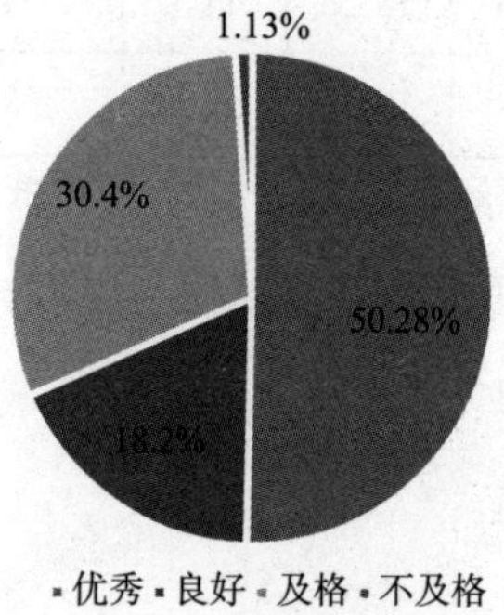

图4-34　全区女生肺活量成绩等级分布

（4）全区小学段学生肺活量成绩等级分布（见图 4-35）。

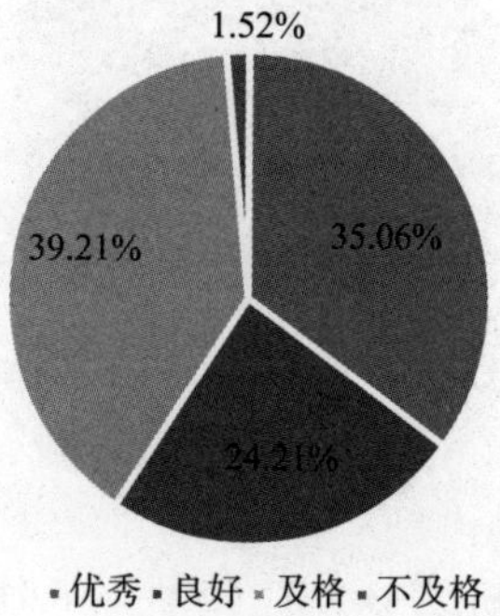

图4-35　全区小学段学生肺活量成绩等级分布

（5）全区初中段学生肺活量成绩等级分布（见图 4-36）。

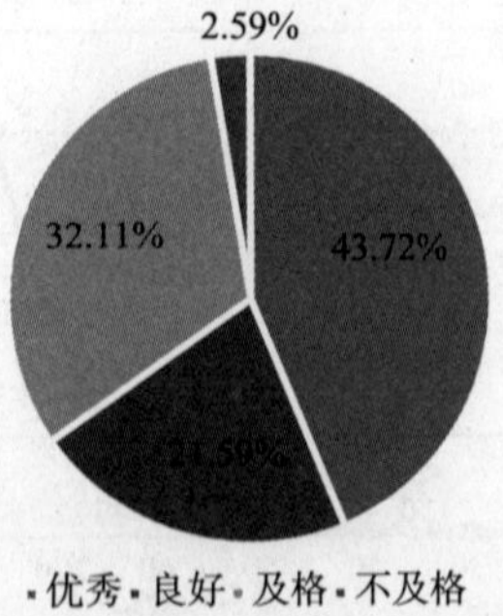

图4-36　全区初中段学生肺活量成绩等级分布

（6）全区高中段学生肺活量成绩等级分布（见图 4-37）。

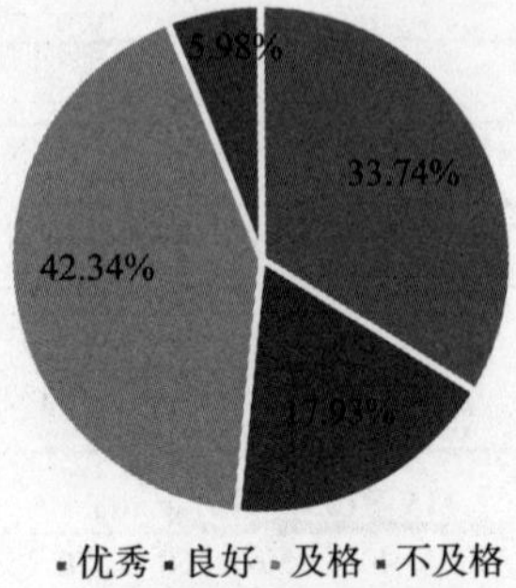

图4-37　全区高中段学生肺活量成绩等级分布

2. 肺活量成绩人数分布

（1）全区学生肺活量成绩人数分布（见图 4-38）。

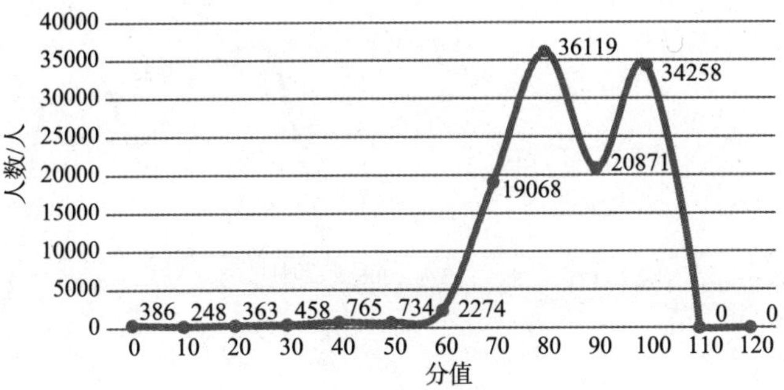

图4-38　全区学生肺活量成绩人数分布

（2）小学段学生肺活量成绩人数分布（见图 4-39）。

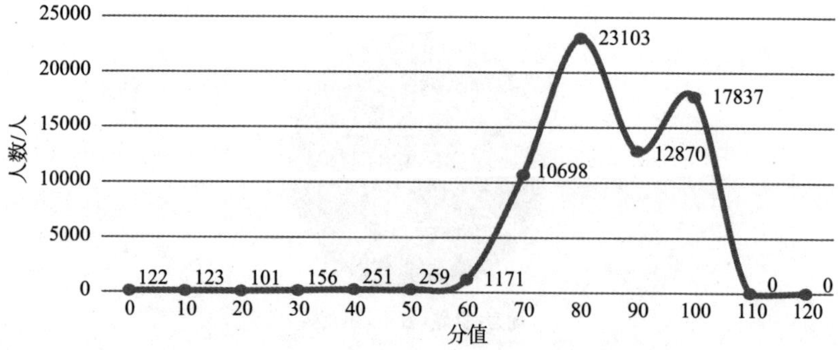

图4-39　小学段学生肺活量成绩人数分布

（3）初中段学生肺活量成绩人数分布（见图 4-40）。

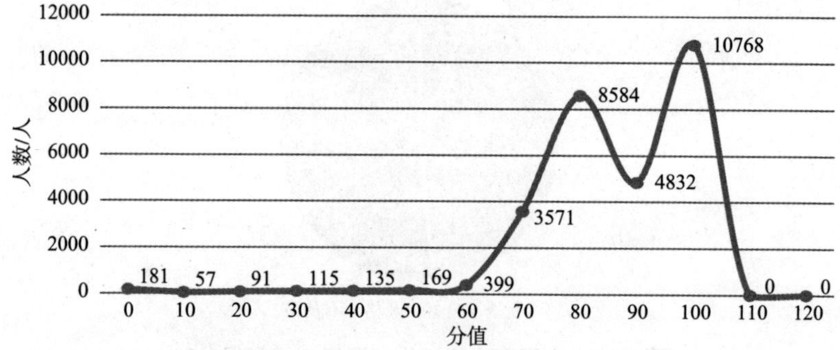

图4-40　初中段学生肺活量成绩人数分布

（4）高中段学生肺活量成绩人数分布（见图 4-41）。

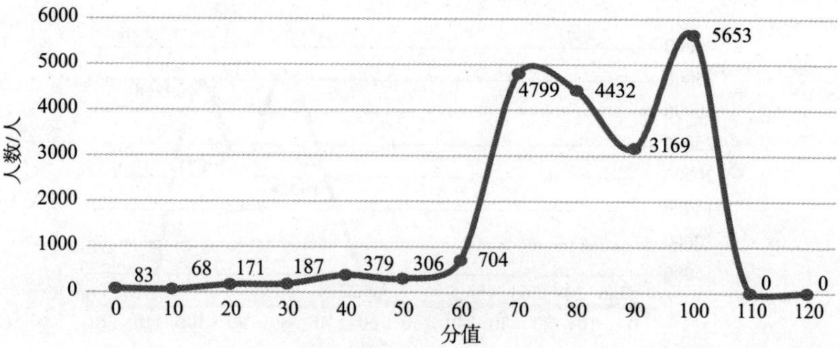

图4-41　高中段学生肺活量成绩人数分布

3. 2019—2020 年学生肺活量平均分趋势（见图 4-42）

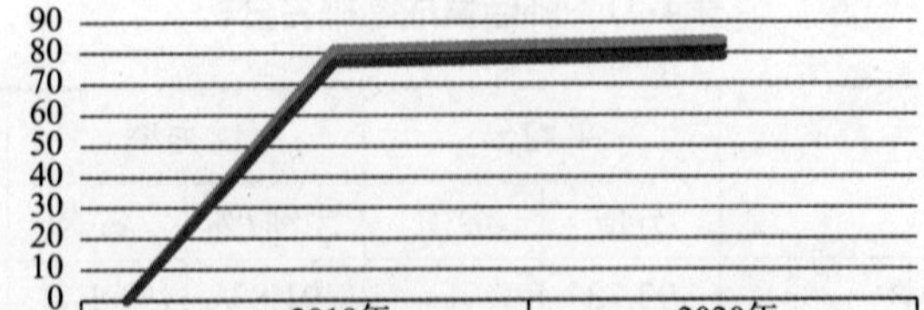

	2019年	2020年
全区	80.5	82.07
小学	81.09	82.11
初中	81.36	84.17
高中	77.01	78.93

图4-42　2019—2020年学生肺活量平均分趋势

4. 各个年级学生肺活量优秀率趋势（见图 4-43）

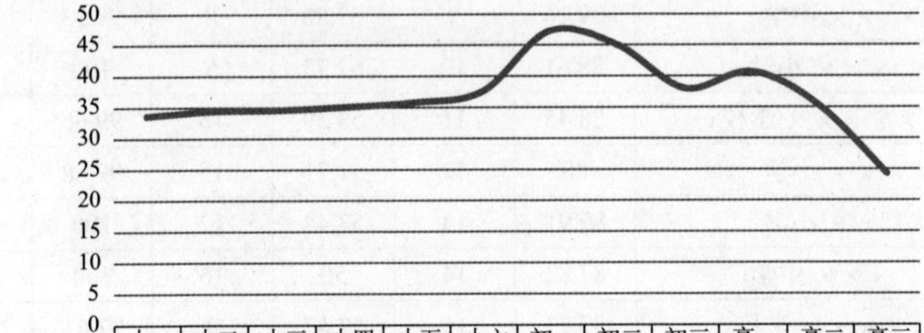

	小一	小二	小三	小四	小五	小六	初一	初二	初三	高一	高二	高三
优秀率/%	33.62	34.42	34.59	35.1	35.8	37.59	47.26	45.01	38.02	40.64	35.13	24.33

图4-43　各个年级学生肺活量优秀率趋势

5. 各个年级学生肺活量平均成绩趋势（见图 4-44）

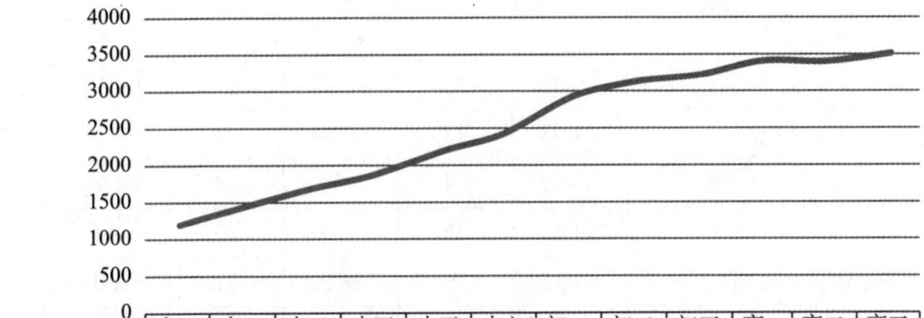

	小一	小二	小三	小四	小五	小六	初一	初二	初三	高一	高二	高三
平均成绩/毫升	1196.8	1446.2	1666.6	1881.4	2185.3	2437.9	2915.5	3128.6	3223.6	3408	3403.2	3510.4

图4-44　各个年级学生肺活量平均成绩趋势

6. 肺活量成绩排名分析（见表 4-11）

表4-11　肺活量成绩排名分析

学校	平均分		优秀率		及格率	
	分值	名次	比例 /%	名次	比例 /%	名次
×××小学	97.72	1	91.83	1	100	1
××××中学	93.28	2	72.64	2	99.06	36
××××××中学	92.84	3	68.69	3	99.56	26
××××中学	90.1	4	57.32	10	100	1
××中学	90.02	5	66.22	4	99.33	30
××小学	89.92	6	58.16	7	100	1
××××××××小学	89.71	7	61.76	6	99.84	16
××小学	89.37	8	55.63	11	99.85	15
××中学	89.16	9	57.86	8	99.33	30
×××小学	88.61	10	62.73	5	100	1
×××××学校	88.45	11	53.29	13	99.66	25
××小学	88	12	51.71	15	99.88	14
××小学	87.91	13	53.44	12	100	1
×××中学	87.82	14	50	16	100	1
××××学校	87.73	15	57.67	9	97.61	52
×××小学	87.58	16	52.6	14	99.71	22
××××小学	86.87	17	48.88	17	99.83	17
×××××××学校	86.52	18	47.68	19	99.94	12
××××中学	85.96	19	46.32	21	99.03	38
×××中学	85.9	20	48.42	18	97.25	54
××中学	85.3	21	43.72	24	98.91	40
××××小学	85.02	22	40.88	29	99.77	20
××中学	84.93	23	38.84	31	99.16	34
×××××小学	84.69	24	37	34	99.69	23
×××小学	84.44	25	37.59	33	99.5	27
××××小学	84.37	26	36.3	37	100	1
××中学	84.01	27	46.34	20	96.89	56
×××中学	83.95	28	40.93	27	98.85	41

续表

学校	平均分		优秀率		及格率	
	分值	名次	比例/%	名次	比例/%	名次
××××××小学	83.9	29	32.59	43	99.89	13
××学校	83.86	30	43.32	25	98.46	45
××中学	83.86	30	46.24	22	96.61	60
×××小学	83.48	32	35.61	38	99.13	35
×××小学	83.44	33	40.92	28	97.97	49
×××小学	83.39	34	33.6	42	100	1
××学校	83.35	35	42.63	26	95.61	62
××××小学	83.21	36	36.68	36	99.34	29
×××中学	83.18	37	30.77	47	99.68	24
×××小学	83.14	38	33.93	41	99.31	32
××××××小学	82.56	39	39.6	30	97.6	53
××××小学	82.33	40	37.88	32	98.3	47
×××小学	82.23	41	44.42	23	96.03	61
××××中学	82.01	42	32.43	45	98.15	48
××学校	81.84	43	32.12	46	98.66	43
××××小学	81.73	44	30.4	48	99.83	17
×××中学	81.67	45	36.98	35	98.37	46
××××小学	81.6	46	35.6	39	97.05	55
××小学	81.19	47	32.57	44	94.69	64
××××小学	81.12	48	26.18	53	99.75	21
××××学校	80.86	49	29.23	50	97.92	51
××小学	80.74	50	24.77	56	99.38	28
××小学	80.74	50	27.45	52	98.85	41
××小学	80.62	52	22.57	57	99.8	19
××××中学	80.4	53	28.75	51	98.56	44
×××××小学	80.01	54	34.9	40	94.88	63
××小学	78.98	55	13.04	64	100	1
×××小学	78.89	56	25.9	54	98.94	39
××××小学	77.89	57	25.77	55	96.66	58
×××小学	76.7	58	22.22	58	99.05	37

续表

学校	平均分		优秀率		及格率	
	分值	名次	比例/%	名次	比例/%	名次
××× 中学	76.55	59	30.27	49	91.27	67
××× 学校	76.34	60	3.38	69	100	1
×××××× 小学	76.02	61	17.68	60	96.64	59
×××××× 小学	75.6	62	18.51	59	97.95	50
×××××× 小学	74.55	63	10.94	65	100	1
×× 小学	74.32	64	15.96	61	96.71	57
××××× 小学	73.22	65	7.08	67	99.22	33
×××× 中学	72.79	66	13.39	63	92.71	66
×××× 小学	72.52	67	15.58	62	94.14	65
××× 小学	69.11	68	10.19	66	89.29	68
××××× 中学	65.18	69	4.66	68	84.94	69

7. 肺活量统计（见表 4-12）

表4-12　肺活量统计

年级	学生人数	肺活量/毫升		肺活量等级/%			
		平均值	标准差	优秀	良好	及格	不及格
小一	12235	1196.81	324.47	33.62	21.24	43.14	2
小二	12680	1446.22	373.96	34.42	24.67	39.98	0.92
小三	12043	1666.64	403.22	34.59	26.04	38.87	0.5
小四	10565	1881.38	472.94	35.1	26.81	36.01	2.09
小五	9765	2185.25	510.01	35.8	25.84	36.88	1.48
小六	9403	2437.89	623.71	37.59	20.49	39.53	2.38
初一	10254	2915.47	685.82	47.26	20.41	30.96	1.37
初二	10012	3128.62	738.51	45.01	22.35	30.92	1.72
初三	8636	3223.63	799.12	38.02	22.11	34.83	5.05
高一	6814	3408.02	891.97	40.64	17.63	35.09	6.65
高二	7099	3403.18	917.24	35.13	13.65	45.03	6.18
高三	6038	3510.39	851.9	24.33	23.3	47.37	5
合计	115544	2378.55	1017.15	37	22.47	37.98	2.56

（五）学生 50 米跑（速度素质高度相关）分析

××区学生 50 米跑（速度素质高度相关）平均分为 79.21 分，优秀率为 27.57%，及格率为 96.68%。其他数据指标见以下图表。

1. 50 米跑成绩等级分布

（1）全区学生 50 米跑成绩等级分布（见图 4-45）。

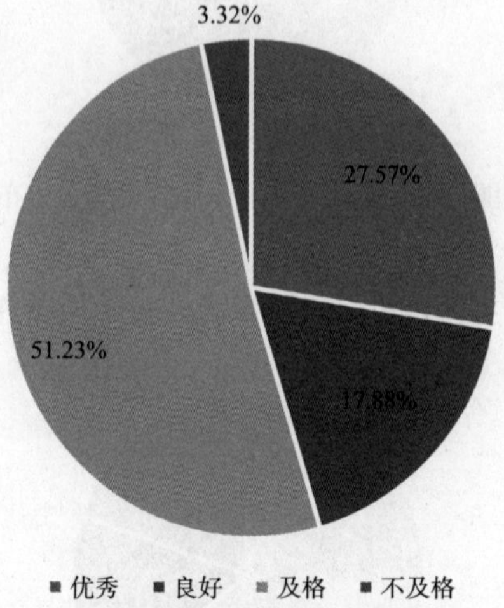

图4-45　全区学生50米跑成绩等级分布

（2）全区男生 50 米跑成绩等级分布（见图 4-46）。

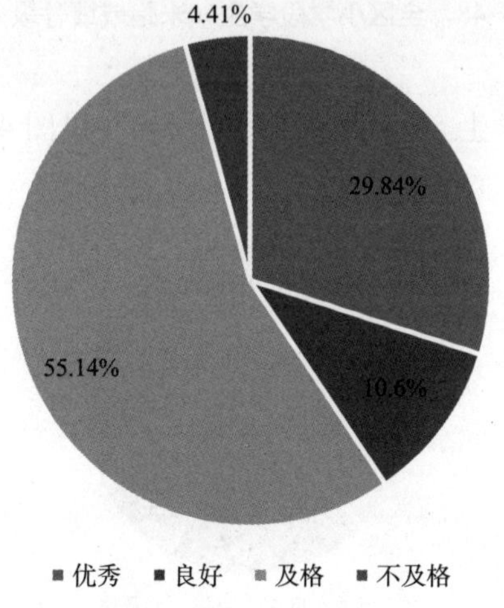

图4-46　全区男生50米跑成绩等级分布

（3）全区女生 50 米跑成绩等级分布（见图 4-47）。

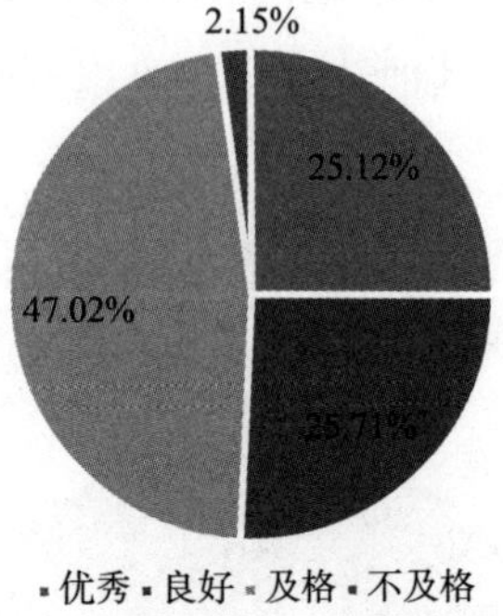

图4-47　全区女生50米跑成绩等级分布

（4）全区小学段学生 50 米跑成绩等级分布（见图 4-48）。

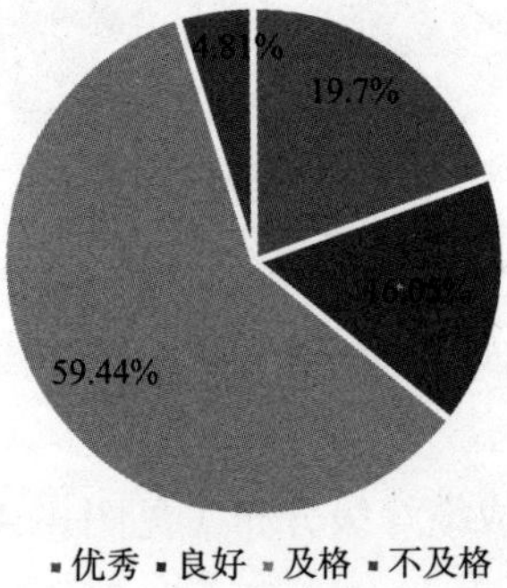

图4-48　全区小学段学生50米跑成绩等级分布

（5）全区初中段学生 50 米跑成绩等级分布（见图 4-49）。

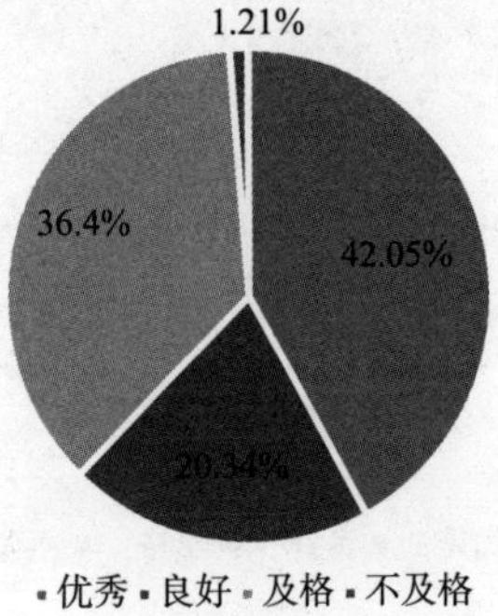

图4-49　全区初中段学生50米跑成绩等级分布

（6）全区高中段学生 50 米跑成绩等级分布（见图 4-50）。

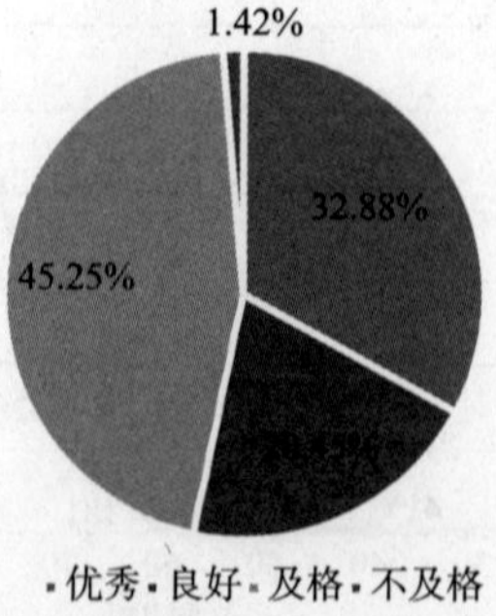

图4-50　全区高中段学生50米跑成绩等级分布

2. 50 米跑成绩人数分布

（1）全区学生 50 米跑成绩人数分布（见图 4-51）。

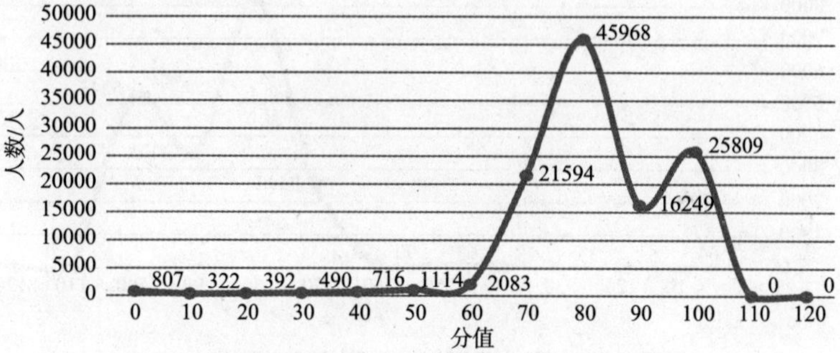

图4-51　全区学生50米跑成绩人数分布

（2）小学段学生 50 米跑成绩人数分布（见图 4-52）。

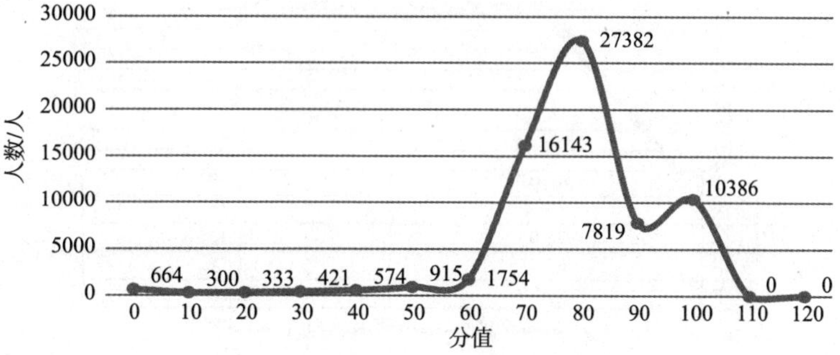

图4-52　小学段学生50米跑成绩人数分布

（3）初中段学生 50 米跑成绩人数分布（见图 4-53）。

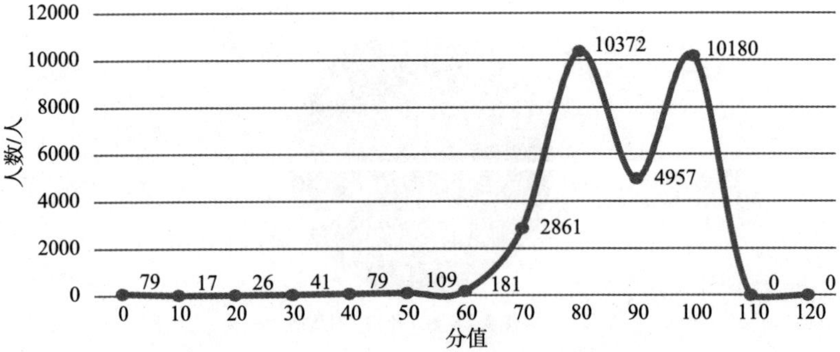

图4-53　初中段学生50米跑成绩人数分布

（4）高中段人学生 50 米跑成绩人数分布（见图 4-54）。

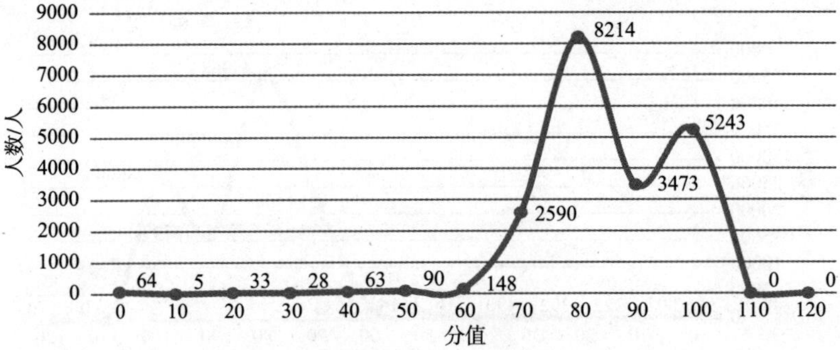

图4-54　高中段学生50米跑成绩人数分布

3. 2019—2020 年学生 50 米跑成绩平均分趋势（见图 4-55）。

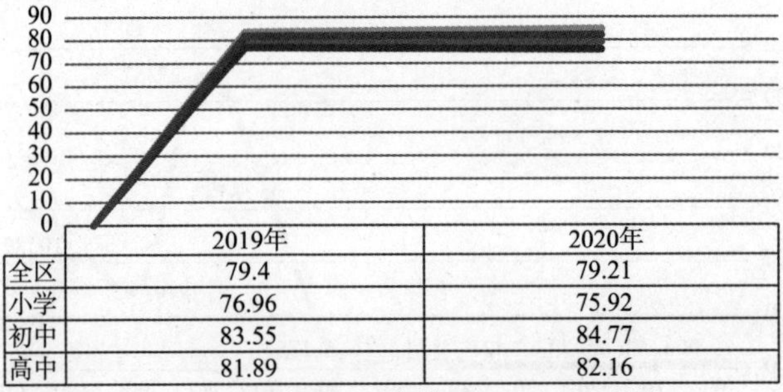

	2019年	2020年
全区	79.4	79.21
小学	76.96	75.92
初中	83.55	84.77
高中	81.89	82.16

全区　小学　初中　高中

图4-55　2019—2020年学生50米跑成绩平均分趋势

4. 各个年级学生 50 米跑成绩优秀率趋势（见图 4-56）。

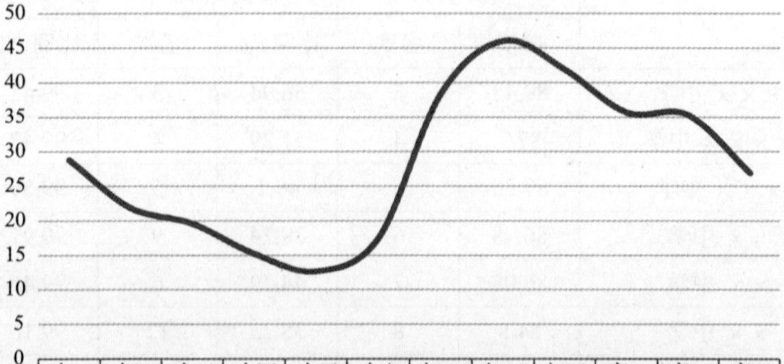

	小一	小二	小三	小四	小五	小六	初一	初二	初三	高一	高二	高三
优秀率/%	28.77	21.86	19.59	15.25	12.66	17.45	38.33	46.02	41.86	35.68	35.3	26.88

图4-56　各个年级学生50米跑成绩优秀率趋势

5. 各个年级学生 50 米跑平均成绩趋势（见图 4-57）。

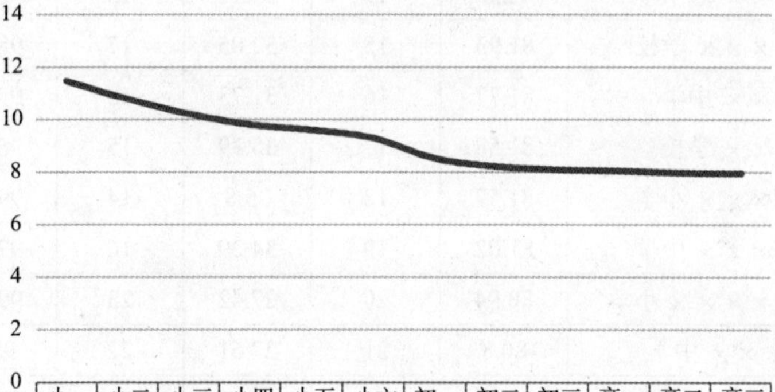

	小一	小二	小三	小四	小五	小六	初一	初二	初三	高一	高二	高三
平均成绩/秒	11.48	10.78	10.21	9.8	9.6	9.29	8.52	8.21	8.09	8.05	7.97	7.95

图4-57　各个年级学生50米跑平均成绩趋势

6. 50 米跑成绩排名分析（见表 4-13）

表4-13　50米跑成绩排名分析

学校	平均分		优秀率		及格率	
	分值	名次	比例 /%	名次	比例 /%	名次
×× 中学	91.21	1	71.53	1	99.9	4
××××× 学校	90.66	2	61.55	2	99.33	12

续表

学校	平均分		优秀率		及格率	
	分值	名次	比例 /%	名次	比例 /%	名次
××× 小学	89.43	3	56.94	3	99.42	10
×××× 中学	87.7	4	51.29	4	99.47	8
××× 中学	87.26	5	49.1	5	99.59	6
×× 中学	86.48	6	39.74	9	99.97	3
×× 中学	86.08	7	44.39	6	99.45	9
×× 中学	84.8	8	38.23	12	99.16	14
××× 中学	84.79	9	43.59	8	99.04	16
×× 中学	84.74	10	44.17	7	98.5	20
××× 中学	83.59	11	38.49	11	98.53	19
×××××× 中学	83.3	12	30.2	21	99.5	7
×××× 中学	82.95	13	38.98	10	98.72	18
×××× 中学	82.3	14	37.11	13	96.69	35
×××× 学校	81.93	15	32.05	17	98.75	17
×× 中学	81.77	16	31.73	18	99.35	11
×× 学校	81.58	17	35.39	15	96.57	38
×××× 小学	81.57	18	35.8	14	99.06	15
×××× 中学	81.02	19	34.29	16	97.13	33
×××××× 小学	80.94	20	27.42	23	99.27	13
××× 中学	80.8	21	27.61	22	98.2	22
×××× 中学	80.73	22	25.47	27	97.64	30
×××××××× 学校	80.63	23	25.91	25	99.69	5
××× 中学	79.61	24	31.63	19	93.95	54
××× 小学	79.34	25	21.74	35	100	1
×××× 学校	79.3	26	26.49	24	96.64	36
×× 小学	78.92	27	23.61	31	100	1
×× 小学	78.51	28	21.13	37	97.65	28
×××× 小学	78.27	29	23.02	33	97.65	28
×× 学校	78.18	30	24.71	28	96.24	42
××××× 小学	78.12	31	21.25	36	96.64	36
×××××× 小学	78.04	32	17.71	49	98.44	21

续表

学校	平均分		优秀率		及格率	
	分值	名次	比例 /%	名次	比例 /%	名次
×××× 小学	77.83	33	23.08	32	95.95	44
××× 小学	77.59	34	19.49	41	97.92	25
××× 小学	77.3	35	20.3	38	98.03	23
×××× 中学	77.22	36	17.48	50	97.56	31
×× 小学	77.03	37	22.3	34	96.81	34
×× 小学	76.86	38	18.38	46	96.3	40
××× 学校	76.85	39	18.59	45	95.77	47
××× 小学	76.79	40	25.56	26	92.7	61
×××× 小学	76.73	41	18.8	44	96.56	39
×× 小学	76.63	42	16.73	51	97.45	32
×× 学校	76.47	43	23.82	30	95.92	45
×××××× 小学	76.34	44	19.65	40	94.71	51
×××××× 小学	76.24	45	18.82	43	95.64	48
××××× 中学	76.09	46	13.57	57	97.77	27
××× 中学	75.9	47	14.29	54	96.27	41
××× 小学	75.87	48	24.36	29	92.57	62
×××× 小学	75.46	49	18.85	42	95.88	46
×××××× 小学	74.72	50	15.57	53	96.11	43
×× 小学	74.72	50	15.79	52	93.81	55
××××××× 小学	74.39	52	17.74	48	92.54	63
×××× 小学	74.26	53	18.07	47	93.8	56
×××× 小学	74.03	54	11.09	64	98.02	24
××× 小学	73.85	55	14.04	56	92.98	59
××× 小学	73.67	56	12.48	60	95.15	50
×××× 小学	73.42	57	14.26	55	92.85	60
×× 小学	73.39	58	10.3	66	94.65	52
××× 小学	73.05	59	11.37	63	95.2	49
××××× 小学	72.72	60	10.32	65	94.27	53
×××× 小学	72.63	61	30.89	20	86.36	69
×× 小学	72.47	62	11.79	62	92.24	64

续表

学校	平均分		优秀率		及格率	
	分值	名次	比例 /%	名次	比例 /%	名次
×× 小学	72.43	63	6.52	69	97.83	26
×× 小学	72.17	64	9.69	67	93.29	57
××× 小学	71.95	65	12.19	61	91.68	66
×××× 小学	71.89	66	12.95	58	91.92	65
××× 小学	71.85	67	9.26	68	93.12	58
×××××× 小学	71.78	68	20	39	86.8	68
××× 小学	71.24	69	12.59	59	90.8	67

7. 全区学生 50 米跑成绩统计（见表 4-14）

表4-14 全区学生50米跑成绩统计

年级	学生人数 / 人	50 米跑成绩 / 秒		50 米跑等级分布 / %			
		平均值	标准差	优秀	良好	及格	不及格
小一	12235	11.48	1.04	28.77	15.37	50.49	5.37
小二	12680	10.78	0.96	21.86	17.44	55.75	4.94
小三	12043	10.21	0.9	19.59	16.1	59.96	4.35
小四	10565	9.80	0.88	15.25	17.03	63.5	4.22
小五	9765	9.60	0.89	12.66	14.16	67.16	6.02
小六	9403	9.29	0.89	17.45	15.86	62.81	3.88
初一	10254	8.52	0.83	38.33	20.41	40.07	1.19
初二	10012	8.21	0.88	46.02	18.43	34.2	1.35
初三	8636	8.09	0.82	41.86	22.46	34.59	1.09
高一	6814	8.05	0.94	35.68	22.66	40.05	1.61
高二	7099	7.97	0.94	35.3	18.45	45.25	1
高三	6038	7.95	0.96	26.88	20.3	51.13	1.69
合计	115544	9.38	1.5	27.57	17.88	51.23	3.32

（六）学生 1 分钟仰卧起坐（力量素质相关）分析

×× 区学生 1 分钟仰卧起坐（力量素质相关）平均分为 80.95 分，优秀率为 28.33%，及格率为 98.56%。其他数据指标见以下图表。

1. 1 分钟仰卧起坐成绩等级分布

（1）全区学生 1 分钟仰卧起坐成绩等级分布（见图 4-58）。

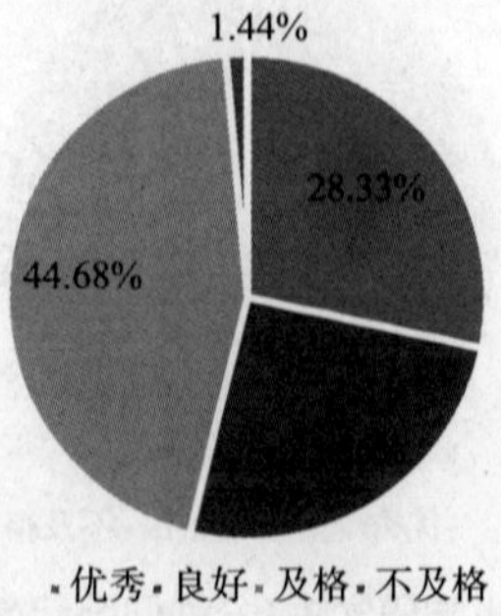

图4-58　全区学生1分钟仰卧起坐成绩等级分布

（2）全区男生 1 分钟仰卧起坐成绩等级分布（见图 4-59）。

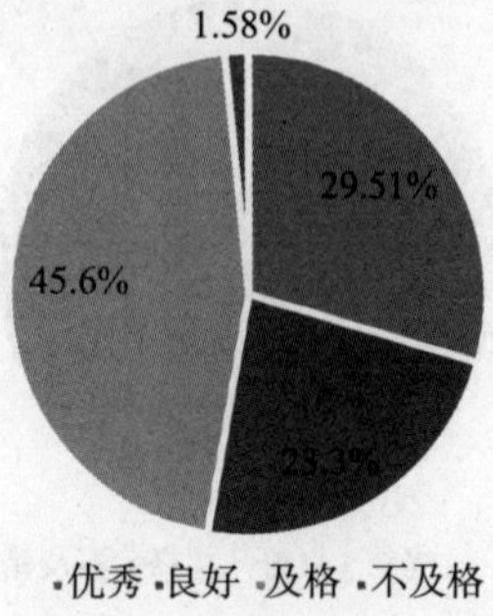

图4-59　全区男生1分钟仰卧起坐成绩等级分布

（3）全区女生 1 分钟仰卧起坐成绩等级分布（见图 4-60）。

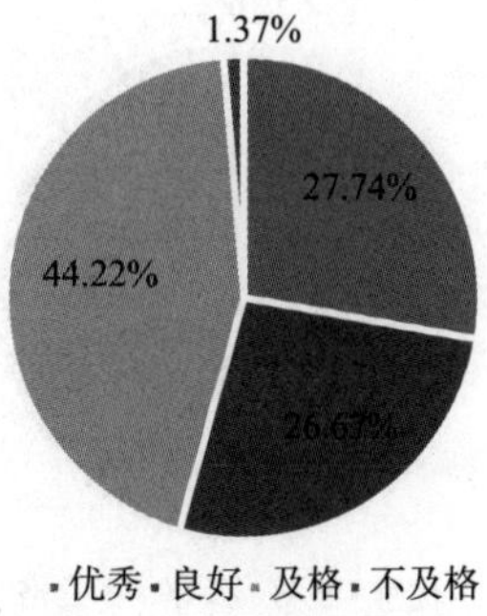

图4-60　全区女生1分钟仰卧起坐成绩等级分布

（4）全区小学段学生 1 分钟仰卧起坐成绩等级分布（见图 4-61）。

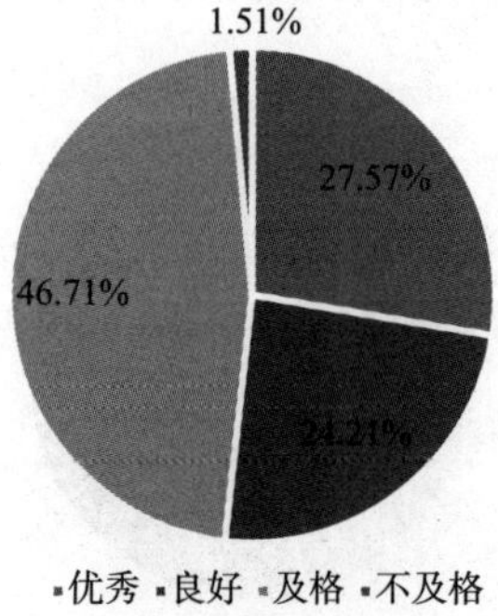

图4-61　全区小学段学生1分钟仰卧起坐成绩等级分布

（5）全区初中段学生 1 分钟仰卧起坐成绩等级分布（见图 4-62）。

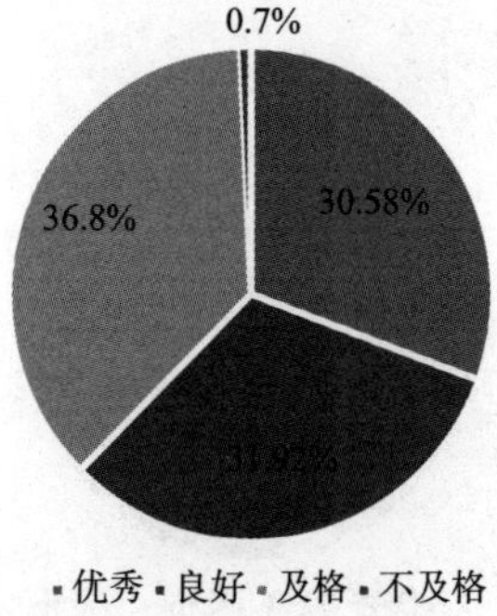

图4-62　全区初中段学生1分钟仰卧起坐成绩等级分布

（6）全区高中段学生 1 分钟仰卧起坐成绩等级分布（见图 4-63）。

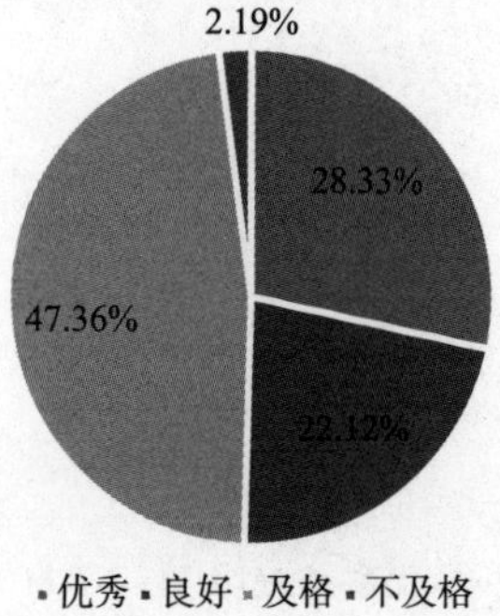

图4-63　全区高中段学生1分钟仰卧起坐成绩等级分布

2. 学生 1 分钟仰卧起坐成绩人数分布

（1）全区学生 1 分钟仰卧起坐成绩人数分布（见图 4-64）。

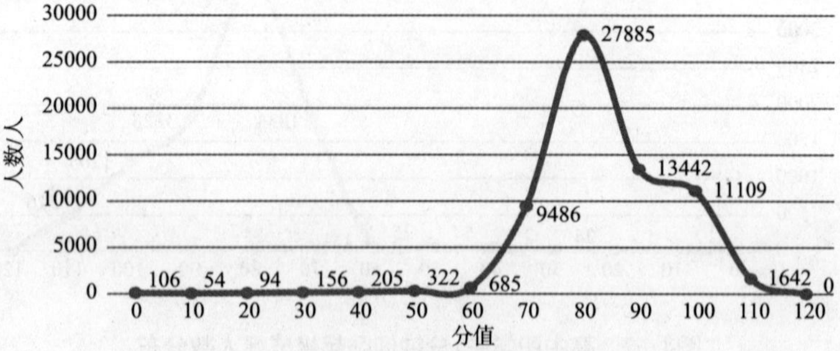

图4-64　全区学生1分钟仰卧起坐成绩人数分布

（2）小学段学生 1 分钟仰卧起坐成绩人数分布（见图 4-65）。

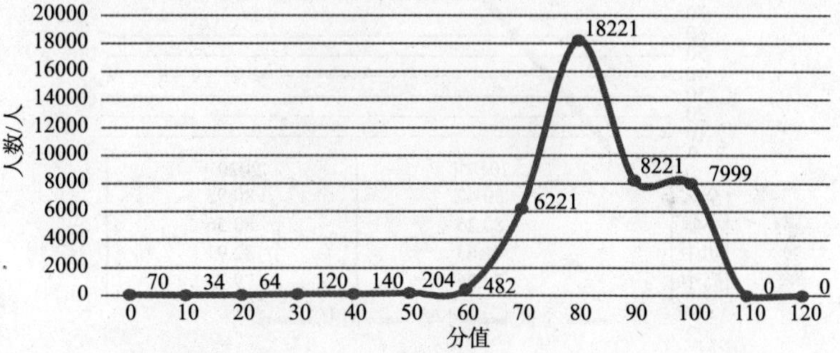

图4-65　小学段学生1分钟仰卧起坐成绩人数分布

（3）初中段学生 1 分钟仰卧起坐成绩人数分布（见图 4-66）。

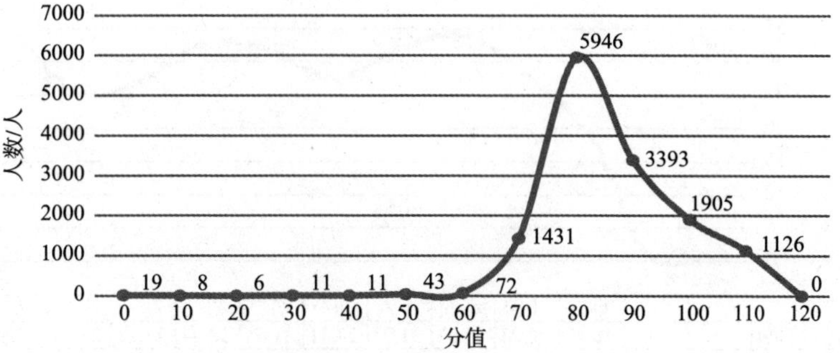

图4-66　初中段学生1分钟仰卧起坐成绩人数分布

（4）高中段学生 1 分钟仰卧起坐成绩人数分布（见图 4-67）。

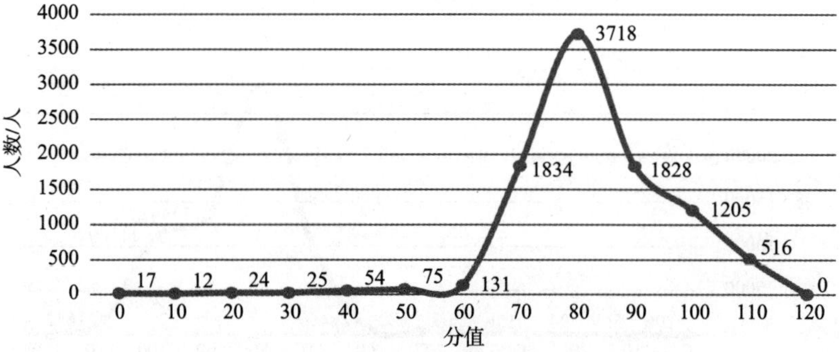

图4-67　高中段学生1分钟仰卧起坐成绩人数分布

3. 2019—2020 年学生 1 分钟仰卧起坐成绩平均分趋势（见图 4-68）

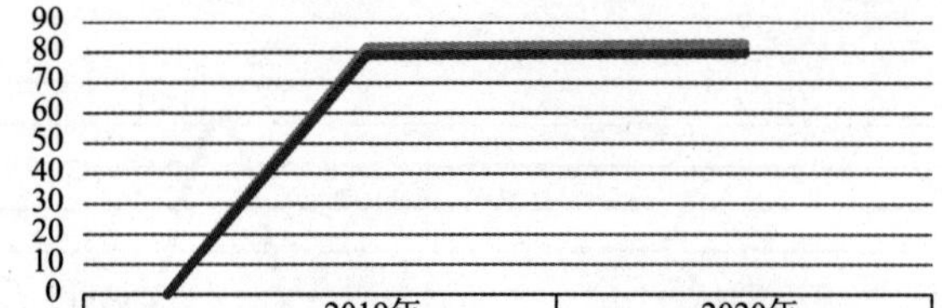

	2019年	2020年
全区	80.42	80.95
小学	80.25	80.56
初中	81.63	82.91
高中	79.26	79.77

—全区 —小学 —初中 —高中

图4-68　2019—2020年学生1分钟仰卧起坐成绩平均分趋势

4. 各个年级学生 1 分钟仰卧起坐成绩优秀率趋势（见图 4-69）

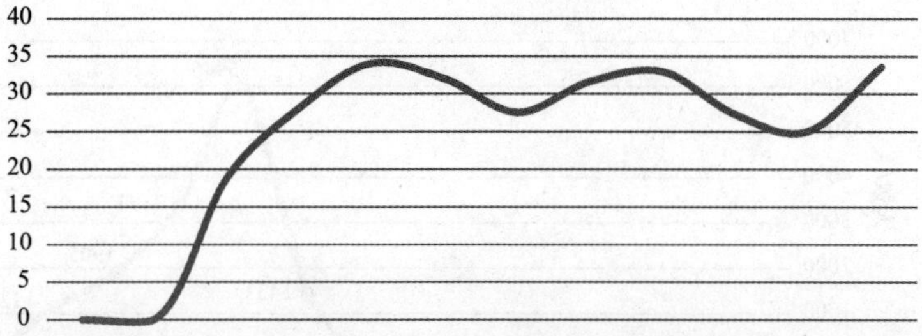

	小一	小二	小三	小四	小五	小六	初一	初二	初三	高一	高二	高三
优秀率/%	0	0	18.48	28.03	34.07	31.97	27.51	31.64	32.94	27.23	25.04	33.58

图4-69　各个年级学生1分钟仰卧起坐成绩优秀率趋势

5. 各个年级学生 1 分钟仰卧起坐平均成绩趋势（见图 4-70）

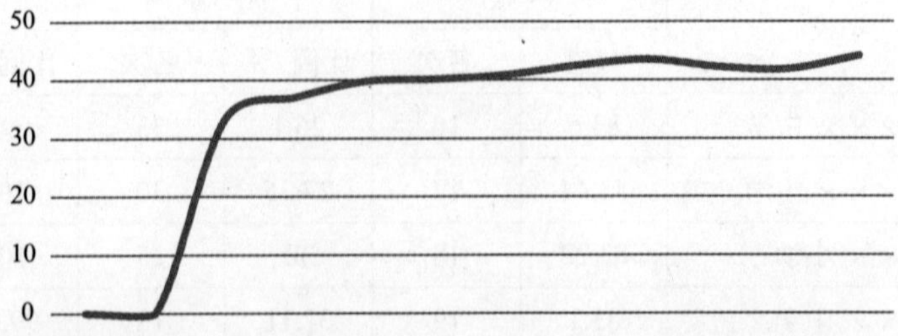

	小一	小二	小三	小四	小五	小六	初一	初二	初三	高一	高二	高三
平均成绩/次	0	0	33.33	37.07	39.79	40.17	40.89	42.51	43.51	42.22	41.87	44.13

图4-70　各个年级学生1分钟仰卧起坐平均成绩趋势

6. 1 分钟仰卧起坐成绩排名分析（见表 4-15）

表4-15　1分钟仰卧起坐成绩排名分析

学校	平均分		优秀率		及格率	
	分值	名次	比例 /%	名次	比例 /%	名次
×× 中学	89.43	1	71.84	1	99.87	15
×× 中学	88.39	2	55.07	2	99.89	14
×××× 中学	86.74	3	42.35	6	99.63	20
×××× 学校	86.73	4	49.48	3	99.91	11
××××× 学校	86.57	5	37.46	12	100	1
×××× 小学	86.22	6	45.01	5	100	1
×× 小学	86	7	46.81	4	100	1
×××× 中学	85.1	8	36.73	13	98.98	34
×× 中学	85.05	9	37.91	10	99.57	21
×× 小学	84.68	10	40.02	8	98.89	35
×××× 小学	84.54	11	41.1	7	98.48	42
×× 小学	84.44	12	31.82	20	100	1
×× 小学	84.44	12	39.14	9	99.14	31
××× 中学	84.12	14	31.64	21	99.91	11
××× 小学	83.71	15	33.91	16	100	1

续表

学校	平均分		优秀率		及格率	
	分值	名次	比例 /%	名次	比例 /%	名次
×××× 中学	83.6	16	26.1	33	99.9	13
×××× 中学	83.44	17	27.35	30	100	1
×× 小学	83.28	18	30	25	100	1
×× 中学	83.1	19	32.11	18	99.68	18
×××× 中学	82.87	20	32.08	19	99.66	19
××× 中学	82.55	21	22.76	40	100	1
×××× 小学	82.46	22	37.51	11	99.78	16
×××× 小学	82.39	23	35.05	14	98.43	44
××× 小学	82.19	24	30.81	24	98.46	43
×× 小学	82.06	25	33.9	17	98.54	40
×××××× 小学	81.89	26	29.33	28	99.41	26
×× 中学	81.88	27	29.77	26	98.77	38
×××× 小学	81.78	28	29.38	27	98.13	52
×××××× 小学	81.76	29	34.31	15	98.78	37
×××××× 小学	81.6	30	27.33	31	99.21	29
×× 学校	81.26	31	31.39	23	98.18	50
×××× 小学	80.59	32	25.91	34	98.29	46
×××× 小学	80.28	33	22.77	39	99.46	24
××××× 小学	80.23	34	22.46	41	99.52	23
××× 小学	80.16	35	31.45	22	97.51	55
×××××× 小学	79.98	36	27.06	32	98.18	50
××× 小学	79.97	37	24.35	36	99.45	25
×××× 学校	79.94	38	25.66	35	97.92	53
×××× 小学	79.81	39	22.25	42	99.93	10
××××××× 学校	79.79	40	17.17	56	100	1
×× 小学	79.32	41	20.62	45	99.18	30
×××××× 中学	79.27	42	15.82	58	99.78	16

续表

学校	平均分		优秀率		及格率	
	分值	名次	比例 /%	名次	比例 /%	名次
×× 中学	79.19	43	17.73	54	98.53	41
××× 学校	79.16	44	17.47	55	99.56	22
××××× 小学	79.09	45	23.74	38	98.26	47
××× 小学	79.07	46	21.61	44	99.27	27
×× 学校	79.02	47	28.45	29	95.69	65
×× 小学	78.57	48	18.39	49	98.21	49
××× 小学	78.46	49	20.28	47	99.27	27
×× 小学	78.38	50	18.32	50	98.4	45
×××× 中学	78.13	51	20.35	46	98.23	48
××× 小学	77.94	52	18.25	52	99.03	33
××× 小学	77.86	53	22.18	43	96.33	62
×××××××× 小学	77.65	54	14.48	61	98.75	39
××× 中学	77.53	55	19.16	48	95.01	66
×× 小学	77.46	56	17.87	53	97.23	58
××× 小学	77.26	57	18.32	50	97.12	59
××× 小学	77.12	58	16.46	57	97.47	56
××× 中学	77.01	59	9.4	67	99.08	32
×××× 小学	76.26	60	15.63	59	97.32	57
××× 小学	76.22	61	24.35	36	92.61	68
××× 中学	75.89	62	14.99	60	97.81	54
××××××× 小学	75.77	63	12.68	64	96.48	61
××× 中学	75.23	64	10	66	95.71	64
×× 学校	75.18	65	14.36	62	96.28	63
××× 小学	74.8	66	13.89	63	98.89	35
×××××× 小学	74.74	67	11.22	65	96.94	60
××××× 中学	69.74	68	4.34	69	93.75	67
×××× 小学	69.59	69	7.66	68	89.19	69

7. 1 分钟仰卧起坐成绩统计（见表 4-16）

表4-16 1分钟仰卧起坐成绩统计

年级	学生人数 / 人	1 分钟仰卧起坐成绩 / 次		1 分钟仰卧起坐成绩等级分布 / %			
		平均值	标准差	优秀	良好	及格	不及格
小一	0	—	—	—	—	—	—
小二	0	—	—	—	—	—	—
小三	12043	33.33	9.11	18.48	21.38	57.76	2.38
小四	10565	37.07	9.38	28.03	24.95	45.47	1.55
小五	9765	39.79	9.58	34.07	25.59	39.3	1.03
小六	9403	40.17	9.5	31.97	25.56	41.63	0.85
初一	4914	40.89	7.97	27.51	34.33	37.75	0.41
初二	4895	42.51	8.27	31.64	31.07	36.42	0.86
初三	4162	43.51	8.1	32.94	30.08	36.11	0.86
高一	3199	42.22	8.47	27.23	24.2	47.08	1.5
高二	3423	41.87	9.2	25.04	20.83	51.8	2.34
高三	2817	44.13	9.74	33.58	21.33	42.28	2.8
合计	65186	39.15	9.69	28.33	25.56	44.68	1.44

（七）学生引体向上（力量素质相关）分析

××区学生引体向上（力量素质相关）平均分为 64.26 分，优秀率为 23.73%，及格率为 72.06%。其他数据指标见以下图表。

1. 引体向上成绩等级分布

（1）全区学生引体向上成绩等级分布（见图 4-71）。

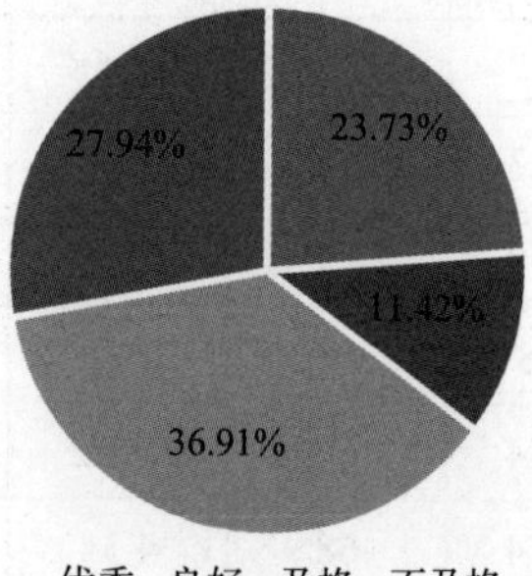

图4-71 全区学生引体向上成绩等级分布

（2）全区男生引体向上成绩等级分布（见图 4-72）。

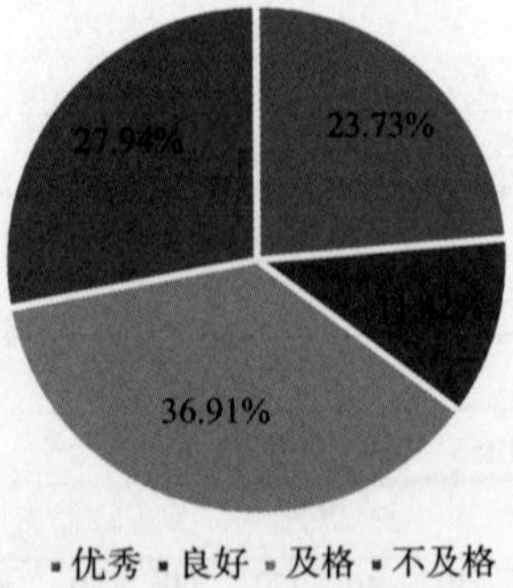

图4-72　全区男生引体向上成绩等级分布

（3）全区初中段学生引体向上成绩等级分布（见图 4-73）。

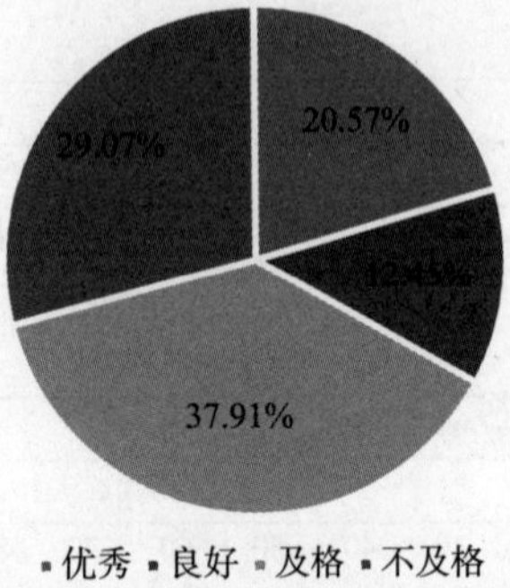

图4-73　全区初中段学生引体向上成绩等级分布

（4）全区高中段学生引体向上成绩等级分布（见图 4-74）。

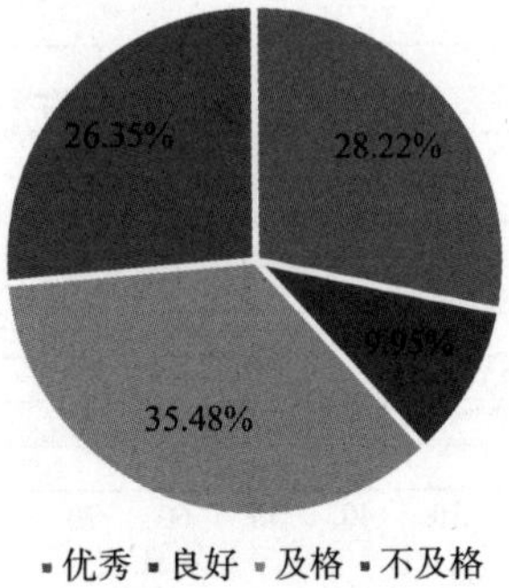

图4-74　全区高中段学生引体向上成绩等级分布

2. 引体向上成绩人数分布

（1）全区学生引体向上成绩人数分布（见图 4-75）。

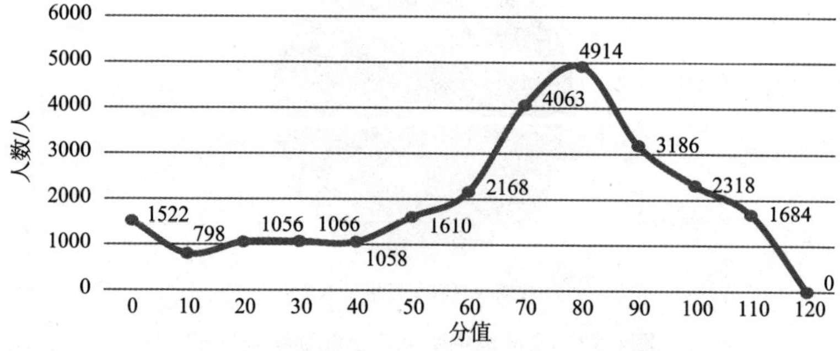

图4-75　全区学生引体向上成绩人数分布

（2）初中段学生引体向上成绩人数分布（见图 4-76）。

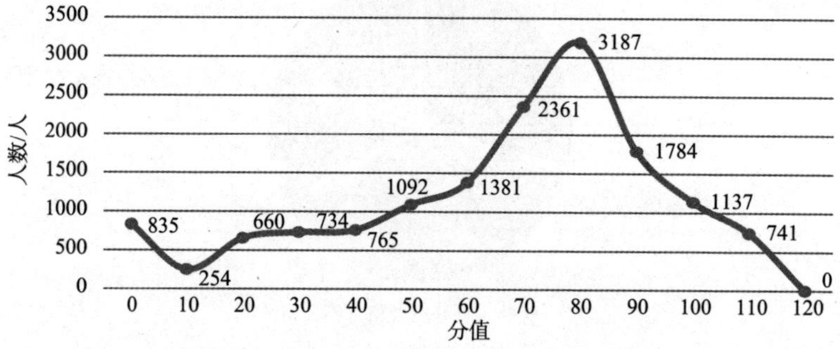

图4-76　初中段学生引体向上成绩人数分布

（3）高中段学生引体向上成绩人数分布（见图 4-77）。

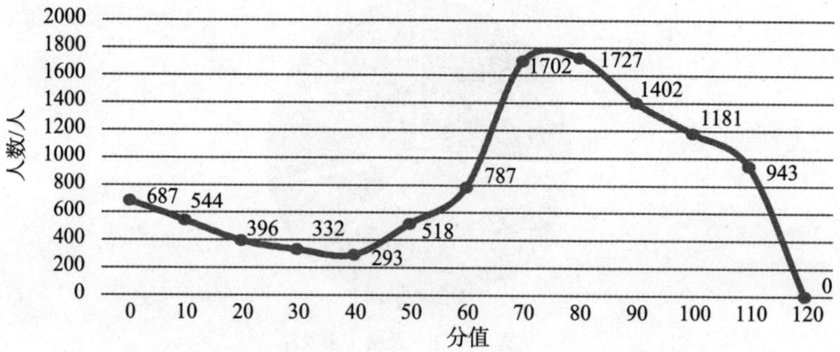

图4-77　高中段学生引体向上成绩人数分布

3. 2019—2020 年学生引体向上成绩平均分趋势（见图 4-78）

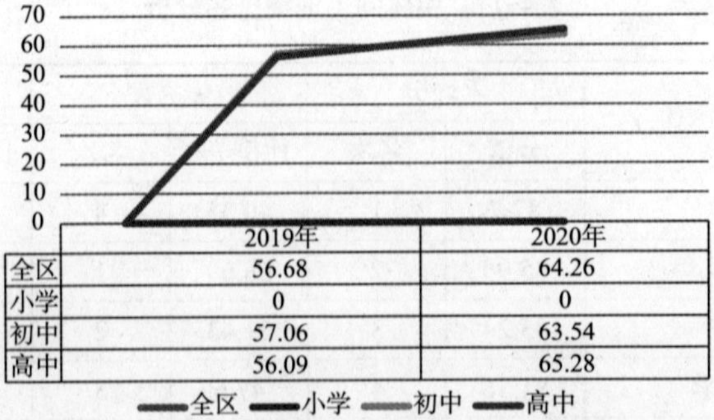

	2019年	2020年
全区	56.68	64.26
小学	0	0
初中	57.06	63.54
高中	56.09	65.28

图4-78　2019—2020年学生引体向上成绩平均分趋势

4. 各个年级学生引体向上成绩优秀率趋势（见图 4-79）

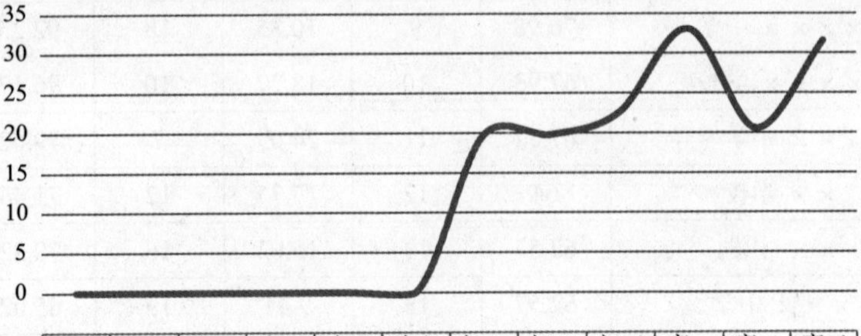

	小一	小二	小三	小四	小五	小六	初一	初二	初三	高一	高二	高三
优秀率/%	0	0	0	0	0	0	19.63	19.8	22.6	33.03	20.57	31.54

图4-79　各个年级学生引体向上成绩优秀率趋势

5. 各个年级学生引体向上平均成绩趋势（见图 4-80）

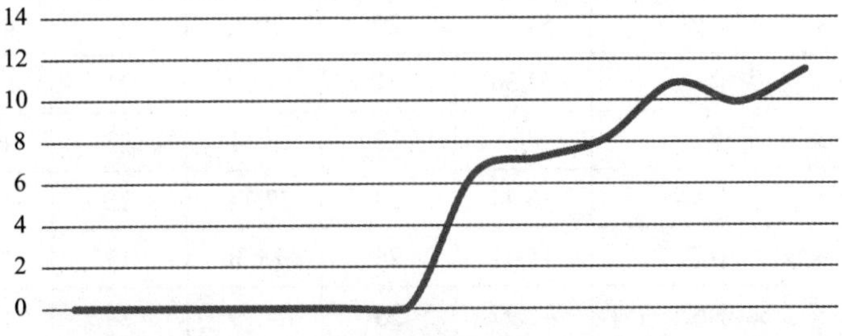

	小一	小二	小三	小四	小五	小六	初一	初二	初三	高一	高二	高三
平均成绩/次	0	0	0	0	0	0	6.43	7.25	8.19	10.81	9.91	11.5

图4-80　各个年级学生引体向上平均成绩趋势

6. 引体向上成绩排名分析（见表 4-17）

表4-17　引体向上成绩排名分析

学校	平均分		优秀率		及格率	
	分值	名次	比例 /%	名次	比例 /%	名次
×× 中学	87.7	1	40.35	4	100	1
×× 中学	85.94	2	68.69	1	89.03	11
×× 中学	83.24	3	51.43	2	96.06	5
××× 中学	81.36	4	47.6	3	91.23	9
×× 中学	78.35	5	29.94	5	97.01	3
××× 中学	74.94	6	4.37	25	99.43	2
×××××× 中学	74.45	7	18.12	11	93.74	7
×××× 中学	74.17	8	15.25	15	95.74	6
×××× 中学	70.98	9	10.85	18	92.25	8
×××× 学校	67.93	10	18.77	10	96.17	4
×× 中学	67.32	11	24.09	7	79.62	12
×× 学校	64	12	17.75	12	71.44	13
×× 中学	62.57	13	15.02	16	70.82	14
××× 中学	62.57	13	9.47	19	65.02	18
×× 中学	62.31	15	1.82	27	90.91	10
××× 中学	62.3	16	29.75	6	67.27	15
×××××× 中学	59.84	17	15.47	14	67.27	15
×××× 中学	58.77	18	17.56	13	65.37	17
×××× 中学	58.11	19	23.86	8	60.06	20
×××× 学校	54.72	20	20.33	9	49.45	22
×× 中学	52.34	21	7.69	21	64.62	19
×× 学校	50.6	22	6.11	23	49.69	21
×××× 中学	46.44	23	7.74	20	43.87	24
×××× 中学	45.01	24	13.36	17	37.37	25
×××× 学校	42.97	25	4.79	24	44.35	23
×× 中学	41.62	26	6.9	22	36.69	26
×× 学校	40.85	27	4.37	25	35.28	27

7. 引体向上情况统计（见表 4-18）

表4-18　引体向上情况统计

年级	学生人数	引体向上 / 次		引体向上各等级所占比例 / %			
		平均值	标准差	优秀	良好	及格	不及格
小一	0	—	—	—	—	—	—
小二	0	—	—	—	—	—	—
小三	0	—	—	—	—	—	—
小四	0	—	—	—	—	—	—
小五	0	—	—	—	—	—	—
小六	0	—	—	—	—	—	—
初一	5340	6.43	4.07	19.63	12.21	42.7	25.47
初二	5117	7.25	4.78	19.8	17.2	31.8	31.21
初三	4474	8.19	4.84	22.6	7.31	39.18	30.91
高一	3615	10.81	5.38	33.03	11.84	36.82	18.31
高二	3676	9.91	4.91	20.57	9.98	39.74	29.71
高三	3221	11.50	5.71	31.54	7.79	29.12	31.54
合计	25443	8.67	5.22	23.73	11.42	36.91	27.94

（八）学生坐位体前屈（柔韧素质高度相关）分析

× × 区学生坐位体前屈（柔韧素质高度相关）平均分为 78.6 分，优秀率为 24.84%，及格率为 97.71%。其他数据指标见以下图表。

1. 坐位体前屈成绩等级分布

（1）全区学生坐位体前屈成绩等级分布（见图 4-81）。

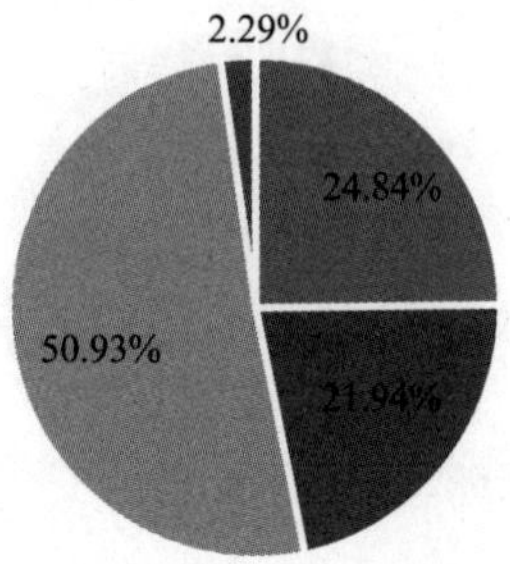

图4-81　全区学生坐位体前屈成绩等级分布

（2）全区男生坐位体前屈成绩等级分布（见图 4-82）。

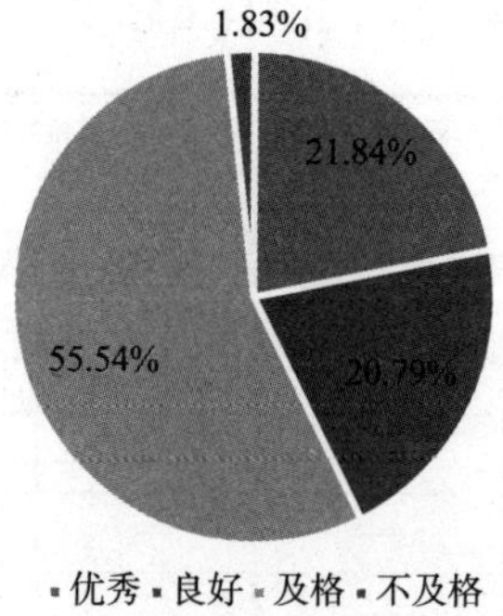

图4-82　全区男生坐位体前屈成绩等级分布

（3）全区女生坐位体前屈成绩等级分布（见图 4-83）。

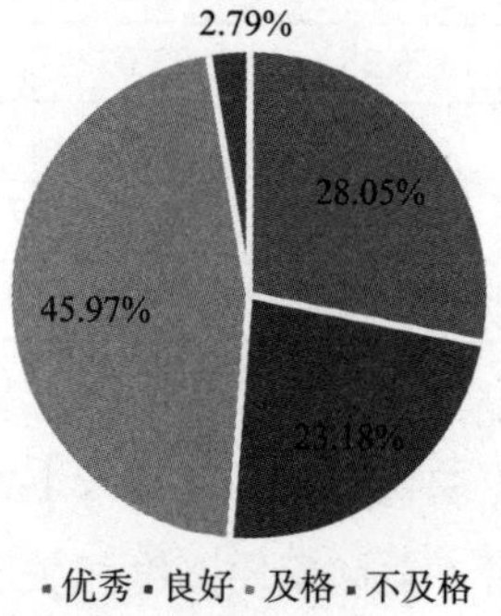

图4-83　全区女生坐位体前屈成绩等级分布

（4）全区小学段学生坐位体前屈成绩等级分布（见图 4-84）。

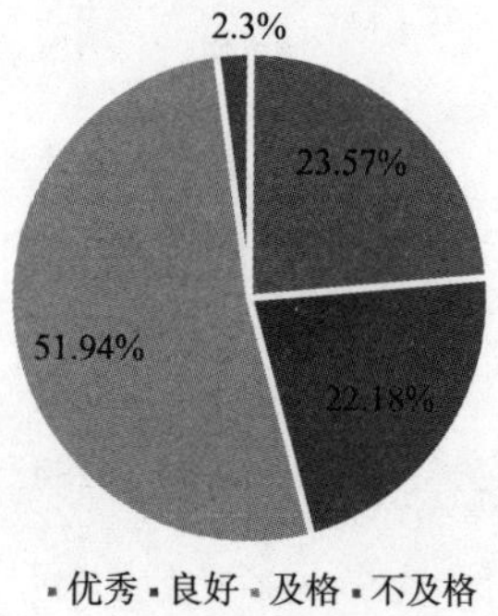

图4-84　全区小学段学生坐位体前屈成绩等级分布

（5）全区初中段学生坐位体前屈成绩等级分布（见图 4-85）。

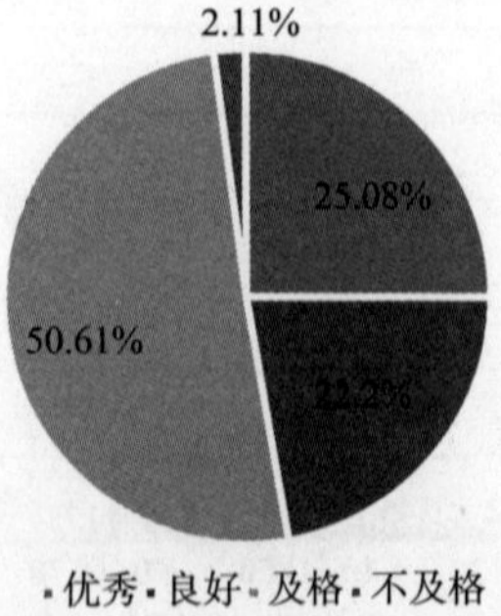

图4-85　全区初中段学生坐位体前屈成绩等级分布

（6）全区高中段学生坐位体前屈成绩等级分布（见图 4-86）。

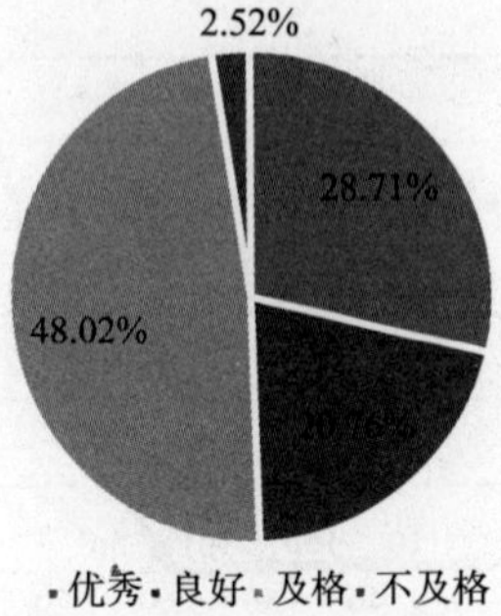

图4-86　全区高中段学生坐位体前屈成绩等级分布

2. 坐位体前屈成绩人数分布

（1）全区学生坐位体前屈成绩人数分布（见图 4-87）。

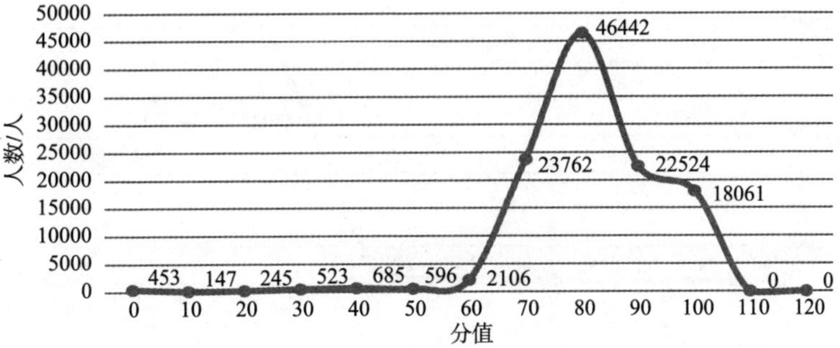

图4-87　全区学生坐位体前屈成绩人数分布

（2）小学段学生坐位体前屈成绩人数分布（见图 4-88）。

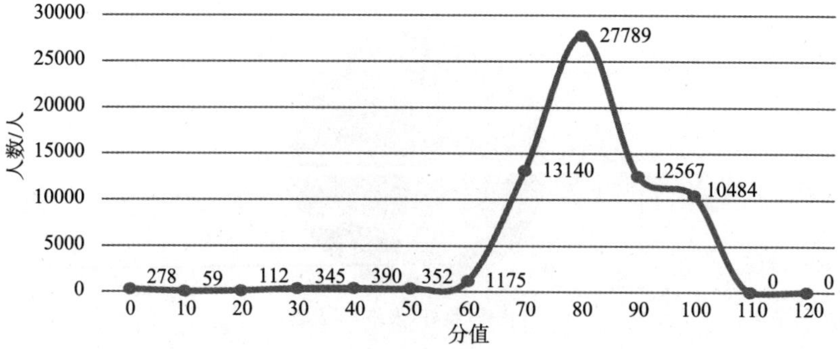

图4-88　小学段学生坐位体前屈成绩人数分布

（3）初中段学生坐位体前屈成绩人数分布（见图 4-89）。

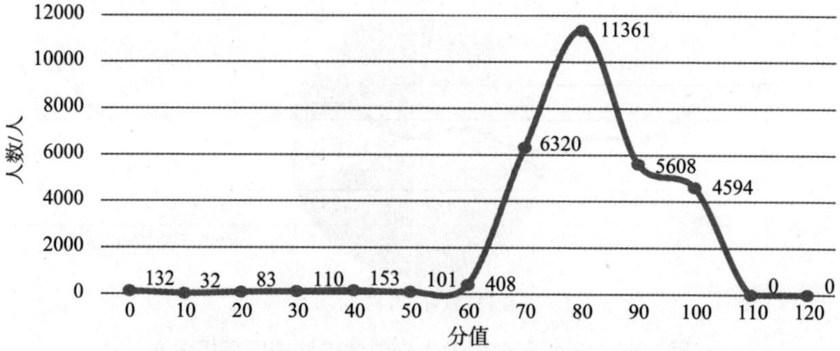

图4-89　初中段学生坐位体前屈成绩人数分布

（4）高中段学生坐位体前屈成绩人数分布（见图 4-90）。

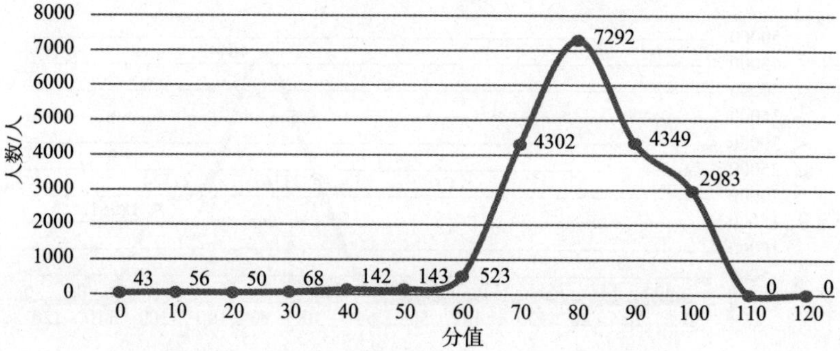

图4-90　高中段学生坐位体前屈成绩人数分布

3. 2019—2020 年学生坐位体前屈成绩平均分趋势（见图 4-91）。

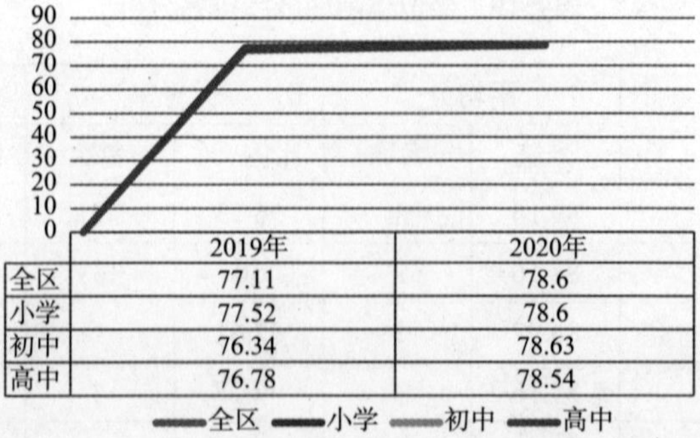

	2019年	2020年
全区	77.11	78.6
小学	77.52	78.6
初中	76.34	78.63
高中	76.78	78.54

图4-91　2019—2020年学生坐位体前屈成绩平均分趋势

4. 各个年级学生坐位体前屈成绩优秀率趋势（见图 4-92）。

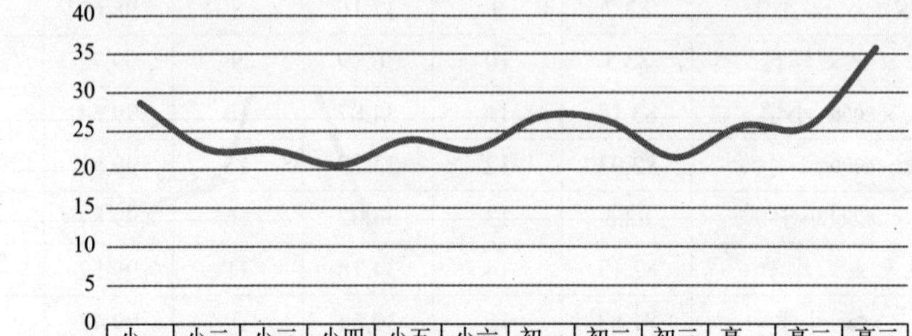

	小一	小二	小三	小四	小五	小六	初一	初二	初三	高一	高二	高三
优秀率/%	28.65	22.7	22.53	20.58	23.85	22.56	26.89	26.25	21.58	25.68	25.65	35.72

图4-92　各个年级学生坐位体前屈成绩优秀率趋势

5. 各个年级学生坐位体前屈平均成绩趋势（见图 4-93）。

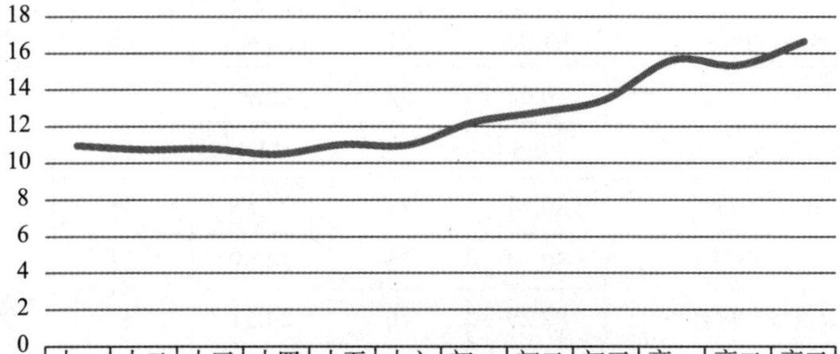

	小一	小二	小三	小四	小五	小六	初一	初二	初三	高一	高二	高三
平均成绩/厘米	10.95	10.74	10.78	10.48	11.01	10.99	12.23	12.78	13.47	15.64	15.35	16.65

图4-93　各个年级学生坐位体前屈平均成绩趋势

6. 坐位体前屈成绩排名分析（见表4-19）

表4-19　坐位体前屈成绩排名分析

学校	平均分		优秀率		及格率	
	分值	名次	比例 /%	名次	比例 /%	名次
×××× 中学	89.15	1	56.13	2	100	1
×× 中学	87.16	2	50	3	99.04	25
×× 中学	86.97	3	57.61	1	99.05	24
×× 中学	85.36	4	49.17	4	99.92	6
×× 小学	84.12	5	38.76	7	99.47	14
×× 小学	84.01	6	39.45	6	98.96	28
×× 小学	83.85	7	34.46	12	100	1
×× 中学	83.76	8	41.59	5	98.72	30
××××× 小学	83.7	9	37.16	8	98.62	34
×××× 学校	83.5	10	36.19	9	99.72	9
×××× 小学	83.17	11	34.87	10	99.54	13
×××××× 小学	82.93	12	33.27	15	99.81	8
××× 小学	82.3	13	33.02	16	99.84	7
×××× 小学	82.13	14	34.78	11	99.57	12
××× 小学	81.83	15	30.64	19	99.42	17
×××× 中学	81.71	16	32.56	17	98.3	40
×× 中学	81.4	17	29.4	20	98.91	29
×× 中学	81.38	18	31.28	18	99.35	19
×× 小学	81.37	19	28.26	25	97.83	44
×××× 中学	81.26	20	29.27	22	97.56	49
×× 小学	81.02	21	26.47	28	99.45	16
××× 小学	80.62	22	25.99	29	99.17	21
×××××× 小学	80.5	23	34.4	13	98	43
×××× 小学	80.41	24	21.88	38	100	1
×× 小学	80.34	25	24.59	31	100	1
××× 小学	80.29	26	24.51	32	99.47	14
××× 小学	80.22	27	28.41	24	99.02	27
×××× 小学	79.97	28	24.47	34	99.27	20

续表

学校	平均分		优秀率		及格率	
	分值	名次	比例 /%	名次	比例 /%	名次
×× 小学	79.87	29	26.83	27	98.43	37
××× 小学	79.24	30	19.76	45	100	1
××× 小学	79.13	31	17.46	53	98.68	32
××××××× 小学	79.13	31	25.58	30	97.73	46
×××× 学校	79.11	33	24.12	35	98.11	42
×× 学校	78.88	34	21.09	42	98.44	36
××× 小学	78.87	35	21.56	39	98.71	31
××× 中学	78.75	36	22.38	37	98.33	39
×××× 小学	78.72	37	27.54	26	97.25	53
××× 小学	78.6	38	29.4	20	95.65	62
××××××× 学校	78.46	39	18.21	48	99.62	11
×××× 小学	78.19	40	19.44	46	99.04	25
×××× 小学	78.16	41	24.49	33	97.42	51
×××××× 小学	78.01	42	20.24	43	99.11	22
×× 中学	77.98	43	28.68	23	96.41	59
××××× 小学	77.95	44	17.78	49	98.46	35
×× 小学	77.91	45	13.15	62	99.06	23
×××× 中学	77.87	46	21.48	40	97.3	52
××× 小学	77.65	47	17.17	54	98.37	38
×× 学校	77.5	48	23.2	36	95.3	65
×× 小学	77.27	49	33.68	14	91.89	68
××××× 小学	77.15	50	21.19	41	97.47	50
×× 小学	76.94	51	20.17	44	96.92	55
××× 小学	76.91	52	16.89	56	97.71	47
×× 小学	76.86	53	11.15	63	98.14	41
×× 小学	76.31	54	14.28	59	97.83	44
××× 中学	76.27	55	18.49	47	96.51	58
×××× 中学	76.17	56	17.04	55	99.38	18
××××× 学校	76.01	57	13.66	60	98.65	33
×××× 小学	75.82	58	17.55	51	96.38	60

续表

学校	平均分		优秀率		及格率	
	分值	名次	比例 /%	名次	比例 /%	名次
××× 中学	75.8	59	15.56	58	96.68	57
××××× 小学	75.7	60	17.55	51	95.49	64
××× 学校	75.66	61	9.58	65	99.72	9
×× 学校	74.95	62	13.19	61	97.06	54
××× 中学	74.86	63	17.68	50	96.92	55
×××× 小学	74.12	64	16.47	57	93.59	66
×××××× 中学	73.87	65	10.18	64	97.62	48
×××× 中学	72.18	66	8.84	68	95.55	63
××× 小学	70.96	67	9.06	66	92.28	67
××××× 中学	70.81	68	6.23	69	96	61
××× 中学	68.6	69	9.01	67	88.2	69

7. 坐位体前屈成绩统计（见表 4-20）

表4-20　坐位体前屈成绩统计

年级	学生人数 / 人	坐位体前屈成绩 / 厘米		坐位体前屈成绩等级分布 / %			
		平均值	标准差	优秀	良好	及格	不及格
小一	12235	10.95	5.25	28.65	15.06	54.34	1.95
小二	12680	10.74	5.38	22.7	19.43	55.72	2.15
小三	12043	10.78	5.6	22.53	20.76	53.44	3.27
小四	10565	10.48	5.66	20.58	23.08	53.56	2.78
小五	9765	11.01	6.2	23.85	27.38	46.57	2.19
小六	9403	10.99	6.3	22.56	30.6	45.55	1.3
初一	10254	12.23	6.85	26.89	22.9	48.15	2.07
初二	10012	12.78	6.56	26.25	21.08	50.84	1.83
初三	8636	13.47	6.47	21.58	22.66	53.25	2.5
高一	6814	15.64	6.5	25.68	29	43.7	1.61
高二	7099	15.35	6.86	25.65	17.89	54.19	2.27
高三	6038	16.65	6.62	35.72	14.82	45.63	3.83
合计	115544	12.18	6.41	24.84	21.94	50.93	2.29

（九）学生 50 米 ×8 往返跑（耐力素质高度相关）分析

×× 区学生 50 米 ×8 往返跑（耐力素质高度相关）平均分为 77.08 分，优秀率为 20.11%，及格率为 96.87%。其他数据指标见以下图表。

1.50 米 ×8 往返跑成绩等级分布

（1）全区学生 50 米 ×8 往返跑成绩等级分布（见图 4-94）。

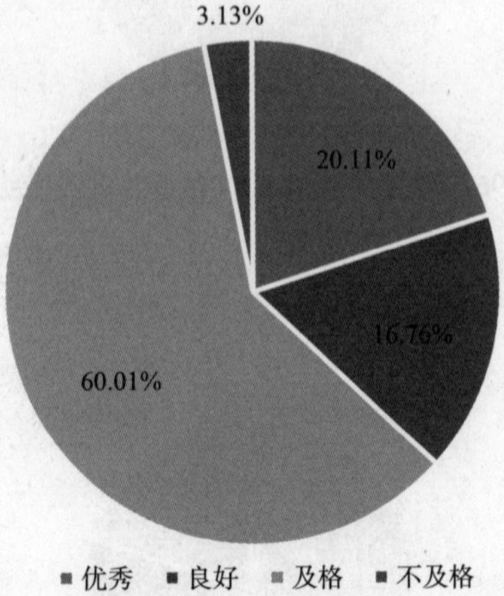

图4-94　全区学生50米×8往返跑成绩等级分布

（2）全区男生 50 米 ×8 往返跑成绩等级分布（见图 4-95）。

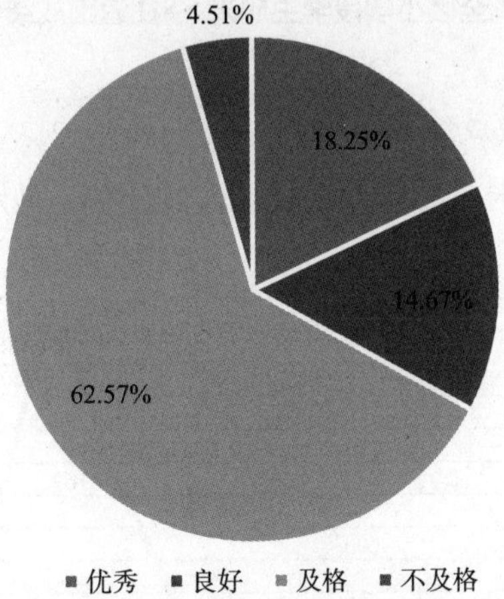

图4-95　全区男生50米×8往返跑成绩等级分布

（3）全区女生 50 米 ×8 往返跑成绩等级分布（见图 4-96）。

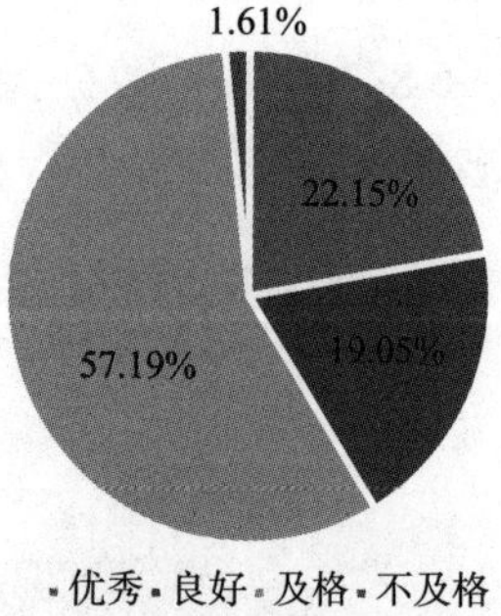

图4-96　全区女生50米×8往返跑成绩等级分布

（4）全区小学段学生 50 米 ×8 往返跑成绩等级分布（见图 4-97）。

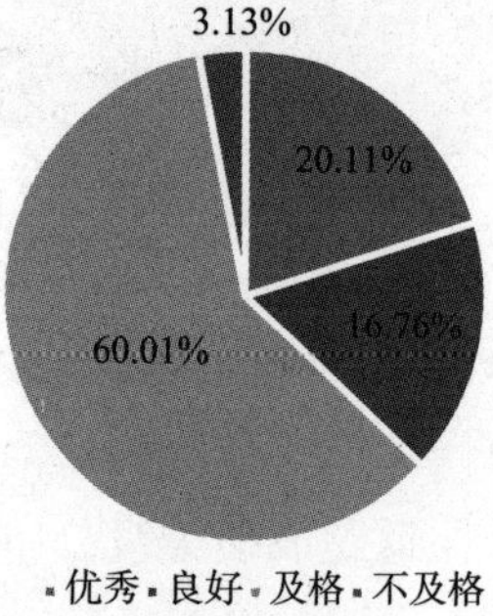

图4-97　全区小学段学生50米×8往返跑成绩等级分布

2. 50 米 ×8 往返跑成绩人数分布

（1）全区学生 50 米 ×8 往返跑成绩人数分布（见图 4-98）。

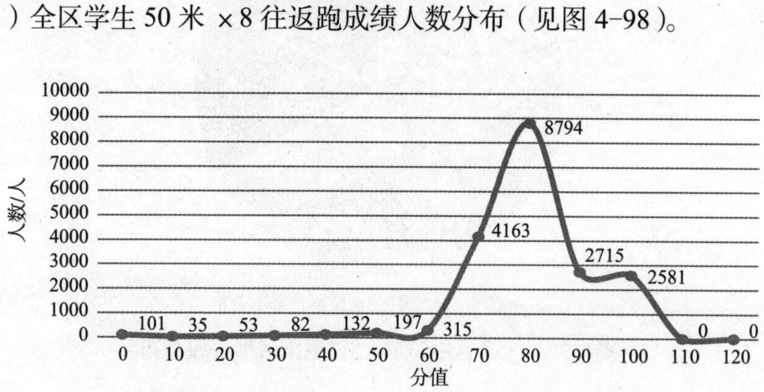

图4-98　全区学生50米×8往返跑成绩人数分布

（2）小学段学生 50 米 ×8 往返跑成绩人数分布（见图 4-99）。

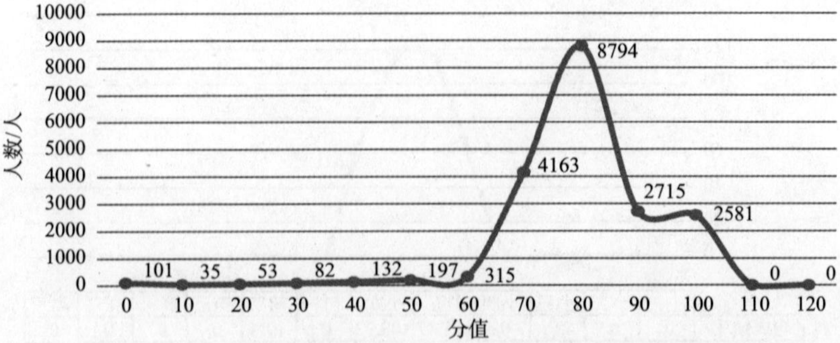

图4-99　小学段学生50米×8往返跑成绩人数分布

3. 2019—2020 年学生 50 米 ×8 往返跑成绩平均分趋势（见图 4-100）

	2019年	2020年
全区	79.68	77.08
小学	79.68	77.08
初中	0	0
高中	0	0

图4-100　2019—2020年学生50米×8往返跑成绩平均分趋势

4. 各个年级学生 50 米 ×8 往返跑成绩优秀率趋势（见图 4-101）

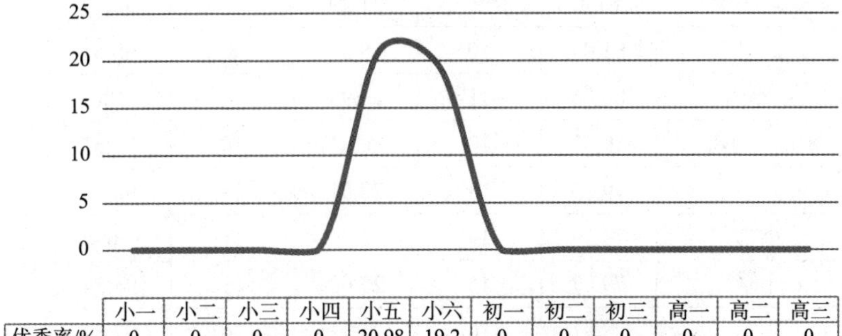

	小一	小二	小三	小四	小五	小六	初一	初二	初三	高一	高二	高三
优秀率/%	0	0	0	0	20.98	19.2	0	0	0	0	0	0

图4-101　各个年级学生50米×8往返跑成绩优秀率趋势

5. 各个年级学生 50 米 ×8 往返跑平均成绩趋势（见图 4-102）

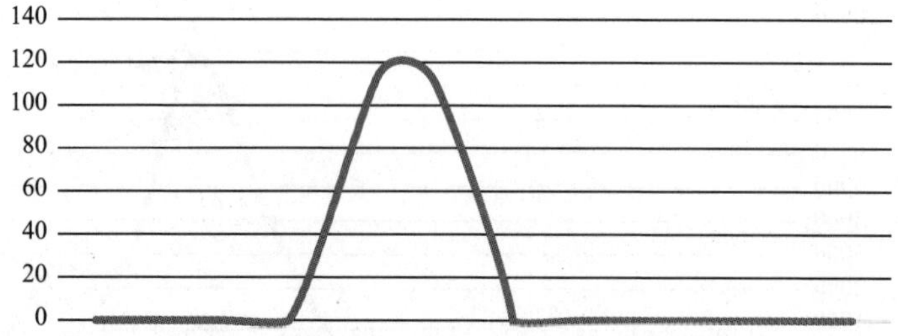

	小一	小二	小三	小四	小五	小六	初一	初二	初三	高一	高二	高三
平均成绩/秒	0	0	0	0	113.47	109.92	0	0	0	0	0	0

图4-102　各个年级学生50米×8往返跑平均成绩趋势

6. 50 米 ×8 往返跑成绩排名分析（见表 4-21）

表4-21　50米×8往返跑成绩排名分析

学校	平均分		优秀率		及格率	
	分值	名次	比例 /%	名次	比例 /%	名次
××××× 小学	84.74	1	40.45	1	100	1
×××× 小学	83.66	2	38.72	2	99.25	9
×× 小学	82.7	3	26.81	9	100	1
×× 小学	81.4	4	33.7	4	97.83	27
×× 小学	81.33	5	29.6	7	98.4	19
×××××× 小学	81.25	6	25.43	12	99.42	7
××××××× 小学	81.24	7	35.77	3	98.98	11
×××× 小学	81.22	8	30.89	6	98.07	24
×××× 小学	81.1	9	31.59	5	98.32	20
×××× 小学	81.09	10	28.39	8	98.61	18
××× 小学	80.06	11	23.93	14	100	1
××××× 小学	79.57	12	26.01	10	97.61	29
×××× 小学	79.33	13	20.51	24	98.72	14
×× 小学	79.29	14	25.76	11	96.4	35
×× 小学	79.07	15	25.02	13	98.24	21
×× 小学	78.91	16	23.33	16	97.54	30
×××××× 小学	78.88	17	21.11	22	100	1

续表

学校	平均分		优秀率		及格率	
	分值	名次	比例 /%	名次	比例 /%	名次
××××××× 小学	78.87	18	23.52	15	98.21	22
×××× 小学	78.72	19	21.31	19	98.63	17
×××× 小学	78.47	20	21.21	20	95.45	38
×××× 小学	78.25	21	21.93	17	96.79	33
××× 小学	78.15	22	21.15	21	97.76	28
××××× 小学	78.04	23	17.63	30	99.79	6
×××× 小学	78	24	17.05	32	98.86	12
×× 小学	77.67	25	21.03	23	96.36	36
×× 小学	77.57	26	18.14	28	98.81	13
×× 小学	77.37	27	17.99	29	99.28	8
×××××× 小学	77	28	21.33	18	98.67	15
××××××× 小学	76.95	29	16.05	35	97.53	31
×××× 小学	76.94	30	19.95	25	97.07	32
×××× 小学	76.91	31	14.65	36	98.04	25
×××× 小学	76.79	32	16.1	34	99.15	10
××× 小学	76.35	33	16.44	33	95.97	37
××××× 小学	75.89	34	7.14	45	100	1
×××× 小学	75.85	35	18.68	26	96.49	34
×× 小学	75.32	36	18.26	27	94.2	40
×× 小学	75.1	37	17.32	31	94.13	41
×× 小学	74.88	38	14.61	37	97.94	26
×××××× 小学	73.83	39	10.41	40	98.19	23
××××××× 小学	73.56	40	7.46	44	98.64	16
×××× 小学	72.69	41	10.23	41	94.77	39
×××× 小学	72.62	42	6.82	46	93.75	42
×××× 小学	71.87	43	9.7	42	93.1	43
××× 小学	71.46	44	12.15	38	92.31	44
×× 小学	70.08	45	10.47	39	89.99	46
××××× 小学	69.3	46	7.9	43	91.32	45

7. 50 米 ×8 往返跑成绩统计（见表 4-22）

表4-22　50米×8往返跑成绩统计

年级	学生人数 / 人	50 米 ×8 往返跑成绩 / 秒		50 米 ×8 往返跑成绩等级分布 / %			
		平均值	标准差	优秀	良好	及格	不及格
小一	0	—	—	—	—	—	—
小二	0	—	—	—	—	—	—
小三	0	—	—	—	—	—	—
小四	0	—	—	—	—	—	—
小五	9765	113.47	16.42	20.98	17.89	58.5	2.62
小六	9403	109.92	16.87	19.2	15.58	61.57	3.66
初一	0	—	—	—	—	—	—
初二	0	—	—	—	—	—	—
初三	0	—	—	—	—	—	—
高一	0	—	—	—	—	—	—
高二	0	—	—	—	—	—	—
高三	0	—	—	—	—	—	—
合计	19168	111.72	16.74	20.11	16.76	60.01	3.13

（十）学生 800 米跑（耐力素质高度相关）分析

××区学生 800 米跑（耐力素质高度相关）平均分为 78.74 分，优秀率为 30.38%，及格率为 94.46%。其他数据指标见以下图表。

1. 800 米跑成绩等级分布

（1）全区学生 800 米跑成绩等级分布（见图 4-103）。

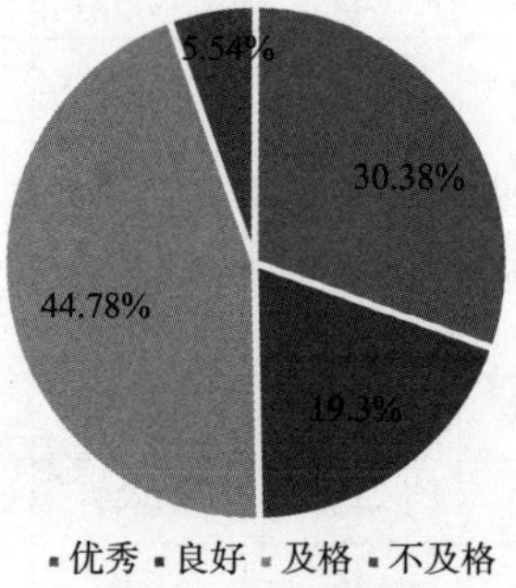

图4-103　全区学生800米跑成绩等级分布

（2）全区女生 800 米跑成绩等级分布（见图 4-104）。

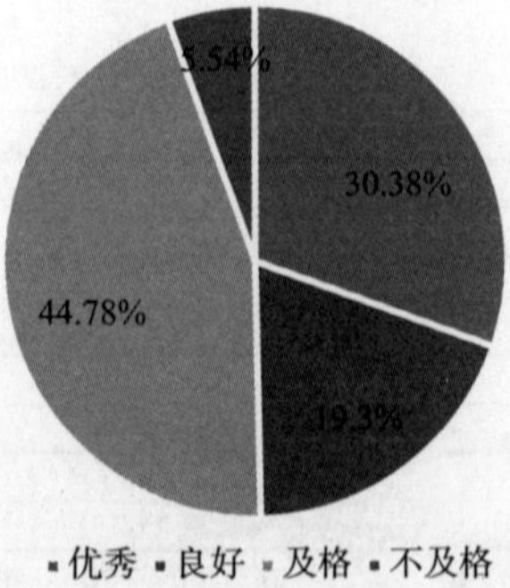

图4-104　全区女生800米跑成绩等级分布

（3）全区初中段学生 800 米跑成绩等级分布（见图 4-105）。

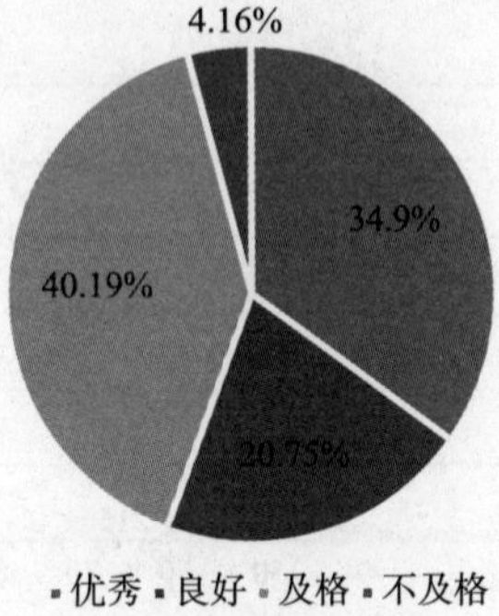

图4-105　全区初中段学生800米跑成绩等级分布

（4）全区高中段学生 800 米跑成绩等级分布（见图 4-106）。

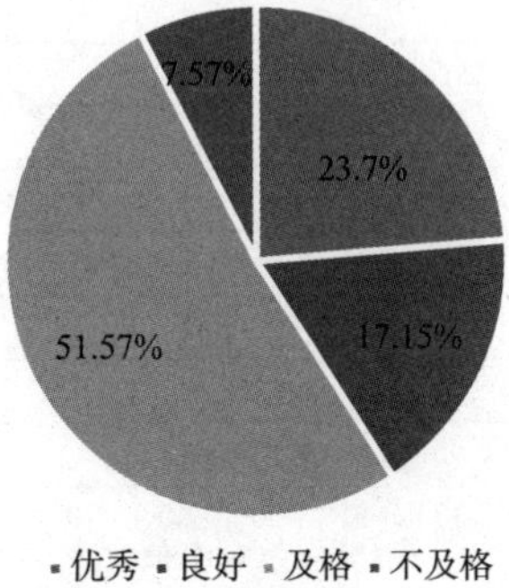

图4-106　全区高中段学生800米跑成绩等级分布

2. 800 米跑成绩人数分布

（1）全区学生 800 米跑成绩人数分布（见图 4-107）。

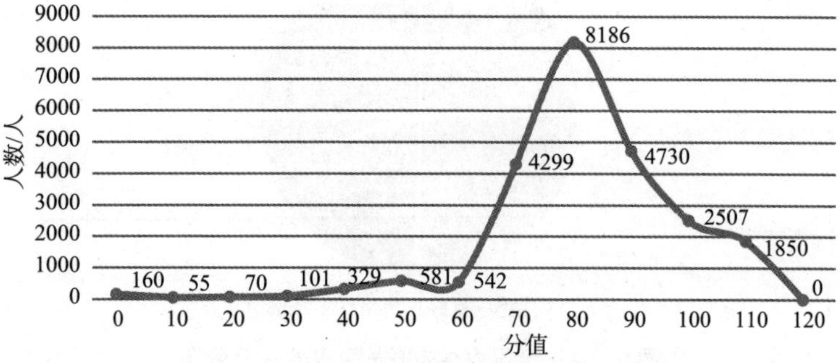

图4-107　全区学生800米跑成绩人数分布

（2）初中段学生 800 米跑成绩人数分布（见图 4-108）。

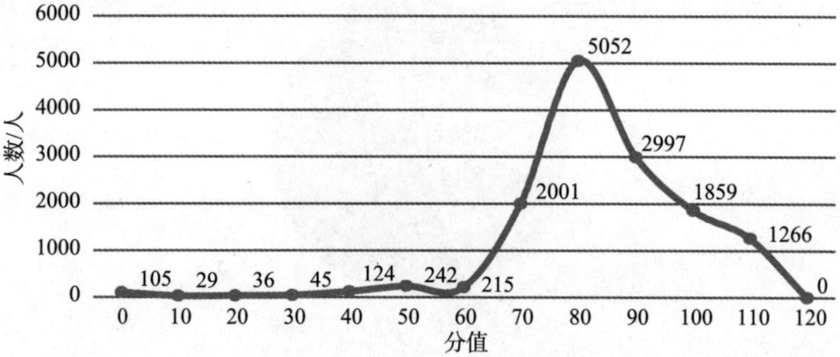

图4-108　初中段学生800米跑成绩人数分布

（3）高中段学生 800 米跑成绩人数分布（见图 4-109）。

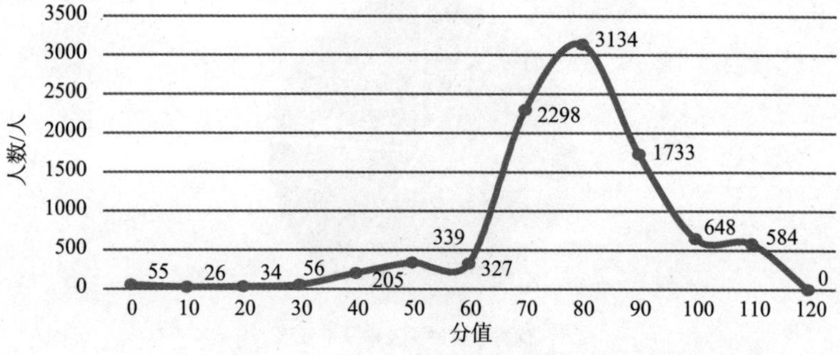

图4-109　高中段学生800米跑成绩人数分布

3. 2019—2020 年学生 800 米跑成绩平均分趋势（见图 4-110）

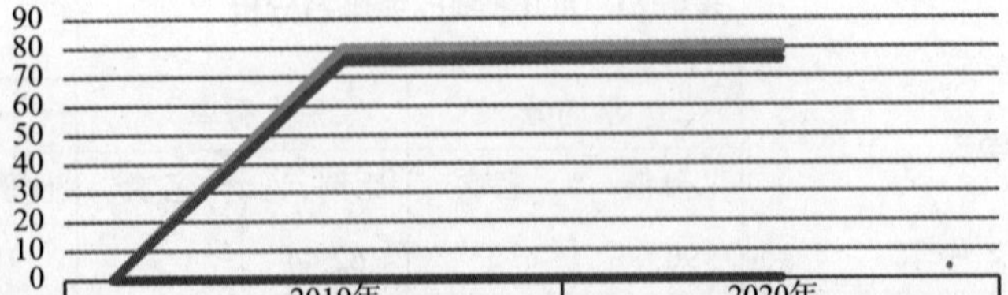

	2019年	2020年
全区	78.19	78.74
小学	0	0
初中	80.01	80.76
高中	75.3	75.75

全区　小学　初中　高中

图4-110　2019—2020年学生800米跑成绩平均分趋势

4. 各个年级学生 800 米跑成绩优秀率趋势（见图 4-111）

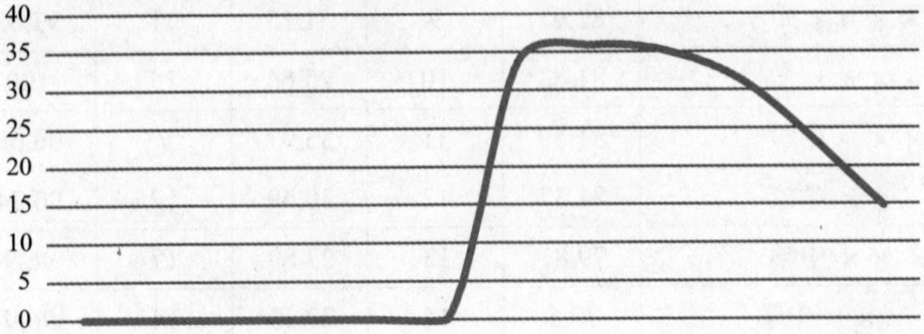

	小一	小二	小三	小四	小五	小六	初一	初二	初三	高一	高二	高三
优秀率/%	0	0	0	0	0	0	33.74	35.87	35.13	31.48	23.78	14.77

图4-111　各个年级学生800米跑成绩优秀率趋势

5. 各个年级学生 800 米跑平均成绩趋势（见图 4-112）

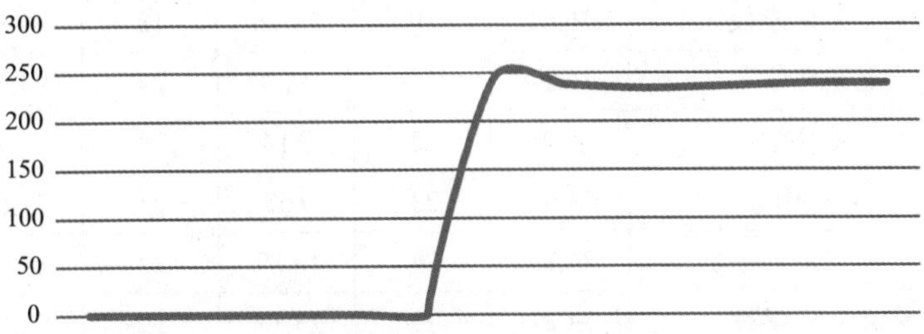

	小一	小二	小三	小四	小五	小六	初一	初二	初三	高一	高二	高三
平均成绩/秒	0	0	0	0	0	0	244.4	237.97	234.09	236.41	238.76	238.93

图4-112　各个年级学生800米跑平均成绩趋势

6. 800 米跑成绩排名分析（见表 4-23）

表4-23 800米跑成绩排名分析

学校	平均分		优秀率		及格率	
	分值	名次	比例 /%	名次	比例 /%	名次
×× 中学	90.96	1	62.44	3	100	1
×× 中学	90.39	2	63.57	2	97.86	8
×× 中学	87.17	3	74.51	1	97.65	9
×× 中学	85.35	4	45.33	5	97.55	11
××× 中学	84.81	5	46.4	4	96.4	18
×××××× 中学	84.34	6	37.24	6	97.93	7
×××××× 中学	83.69	7	32.73	9	98.18	6
×××× 中学	83.08	8	33.19	8	98.84	5
×××× 中学	82.07	9	31.13	11	97.08	13
×××× 学校	81.83	10	25.64	15	100	1
×× 中学	81.59	11	35.97	7	96.68	17
×× 学校	81.37	12	30.49	12	96.74	16
×× 中学	79.81	13	23.89	17	96.9	14
××× 中学	79.5	14	27.33	14	96.9	14
×× 中学	79.08	15	29.49	13	96.04	19
××× 中学	78.84	16	25.62	16	99.14	3
×××××× 中学	78.22	17	32.54	10	95.32	20
×××× 中学	77.6	18	20.66	20	95.06	21
×××× 中学	77.25	19	19.11	21	97.27	12
×××× 学校	76.61	20	23.26	18	91.84	23
×× 中学	76.14	21	15.9	24	93.64	22
×× 中学	75.91	22	7.14	26	98.98	4
××× 中学	74.98	23	9.52	25	97.62	10
×××××× 中学	74.75	24	18.89	22	89.86	25
×××× 学校	74.21	25	23.17	19	91.16	24
×× 中学	72.28	26	16.54	23	82.94	26
×× 学校	64.88	27	2.81	27	81.43	27

7. 800 米跑成绩统计（见表 4-24）

表4-24　800米跑成绩统计

年级	学生人数 / 人	800 米跑成绩 / 秒		800 米跑成绩等级分布 / %			
		平均值	标准差	优秀	良好	及格	不及格
小一	0	—	—	—	—	—	—
小二	0	—	—	—	—	—	—
小三	0	—	—	—	—	—	—
小四	0	—	—	—	—	—	—
小五	0	—	—	—	—	—	—
小六	0	—	—	—	—	—	—
初一	4914	244.40	31.31	33.74	24.05	37.51	4.7
初二	4895	237.97	27.73	35.87	18.04	42.35	3.74
初三	4162	234.09	28.44	35.13	20.04	40.82	4.01
高一	3199	236.41	31.7	31.48	17.85	42.61	8.07
高二	3423	238.76	27.62	23.78	15.4	53.93	6.89
高三	2817	238.93	26.56	14.77	18.49	58.89	7.85
合计	23410	238.65	29.25	30.38	19.3	44.78	5.54

（十一）学生 1000 米跑（耐力素质高度相关）分析

× × 区学生 1000 米跑（耐力素质高度相关）平均分为 76.31 分，优秀率为 26.77%，及格率为 88.06%。其他数据指标见以下图表。

1. 1000 米跑成绩等级分布

（1）全区学生 1000 米跑成绩等级分布（见图 4-113）。

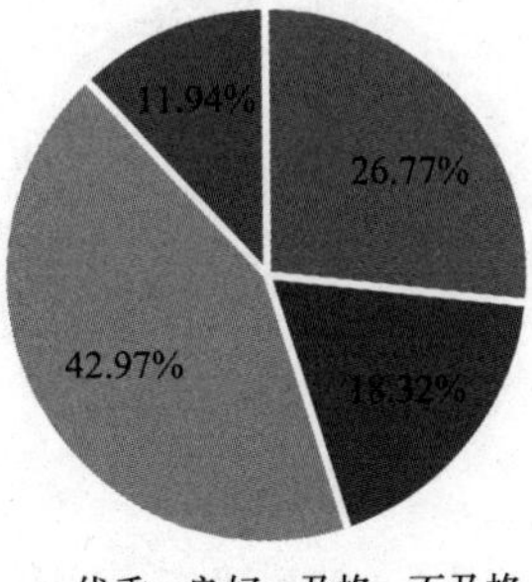

图4-113　全区学生1000米跑成绩等级分布

（2）全区男生 1000 米跑成绩等级分布（见图 4-114）。

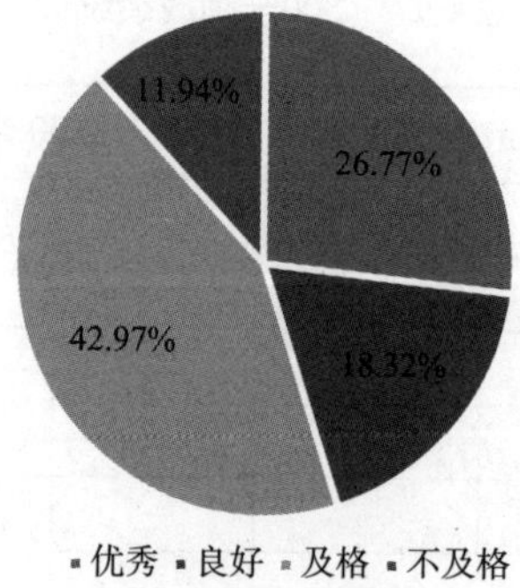

图4-114　全区男生1000米跑成绩等级分布

（3）全区初中段学生 1000 米跑成绩等级分布（见图 4-115）。

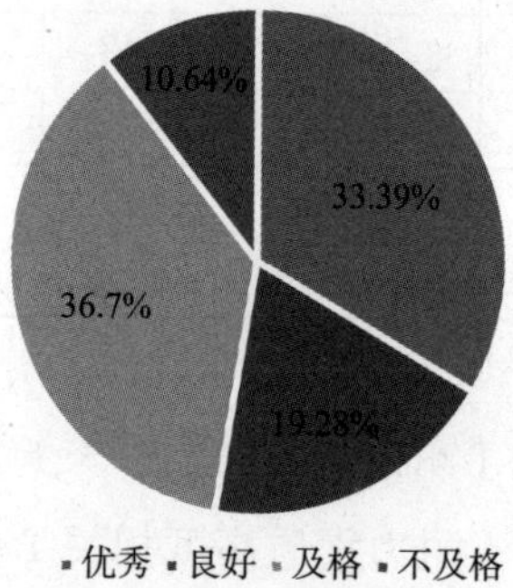

图4-115　全区初中段学生1000米跑成绩等级分布

（4）全区高中段学生 1000 米跑成绩等级分布（见图 4-116）。

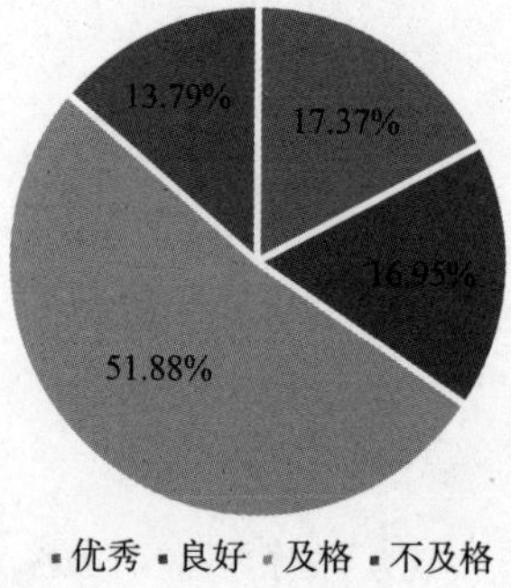

图4-116　全区高中段学生1000米跑成绩等级分布

2. 1000 米跑成绩人数分布

（1）全区学生 1000 米跑成绩人数分布（见图 4-117）。

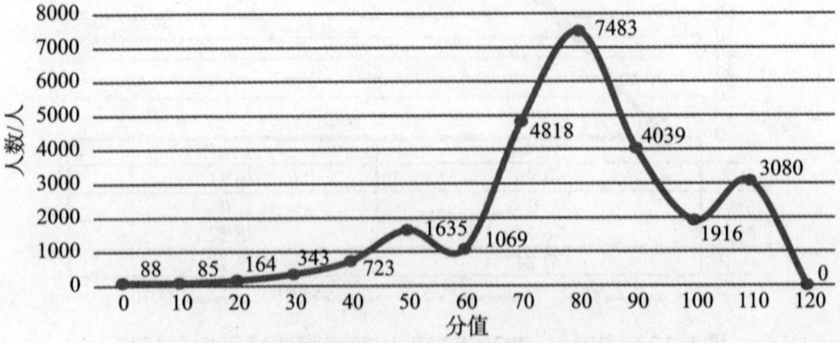

图4-117　全区学生1000米跑成绩人数分布

（2）初中段学生 1000 米跑成绩人数分布（见图 4-118）。

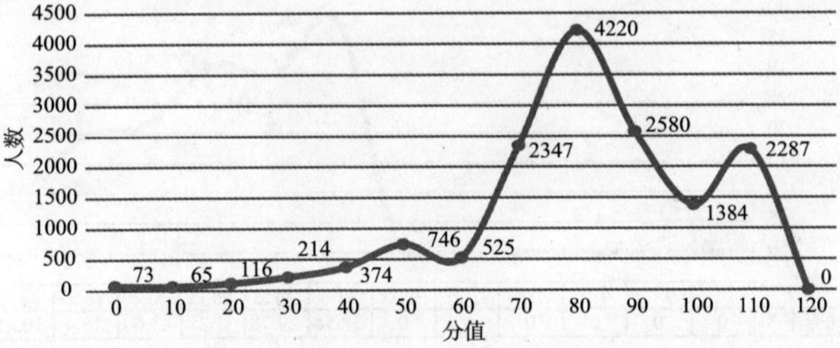

图4-118　初中段学生1000米跑成绩人数分布

（3）高中段学生 1000 米跑成绩人数分布（见图 4-119）。

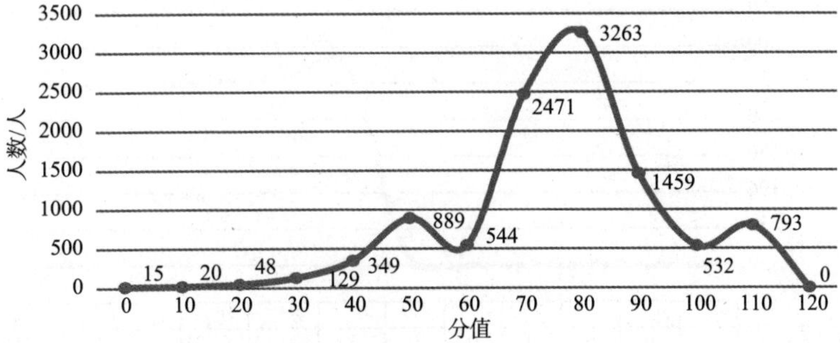

图4-119　高中段学生1000米跑成绩人数分布

3. 2019—2020 年学生 1000 米跑成绩平均分趋势（见图 4-120）

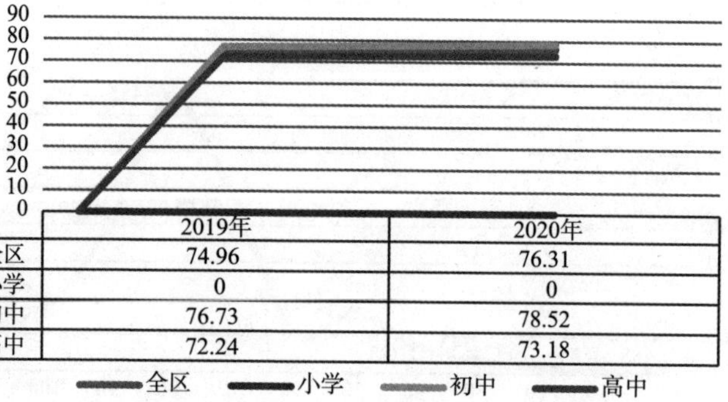

	2019年	2020年
全区	74.96	76.31
小学	0	0
初中	76.73	78.52
高中	72.24	73.18

图4-120　2019—2020年学生1000米跑成绩平均分趋势

4. 各个年级学生 1000 米跑成绩优秀率趋势（见图 4-121）

	小一	小二	小三	小四	小五	小六	初一	初二	初三	高一	高二	高三
优秀率/%	0	0	0	0	0	0	38.54	29.78	31.38	21.69	19.4	10.21

图4-121　各个年级学生1000米跑成绩优秀率趋势

5. 各个年级学生 1000 米跑平均成绩趋势（见图 4-122）

	小一	小二	小三	小四	小五	小六	初一	初二	初三	高一	高二	高三
平均成绩/秒	0	0	0	0	0	0	273.61	259.12	251.28	246.26	246.63	244.8

图4-122　各个年级学生1000米跑平均成绩趋势

6. 1000 米跑成绩排名分析（见表 4-25）

表4-25　1000米跑成绩排名分析

学校	平均分		优秀率		及格率	
	分值	名次	比例 /%	名次	比例 /%	名次
×× 中学	93.23	1	75.08	1	98.2	4
××× 中学	89.45	2	58.79	2	96.7	7
×× 中学	87.09	3	45.39	5	100	1
××× 中学	86.48	4	46.42	4	100	1
×××××× 中学	85.98	5	49.23	3	96.92	6
×××× 中学	84.05	6	29.06	13	98.65	3
×××× 中学	82.23	7	41.56	6	91.77	15
×××× 学校	81.89	8	37.38	7	94.07	11
×× 中学	80.66	9	36.91	8	93.13	12
×× 中学	80.09	10	29.66	12	92.7	14
××× 中学	79.59	11	33.83	9	90.16	17
×× 中学	78.69	12	20	19	98.18	5
××× 中学	77.55	13	18.22	20	95.95	8
×××××× 中学	77.54	14	31.59	10	88.22	18
×××× 中学	77.51	15	31.15	11	90.68	16
×××× 中学	76.98	16	24.14	17	93.08	13
×××× 学校	76.7	17	27.97	14	95.4	9
×× 中学	75.99	18	22.48	18	95.35	10
×× 中学	73.89	19	25.15	16	79.64	23
××× 中学	73.75	20	10.73	25	88.05	19
×× 中学	71.3	21	26.93	15	79.96	22
××× 中学	70.64	22	12.54	24	84.26	20
×××××× 中学	70.08	23	14	21	83.23	21
×××× 中学	69.05	24	13.16	23	78.07	24
×××× 中学	68.19	25	13.23	22	74.52	25
×××× 学校	63.76	26	10.11	26	70.8	27
×× 中学	63.56	27	2.07	27	74.12	26

7. 1000 米跑成绩统计（见表 4-26）

表4-26　1000米跑成绩统计

年级	学生人数 / 人	1000 米跑成绩 / 秒		1000 米跑成绩等级分析 / %			
		平均值	标准差	优秀	良好	及格	不及格
小一	0	—	—	—	—	—	—
小二	0	—	—	—	—	—	—
小三	0	—	—	—	—	—	—
小四	0	—	—	—	—	—	—
小五	0	—	—	—	—	—	—
小六	0	—	—	—	—	—	—
初一	5340	273.61	41.56	38.54	14.63	35.6	11.24
初二	5117	259.12	38.48	29.78	22.92	38.42	8.87
初三	4474	251.28	40.6	31.38	20.65	36.03	11.94
高一	3615	246.26	35.85	21.69	20.66	47.28	10.37
高二	3676	246.63	32.59	19.4	9.17	56.8	14.64
高三	3221	244.80	31.59	10.21	21.67	51.44	16.67
合计	25443	255.34	39.05	26.77	18.32	42.97	11.94

（十二）学生 1 分钟跳绳（灵敏素质高度相关）分析

××区学生 1 分钟跳绳（灵敏素质高度相关）平均分为 87.23 分，优秀率为 44.76%，及格率为 99.07%。其他数据指标见以下图表。

1. 1 分钟跳绳成绩等级分布

（1）全区学生 1 分钟跳绳成绩等级分布（见图 1-123）。

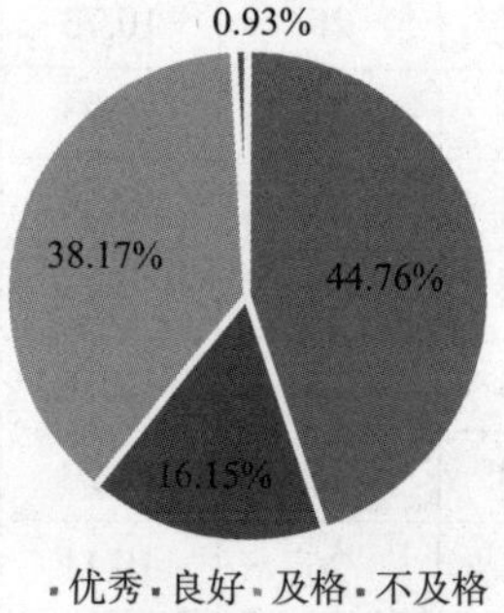

图1-123　全区学生1分钟跳绳成绩等级分布

（2）全区男生 1 分钟跳绳成绩等级分布（见图 4-124）。

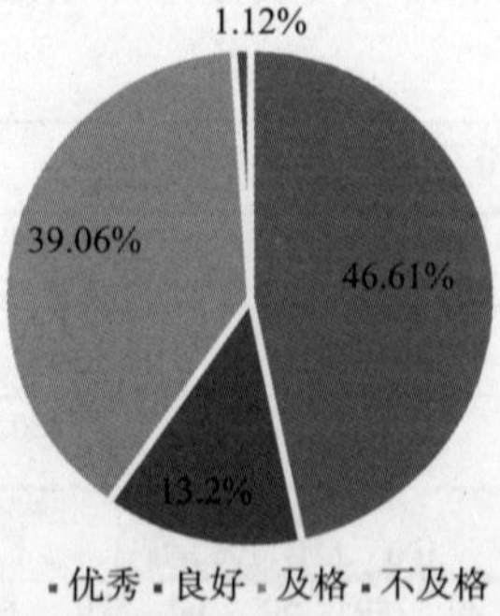

图4-124　全区男生1分钟跳绳成绩等级分布

（3）全区女生 1 分钟跳绳成绩等级分布（见图 4-125）。

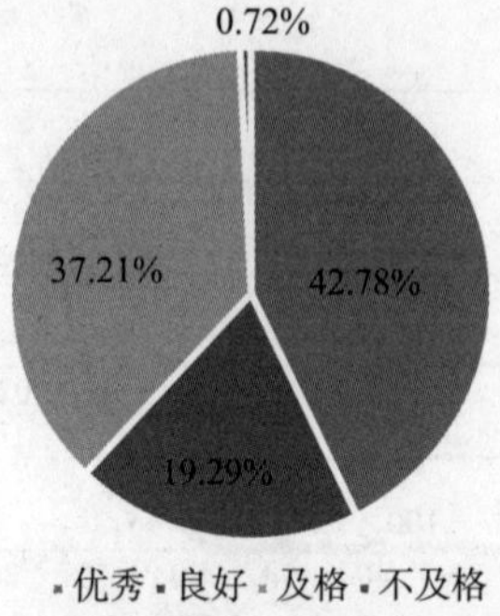

图4-125　全区女生1分钟跳绳成绩等级分布

（4）全区小学段学生 1 分钟跳绳成绩等级分布（见图 4-126）。

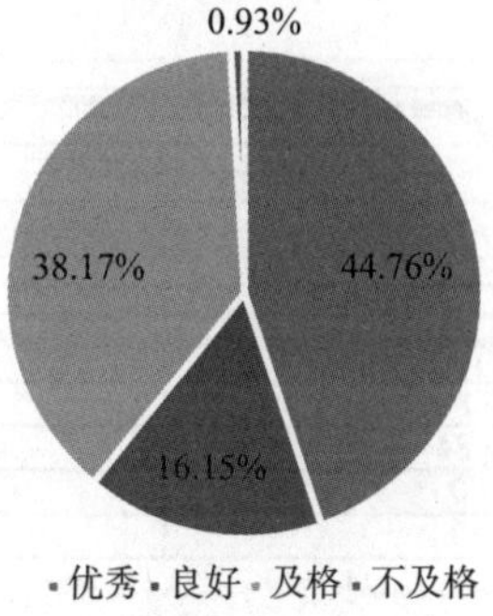

图4-126　全区小学段学生1分钟跳绳成绩等级分布

2. 1 分钟跳绳成绩人数分布

（1）全区学生 1 分钟跳绳成绩人数分布（见图 4-127）。

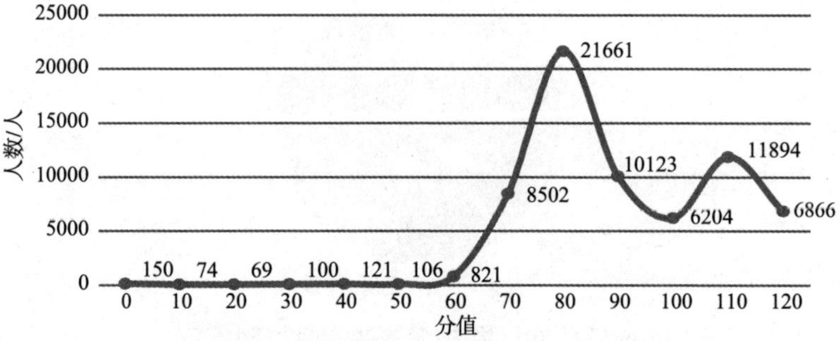

图4-127　全区学生1分钟跳绳成绩人数分布

（2）小学段学生 1 分钟跳绳成绩人数分布（见图 4-128）。

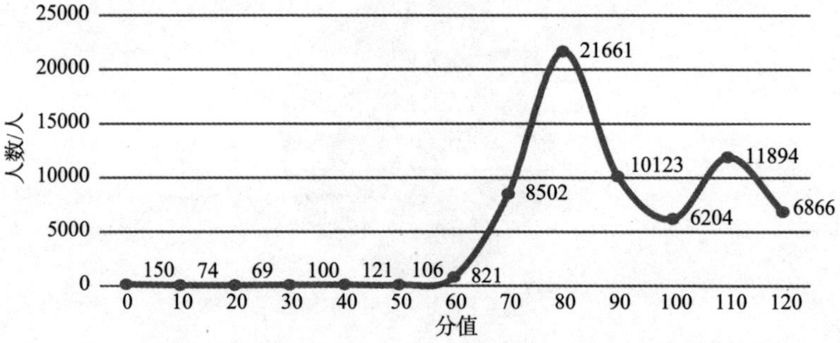

图4-128　小学段学生1分钟跳绳成绩人数分布

3. 2019—2020 年学生 1 分钟跳绳成绩平均分趋势（见图 4-129）。

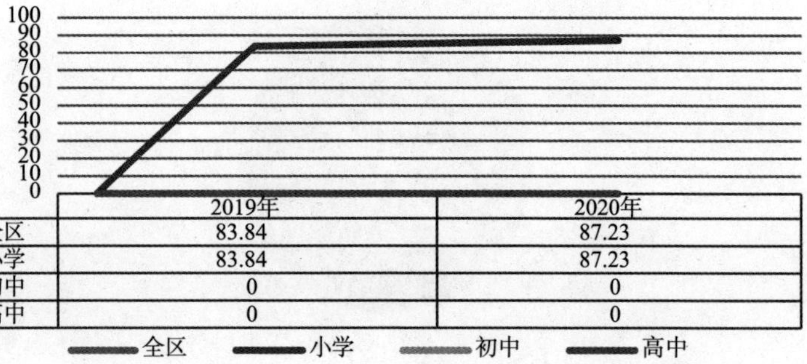

	2019年	2020年
全区	83.84	87.23
小学	83.84	87.23
初中	0	0
高中	0	0

全区　小学　初中　高中

图4-129　2019—2020年学生1分钟跳绳成绩平均分趋势

4. 各个年级学生 1 分钟跳绳成绩优秀率趋势（见图 4–130）

	小一	小二	小三	小四	小五	小六	初一	初二	初三	高一	高二	高三
优秀率/%	31.61	48.1	54.18	49.71	44.97	39.51	0	0	0	0	0	0

图4–130　各个年级学生1分钟跳绳成绩优秀率趋势

5. 各个年级学生 1 分钟跳绳成绩平均成绩趋势（见图 4–131）

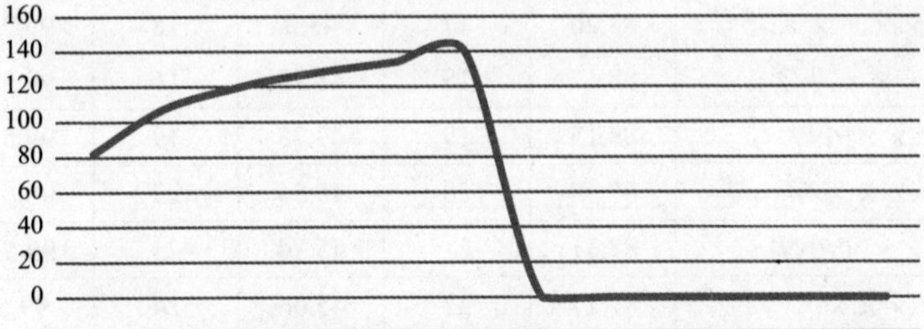

	小一	小二	小三	小四	小五	小六	初一	初二	初三	高一	高二	高三
平均成绩/次	81.98	106.79	120.44	127.62	133.9	139.55	0	0	0	0	0	0

图4–131　各个年级学生1分钟跳绳成绩平均成绩趋势

6. 1 分钟跳绳成绩排名分析（见表 4–27）

表4–27　1分钟跳绳成绩排名分析

学校	平均分		优秀率		及格率	
	分值	名次	比例 /%	名次	比例 /%	名次
××× 小学	102.08	1	77.89	1	99.87	7
×× 小学	98.67	2	73.91	2	100	1
×××× 学校	98.05	3	71.73	3	99.82	8
×××××× 小学	95.99	4	64.85	5	99.56	17
×××× 小学	95.79	5	66.74	4	99.68	14
×××× 小学	94.05	6	60.1	6	99.37	25

续表

学校	平均分		优秀率		及格率	
	分值	名次	比例 /%	名次	比例 /%	名次
×× 小学	93.48	7	59.81	7	98.9	33
×××××× 小学	92.19	8	56.45	9	99.52	20
×× 小学	91.25	9	57.75	8	99.53	19
×× 小学	90.79	10	52.57	11	99.7	12
××××× 小学	90.45	11	51.22	12	100	1
×× 小学	90.01	12	54.49	10	98.45	37
××××××× 小学	89.86	13	50.26	13	99.18	30
×× 小学	89.56	14	49.91	15	99.82	8
×××× 小学	89.06	15	48.36	17	99.7	12
××× 小学	88.58	16	47.49	20	99.21	29
××××××× 小学	88.26	17	48.3	18	99.24	28
××× 小学	88.17	18	48.73	16	99.52	20
×× 小学	88.15	19	47.78	19	99.51	22
×× 小学	87.38	20	45.54	22	98.61	36
××× 小学	87.31	21	45.14	23	99.51	22
×××× 小学	87.27	22	45.06	24	99.5	24
×××× 小学	87.26	23	49.94	14	100	1
×××× 学校	87.05	24	45.93	21	98.68	35
×× 小学	87	25	43.64	27	99.32	26
××× 小学	86.98	26	43.72	26	99.8	10
×× 学校	86.09	27	43.83	25	99.55	18
××× 小学	85.98	28	41.5	29	99.6	16
×××× 小学	85.93	29	41.18	30	98.16	39
××× 小学	85.77	30	42.17	28	98.74	34
×××× 学校	85.53	31	40.92	31	98.95	32
×× 小学	84.53	32	35.67	35	99.26	27
××× 小学	84.44	33	35.69	34	100	1
×× 学校	84.01	34	39.43	32	97.51	44
××× 小学	83.64	35	33.71	38	99.76	11
×××× 小学	82.53	36	32.73	39	97.9	42
××× 小学	82.48	37	29.57	40	99.62	15

续表

学校	平均分		优秀率		及格率	
	分值	名次	比例 /%	名次	比例 /%	名次
××× 小学	82.4	38	34.06	37	100	1
×× 学校	82.05	39	35.35	36	96.69	46
××× 小学	81.23	40	37.69	33	96.56	47
×××× 小学	80.28	41	23.99	42	99.13	31
××× 小学	79.76	42	26.36	41	97.67	43
××× 小学	79.02	43	21.6	45	98	40
×× 学校	78.15	44	21.31	46	100	1
××× 小学	78.1	45	23.8	43	96.86	45
×××× 小学	76.81	46	22.61	44	95.98	48
××× 小学	76.03	47	16.09	47	97.97	41
××××××× 小学	74.73	48	11.46	48	98.44	38

7. 1 分钟跳绳成绩统计（见表 4-28）

表4-28　1分钟跳绳成绩统计

年级	学生人数	一分钟跳绳成绩 / 次		一分钟跳绳成绩等级分布 / %			
		平均值	标准差	优秀	良好	及格	不及格
小一	12235	81.98	34.04	31.61	15.08	52.06	1.25
小二	12680	106.79	33.27	48.1	16	35.37	0.53
小三	12043	120.44	31.85	54.18	14.63	30.58	0.61
小四	10565	127.62	32.56	49.71	16.55	32.47	1.27
小五	9765	133.90	32.31	44.97	16.98	36.89	1.17
小六	9403	139.55	31.47	39.51	18.35	41.31	0.84
初一	0	—	—	—	—	—	—
初二	0	—	—	—	—	—	—
初三	0	—	—	—	—	—	—
高一	0	—	—	—	—	—	—
高二	0	—	—	—	—	—	—
高三	0	—	—	—	—	—	—
合计	66691	116.59	38.01	44.76	16.15	38.17	0.93

（十三）学生立定跳远（力量素质高度相关）分析

××区学生立定跳远（力量素质高度相关）平均分为80.41分，其中优秀率为35.52%，及格率为95.7%。其他数据指标见以下图表。

1. 立定跳远成绩等级分布

（1）全区学生立定跳远成绩等级分布（见图4-132）。

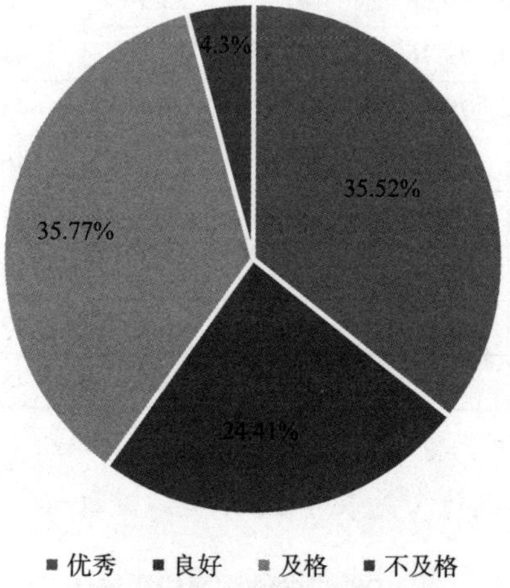

图4-132 全区学生立定跳远成绩等级分布

（2）全区男生立定跳远成绩等级分布（见图4-133）。

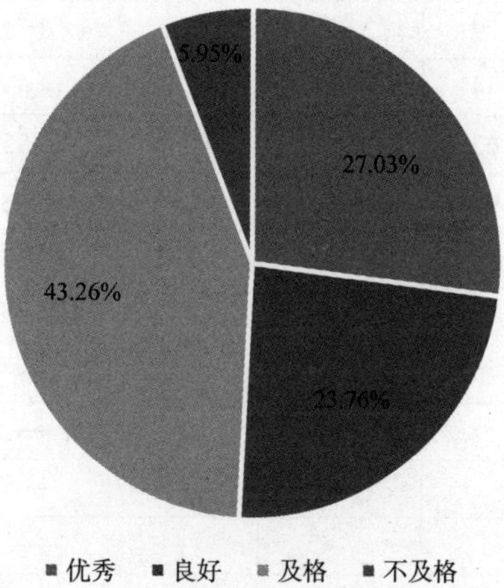

图4-133 全区男生立定跳远成绩等级分布

（3）全区女生立定跳远成绩等级分布（见图 4-134）。

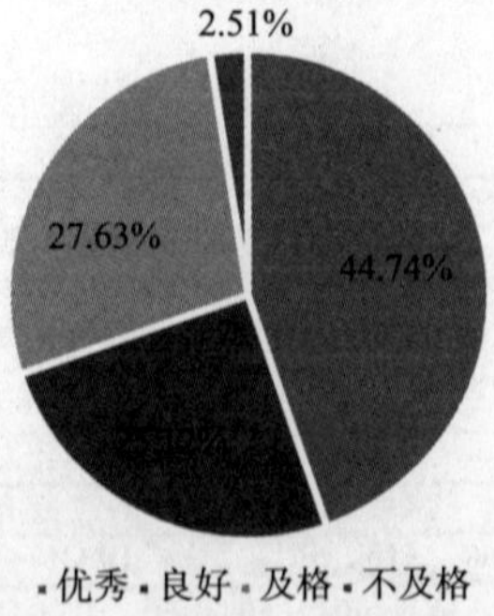

图4-134　全区女生立定跳远成绩等级分布

（4）全区初中段学生立定跳远成绩等级分布（见图 4-135）。

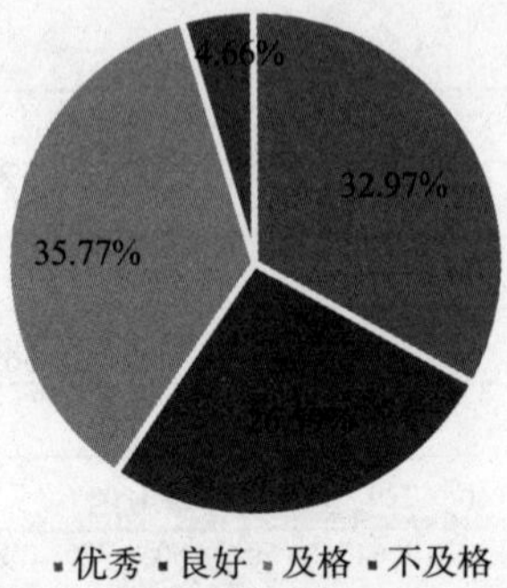

图4-135　全区初中段学生立定跳远成绩等级分布

（5）全区高中段学生立定跳远成绩等级分布（见图 4-136）。

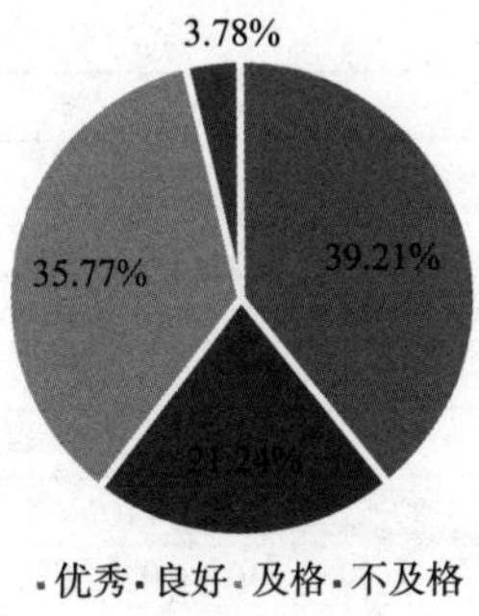

图4-136　全区高中段学生立定跳远成绩等级分布

2. 立定跳远成绩人数分布

（1）全区学生立定跳远成绩人数分布（见图 4-137）。

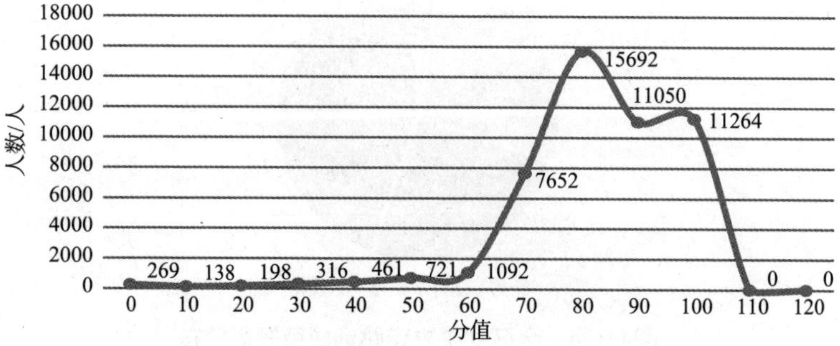

图4-137　全区学生立定跳远成绩人数分布

（2）初中段学生立定跳远成绩人数分布（见图 4-138）。

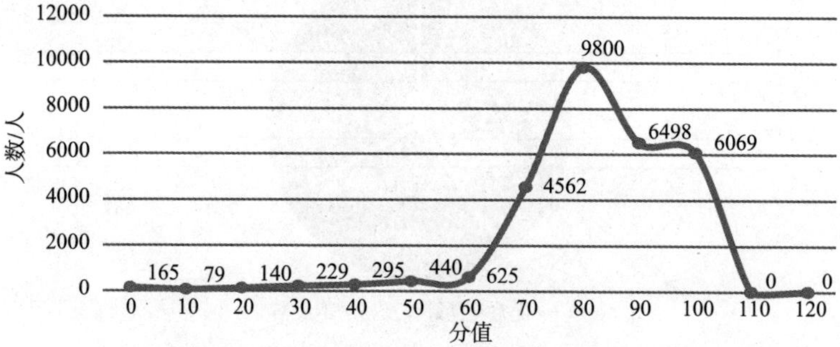

图4-138　初中段学生立定跳远成绩人数分布

（3）高中段学生立定跳远成绩人数分布（见图 4-139）。

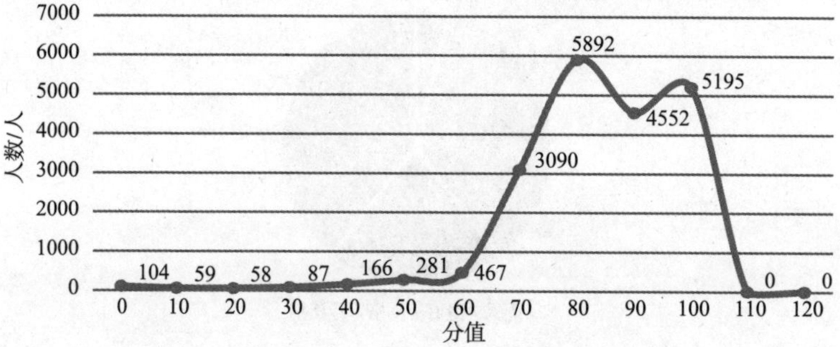

图4-139　高中段学生立定跳远成绩人数分布

3. 2019—2020 年学生立定跳远成绩平均分趋势（见图 4-140）

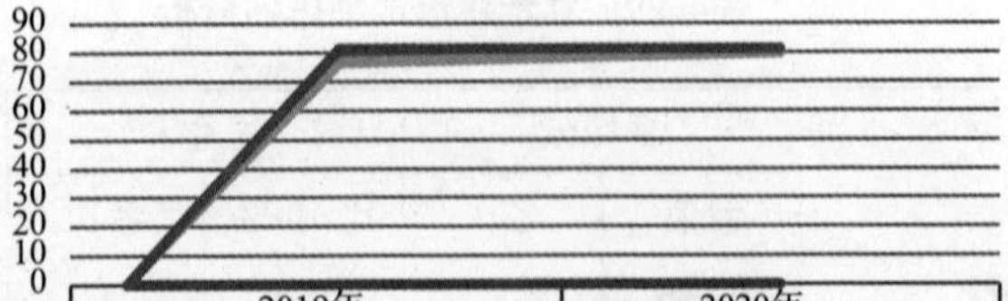

	2019年	2020年
全区	78.44	80.41
小学	0	0
初中	76.59	79.83
高中	81.32	81.25

全区　小学　初中　高中

图4-140　2019—2020年学生立定跳远成绩平均分趋势

4. 各个年级学生立定跳远成绩优秀率趋势（见图 4-141）

	小一	小二	小三	小四	小五	小六	初一	初二	初三	高一	高二	高三
优秀率/%	0	0	0	0	0	0	32.22	30.26	37.01	41.34	37.95	38.27

图4-141　各个年级学生立定跳远成绩优秀率趋势

5. 各个年级学生立定跳远平均成绩趋势（见图 4-142）

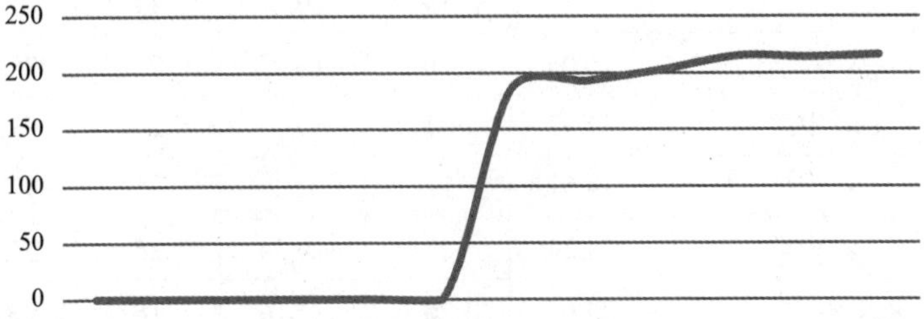

	小一	小二	小三	小四	小五	小六	初一	初二	初三	高一	高二	高三
平均成绩/厘米	0	0	0	0	0	0	185.44	193.1	203.39	215.2	214.2	216.28

图4-142　各个年级学生立定跳远平均成绩趋势

6. 立定跳远成绩排名分析（见表 4-29）

表4-29　立定跳远成绩排名分析

学校	平均分		优秀率		及格率	
	分值	名次	比例 /%	名次	比例 /%	名次
×× 中学	89.85	1	75.5	1	99.75	4
×× 中学	88.54	2	58.38	2	99.89	3
××× 中学	84.41	3	51.78	3	96.17	16
×××××× 中学	84.25	4	43.65	5	98.2	6
×××××× 中学	83.93	5	41.95	6	100	1
×××× 中学	83.87	6	39.44	7	97.25	12
×××× 中学	83.85	7	47.76	4	96.64	15
×××× 学校	82.11	8	37.21	8	97.17	13
×× 中学	81.27	9	28.39	13	97.63	8
×× 学校	81.15	10	31.41	10	98.38	5
×× 中学	80.56	11	31.11	11	98	7
××× 中学	80.55	12	35.9	9	97.44	9
×× 中学	79.37	13	25.67	15	96.9	14
×× 中学	78.64	14	23.9	16	97.44	9
××× 中学	76.7	15	27.24	14	94.31	19
×××××× 中学	76.09	16	10.31	26	100	1
×××××× 中学	75.75	17	29.64	12	88.33	27
×××× 中学	75.51	18	23.33	17	90	23
×××× 中学	75.11	19	20.24	19	92.24	22
×××× 学校	75.08	20	14.62	22	95.28	17
×× 中学	74.93	21	15.43	20	93.62	20
×× 学校	74.51	22	15.2	21	97.33	11
×× 中学	74.24	23	10.34	25	95.24	18
××× 中学	73.67	24	21.16	18	90	23
××× 中学	72.87	25	12.14	23	89.75	25
××××× 中学	71.28	26	8.99	27	92.44	21
××× 中学	70.89	27	11.18	24	89.44	26

7. 立定跳远成绩统计（见表 4–30）

表4–30　立定跳远成绩统计

年级	学生人数 / 人	立定跳远成绩 / 厘米		立定跳远成绩等级分布 / %			
		平均值	标准差	优秀	良好	及格	不及格
小一	0	—	—	—	—	—	—
小二	0	—	—	—	—	—	—
小三	0	—	—	—	—	—	—
小四	0	—	—	—	—	—	—
小五	0	—	—	—	—	—	—
小六	0	—	—	—	—	—	—
初一	10254	185.44	23.19	32.22	26.95	36.96	3.87
初二	10012	193.10	25.56	30.26	28.42	36.52	4.8
初三	8636	203.39	27.2	37.01	24.06	33.49	5.44
高一	6814	215.20	31.81	41.34	22.37	32.65	3.64
高二	7099	214.20	32.97	37.95	23.16	36.44	2.45
高三	6038	216.28	33.48	38.27	17.72	38.49	5.52
合计	48853	202.33	30.99	35.52	24.41	35.77	4.3

四、建议

（一）进行精准、有效干预

建议对不及格和持续不及格学生进行重点指导，关注 1358 名不及格学生，特别是 192 名持续不及格学生。关注身高增长未达到同年级平均身高增长值 25% 的 11499 名学生、新增超重及肥胖的 6334 名学生，建议家校联合干预，强化对这部分学生的健康监测和营养膳食指导。关注达标率最低的两项分指标——引体向上和 1000 米跑，建议持续优化体育课程，强化针对以上两项指标的运动干预。

（二）引入增值性评价

引入增值性评价，持续提升 ×× 区各学校体质健康整体水平。针对目前及格率达到较高的水平现状，建议把关注焦点转移到平均分提升、优秀率提升和特殊学生干预成效提升。

（三）解决突出问题

从两个层面入手：一是改善学生体质健康存在的超重及肥胖问题，二是督促各学校解决好自身存在的突出问题。

（四）优化数据库

建立完整、连续、真实的学生体质健康测试数据库，优化数据收集、分析和应用模型及学生健康管理体系，建立家校信息共享、干预互动平台。

（五）正确对待可信指数

为了更好地掌握数据规律，本次报告引入了可信指数分析。因基础大数据本身还有一个自我净化过程，连续数据还不完善，所以可信指数暂时仅作为参考，随着纵向数据和算法的完善，可信指数的价值将逐步体现出来。

第二节　学校学生体质健康数据分析案例

一、×× 中学（高中）2020 年度学生体质健康分析报告

《标准》是国家学校体育工作的指导性文件和学生体质健康重要标准。为了进一步加强 ×× 区各学校对学生体质健康测试数据的科学应用，现对 ×× 中学 2020 年度学生体测数据进行分析。

（一）对象与方法

1. 研究对象

本报告对 ×× 中学上报学生体质健康测试数据进行加工整理，剔除无效数据，对 2131 名学生的体质健康测试有效数据进行分析，其中男生 1134 名、女生 997 名。

2. 研究方法

本报告主要采用数理统计法，在统计学的基础上，运用统计应用软件对学生体质健康测试成绩进行分析和可视化处理。

（二）结果与分析

1. 学生体质健康总成绩

××中学学生体质健康总成绩平均分为82.22分（区域内学校平均分为80.8分），学生优秀率为24.87%（区域内学校优秀率为21.58%），及格率为97.04%（区域内学校及格率为97.69%）。其他数据指标见以下图表。

（1）××中学及区域内学生体质健康总成绩等级分布（见图4-143）。

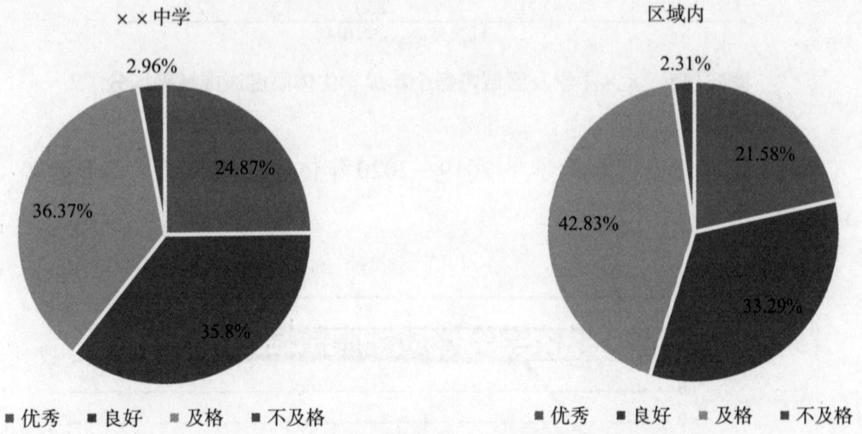

图4-143 ××中学及区域内学生体质健康总成绩等级分布

（2）××中学及区域内学生各项指标平均评分及总分（见图4-144）。

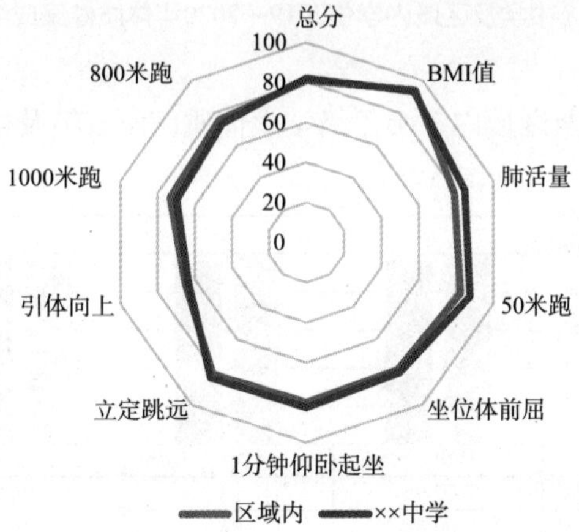

图4-144 ××中学及区域内学生各项指标平均评分及总分

（3）× × 中学及区域内各个年级学生体质健康成绩平均分（见图 4-145）。

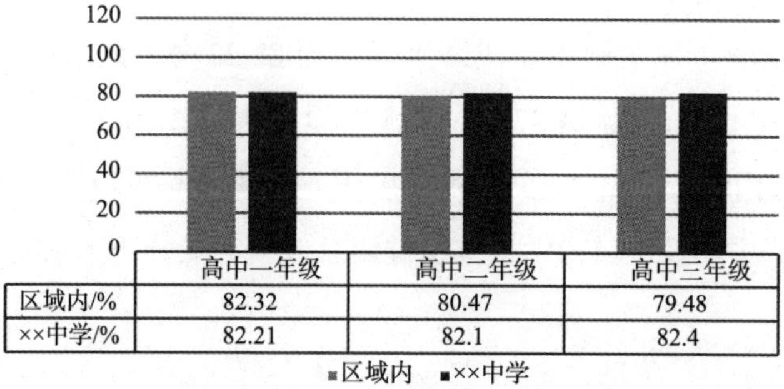

	高中一年级	高中二年级	高中三年级
区域内/%	82.32	80.47	79.48
××中学/%	82.21	82.1	82.4

图4-145　× × 中学及区域内各个年级学生体质健康成绩平均分

（4）× × 中学及区域内学生 2019—2020 年体质健康成绩平均分趋势（见图 4-146）。

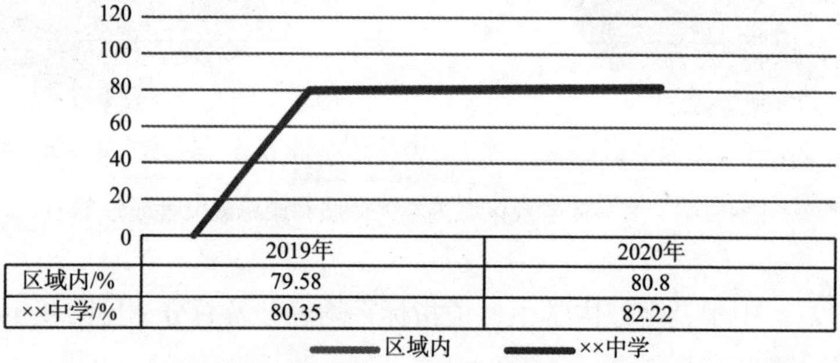

	2019年	2020年
区域内/%	79.58	80.8
××中学/%	80.35	82.22

图4-146　× × 中学及区域内学生2019—2020年体质健康成绩平均分趋势

（5）× × 中学及区域内各个年级学生体质健康成绩及格率（见图 4-147）。

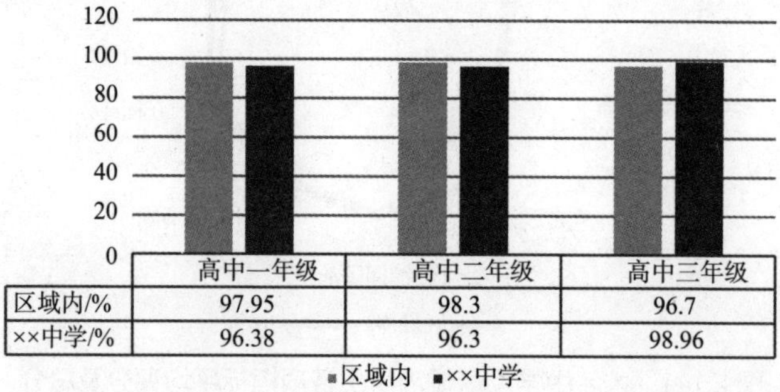

	高中一年级	高中二年级	高中三年级
区域内/%	97.95	98.3	96.7
××中学/%	96.38	96.3	98.96

图4-147　× × 中学及区域内各个年级学生体质健康成绩及格率

（6）× × 中学及区域内学生 2019—2020 年学生体质健康成绩及格率趋势（见图 4-148）。

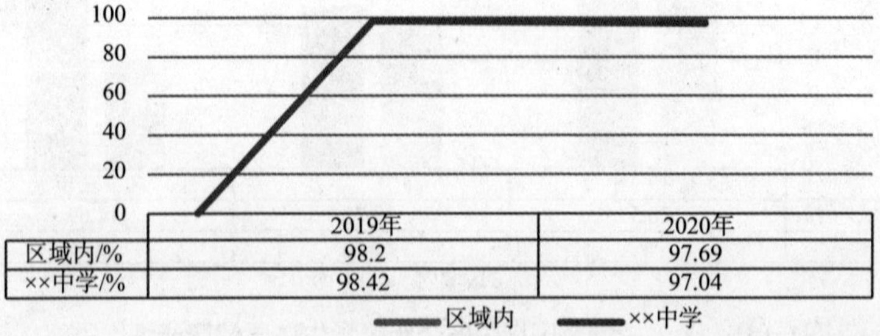

	2019年	2020年
区域内/%	98.2	97.69
××中学/%	98.42	97.04

图4-148　× × 中学及区域内学生2019—2020年体质健康成绩及格率趋势

（7）× × 中学及区域内各年级学生持续体质健康成绩不及格人数占比（见图 4-149）。

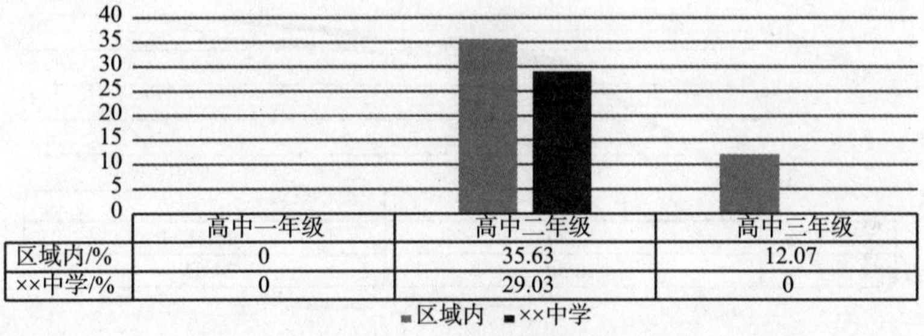

	高中一年级	高中二年级	高中三年级
区域内/%	0	35.63	12.07
××中学/%	0	29.03	0

图4-149　× × 中学及区域内各年级学生持续体质健康成绩不及格人数占比

（8）× × 中学及区域内各年级学生新增体质健康成绩不及格人数占比（见图 4-150）。

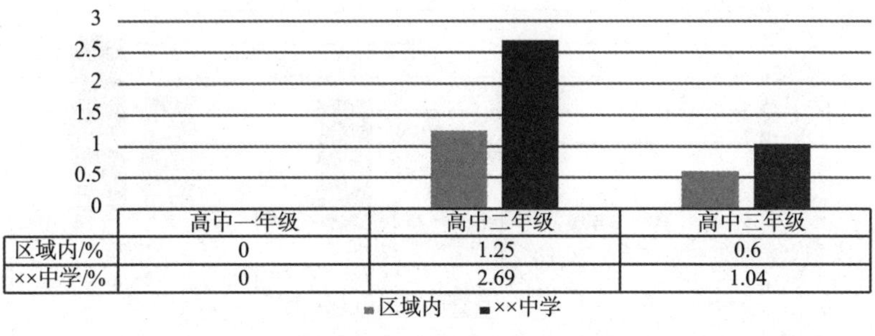

	高中一年级	高中二年级	高中三年级
区域内/%	0	1.25	0.6
××中学/%	0	2.69	1.04

图4-150　× × 中学及区域内各年级学生新增体质健康成绩不及格人数占比

（9）× × 中学及区域内各个年级学生体质健康成绩优秀率（见图 4-151）。

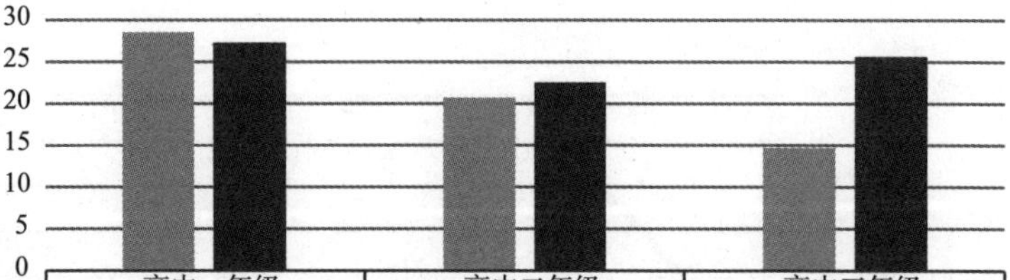

	高中一年级	高中二年级	高中三年级
区域内/%	28.57	20.72	14.69
××中学/%	27.3	22.56	25.65

图4-151　× × 中学及区域内各个年级学生体质健康成绩优秀率

（10）× × 中学及区域内学生 2019—2020 年体质健康成绩优秀率趋势（见图 4-152）。

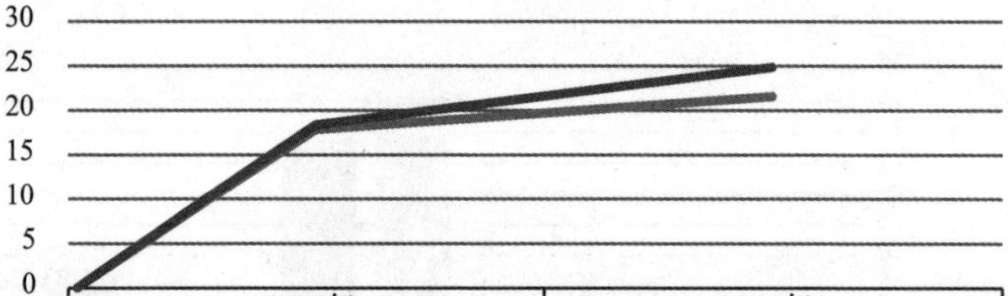

	2019年	2020年
区域内/%	17.87	21.58
××中学/%	18.38	24.87

图4-152　× × 中学及区域内学生2019—2020年体质健康成绩优秀率趋势

（11）× × 中学及区域内各年级学生新增体质健康成绩优秀人数占比（见图 4-153）。

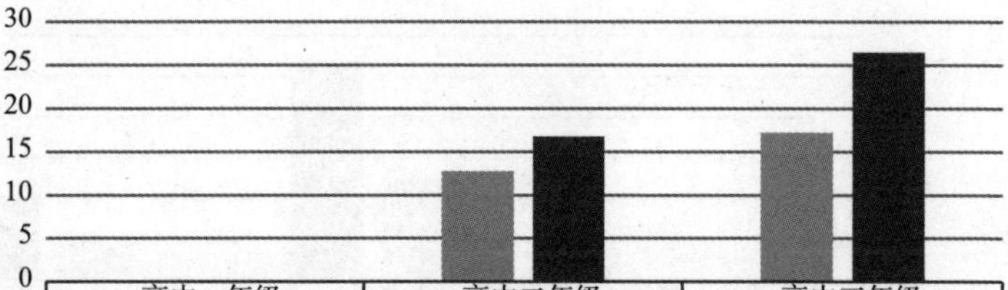

	高中一年级	高中二年级	高中三年级
区域内/%	0	12.78	17.22
××中学/%	0	16.78	26.46

图4-153　× × 中学及区域内各年级学生新增体质健康成绩优秀人数占比

（12）体质健康总成绩统计（见表 4–31）。

表4–31　体质健康总成绩统计

年级	性别	学生人数 / 人	标准总分		附加总分		附加总分等级分布 / %			
			平均值	标准差	平均值	标准差	优秀	良好	及格	不及格
高一	男	349	80.46	9.39	80.63	9.53	23.5	27.51	46.42	2.58
高一	女	314	83.92	9.08	83.97	9.14	31.53	44.59	19.11	4.78
高二	男	478	79.29	11.94	79.44	12.1	13.18	36.19	44.98	5.65
高二	女	413	84.79	9.5	85.18	9.94	33.41	38.74	26.39	1.45
高三	男	307	78.86	9.16	79.67	9.93	17.26	28.34	52.77	1.63
高三	女	270	85.45	7.63	85.51	7.69	35.19	39.63	24.81	0.37
合计	男	1134	79.54	10.5	79.87	10.8	17.46	31.39	47.53	3.62
合计	女	997	84.7	8.91	84.89	9.15	33.3	40.82	23.67	2.21
合计	—	2131	81.95	10.12	82.22	10.37	24.87	35.8	36.37	2.96

（13）体质健康成绩持续不及格及新增不及格、优秀学生数据统计（见表 4–32）。

表4–32　体质健康成绩持续不及格及新增不及格、优秀学生数据统计

年级	性别	持续不及格人数 / 人	占原不及格人数比 /%	新增不及格人数 / 人	占总人数比例 / %	新增优秀人数 / 人	占原非优秀人数比 / %
高二	男	8	38.1	19	3.97	36	8.76
高二	女	1	10	5	1.21	88	26.83
高三	男	0	0	5	1.63	47	20.43
高三	女	0	0	1	0.37	57	34.97
合计	男	8	34.78	24	3.06	83	12.95
合计	女	1	10	6	0.88	145	29.53
合计	—	9	27.27	30	2.04	228	20.14

2. 学生身高体重 BMI 值（身体形态重要指标）分析

× × 中学学生身体质量 BMI 值平均分为 92.89 分 (区域内学校平均分为 93.81 分)，身体形态正常率为 73.63%(区域内学校正常率为 76.27%)，肥胖率

为 9.2%(区域内学校肥胖率为 7.2%)。其他数据指标见以下图表。

（1）××中学及区域内学生 BMI 成绩等级分布（见图 4-154）。

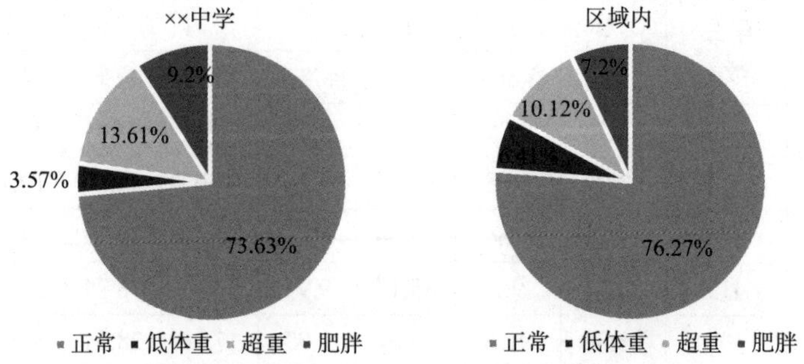

图4-154　××中学及区域内学生BMI成绩等级分布

（2）××中学及区域内各年级学生身高趋势（见图 4-155）。

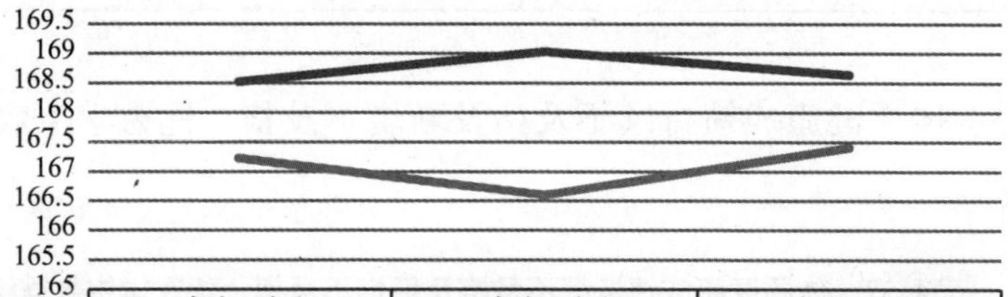

	高中一年级	高中二年级	高中三年级
区域内/厘米	167.23	166.6	167.41
××中学/厘米	168.52	169.03	168.64

图4-155　××中学及区域内各年级学生身高趋势

（3）××中学及区域内各年级学生超重及肥胖率趋势（见图 4-156）。

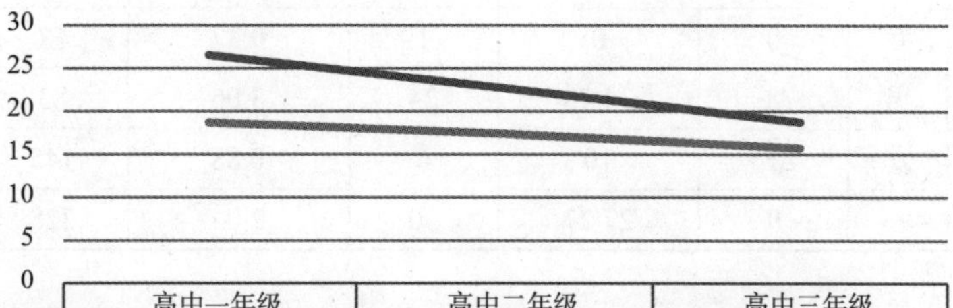

	高中一年级	高中二年级	高中三年级
区域内/%	18.67	17.37	15.75
××中学/%	26.55	22.67	18.72

图4-156　××中学及区域内各年级学生超重及肥胖率趋势

（4）学生身高体重数据统计（见表 4-33）。

表4-33 学生身高体重数据统计

年级	性别	学生人数 / 人	身高 / 厘米		体重 / 千克		BMI 值等级分布 / %			
			平均值	标准差	平均值	标准差	优秀	良好	及格	不及格
高一	男	349	174.16	6.15	67.17	13.29	67.05	1.15	17.19	14.61
高一	女	314	162.25	5.13	55.48	9.57	76.75	2.55	12.42	8.28
高二	男	478	174.69	6.81	67.65	12.33	66.11	3.35	19.25	11.3
高二	女	413	162.48	5.16	54.14	8.37	80.39	6.05	7.99	5.57
高三	男	307	174.52	5.71	66.45	12.34	72.64	4.23	13.68	9.45
高三	女	270	161.95	5.09	54.66	7.88	82.59	3.7	8.89	4.81
合计	男	1134	174.48	6.33	67.18	12.65	68.17	2.91	17.11	11.82
合计	女	997	162.26	5.14	54.7	8.66	79.84	4.31	9.63	6.22
合计	—	2131	168.77	8.42	61.34	12.61	73.63	3.57	13.61	9.2

3. 学生肺活量（生理机能重要指标）成绩分析

××中学学生肺活量平均分为 84.55 分（区域内学校平均分为 78.93 分），优秀率为 51.24%（区域内学校优秀率为 33.74%），及格率为 95.5%（区域内学校及格率为 94.02%）。其他数据指标见以下图表。

（1）××中学及区域内学生肺活量成绩等级分布（见图 4-157）。

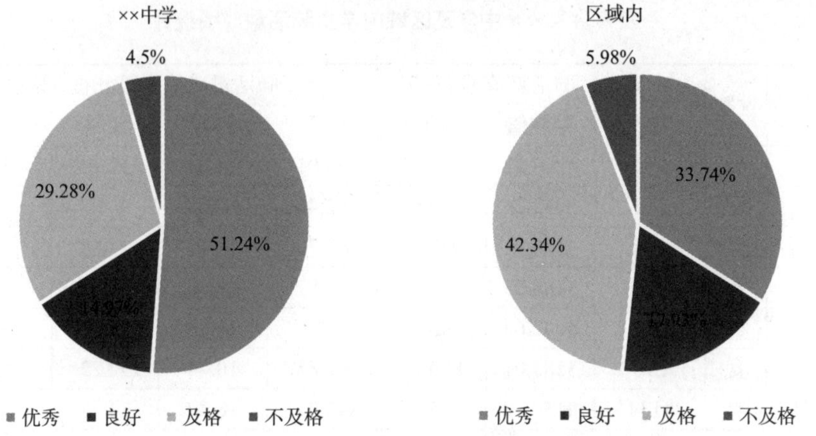

图4-157 ××中学及区域内学生肺活量成绩等级分布

（2）×× 中学及区域内各个年级学生肺活量平均分（见图 4-158）。

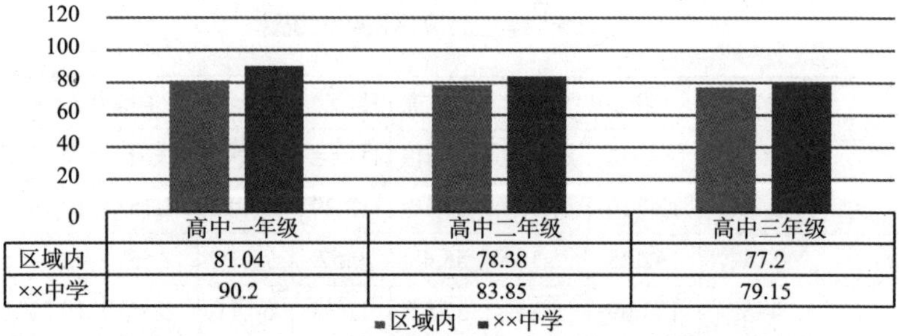

图4-158　××中学及区域内各个年级学生肺活量平均分

（3）×× 中学及区域内各个年级学生肺活量平均成绩（见图 4-159）。

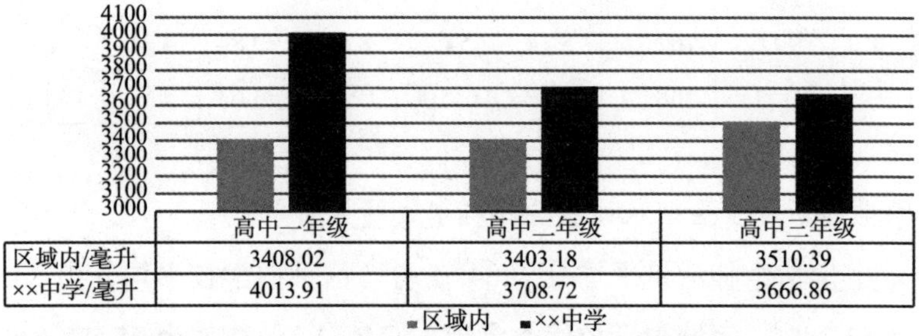

图4-159　××中学及区域内各个年级学生肺活量平均成绩

（4）×× 中学及区域内学生肺活量成绩统计（见表 4-34）。

表4-34　××中学及区域内学生肺活量成绩统计

年级	性别	学生人数 / 人	肺活量成绩 / 毫升		肺活量成绩等级分布 / %			
			平均值	标准差	优秀	良好	及格	不及格
高一	男	349	4267.32	912.95	53.01	24.64	17.19	5.16
高一	女	314	3732.25	790.69	82.48	8.6	8.92	0
高二	男	478	4159.91	977.31	40.79	17.15	33.68	8.37
高二	女	413	3186.53	674.62	57.87	11.86	28.57	1.69
高三	男	307	4002.68	746.19	24.1	14.98	55.37	5.54
高三	女	270	3285.01	899.04	51.85	10.74	32.22	5.19
合计	男	1134	4150.40	905.54	40.04	18.87	34.48	6.61
合计	女	997	3385.07	813.21	63.99	10.53	23.37	2.11
合计	—	2131	3792.34	944.24	51.24	14.97	29.28	4.5

4. 学生 50 米跑（速度素质高度相关）分析

× × 中学学生 50 米跑（速度素质高度相关）平均分为 87.32 分（区域内学校平均分为 82.16 分），优秀率为 52.56%（区域内学校优秀率为 32.88%），及格率为 97.98%（区域内学校及格率为 98.58%）。其他数据指标见以下图表。

（1）× × 中学及区域内学生 50 米跑成绩等级分布（见图 4-160）。

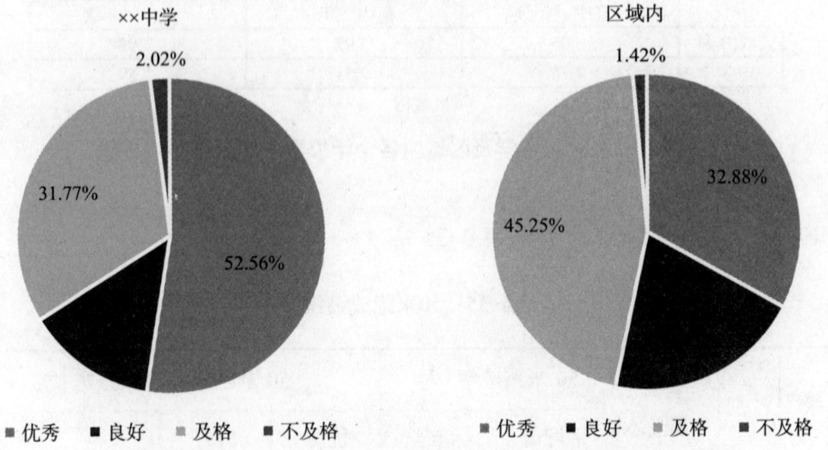

图4-160 × ×中学及区域内学生50米跑成绩等级分布

（2）× × 中学及区域内各个年级学生 50 米跑成绩平均分（见图 4-161）。

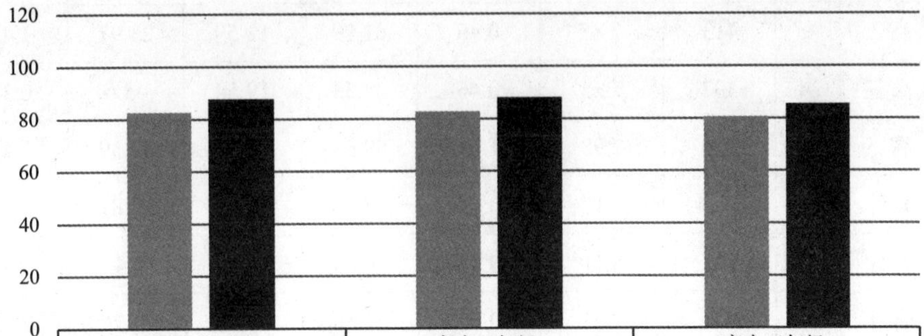

	高中一年级	高中二年级	高中三年级
区域内	82.76	82.85	80.68
××中学	87.75	88.12	85.58

■区域内 ■××中学

图4-161 × ×中学及区域内各个年级学生50米跑成绩平均分

（3）×× 中学及区域内各个年级学生 50 米跑平均成绩（见图 4-162）。

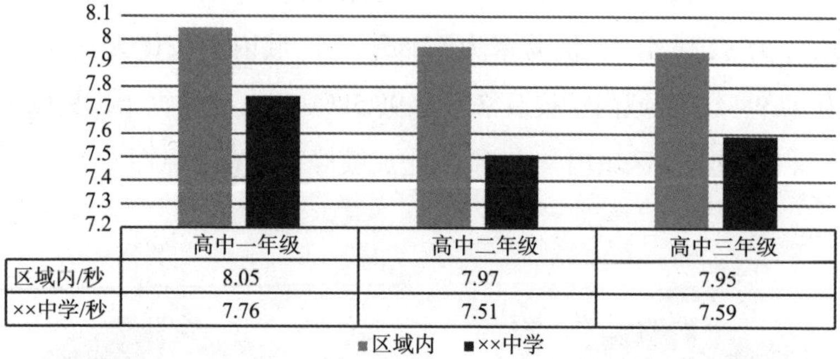

见图4-162　××中学及区域内各个年级学生50米跑平均成绩

（4）50 米跑成绩统计（见表 4-35）。

表4-35　50米跑成绩统计

年级	性别	学生人数 / 人	50 米跑成绩 / 秒		50 米跑成绩等级分布 / %			
			平均值	标准差	优秀	良好	及格	不及格
高一	男	349	7.04	0.59	77.65	10.89	10.89	0.57
高一	女	314	8.56	0.6	15.29	35.03	48.41	1.27
高二	男	478	7.21	1.03	58.16	2.93	33.47	5.44
高二	女	413	7.85	0.96	61.99	12.59	23.97	1.45
高三	男	307	7.25	0.46	34.53	19.54	45.6	0.33
高三	女	270	7.98	1.09	59.63	6.3	32.59	1.48
合计	男	1134	7.17	0.78	57.76	9.88	29.81	2.56
合计	女	997	8.11	0.95	46.64	17.95	34	1.4
合计	—	2131	7.61	0.99	52.56	13.66	31.77	2.02

5. 学生 1 分钟仰卧起坐（力量素质相关）分析

×× 中学学生 1 分钟仰卧起坐（力量素质相关）平均分为 82.28 分（区域内学校平均分为 79.77 分），优秀率为 35.21%（区域内学校优秀率为 28.33%），及格率为 97.29%（区域内学校及格率为 97.81%）。其他数据指标见以下图表。

（1）×× 中学及区域内学生 1 分钟仰卧起坐成绩等级分布（见图 4-163）。

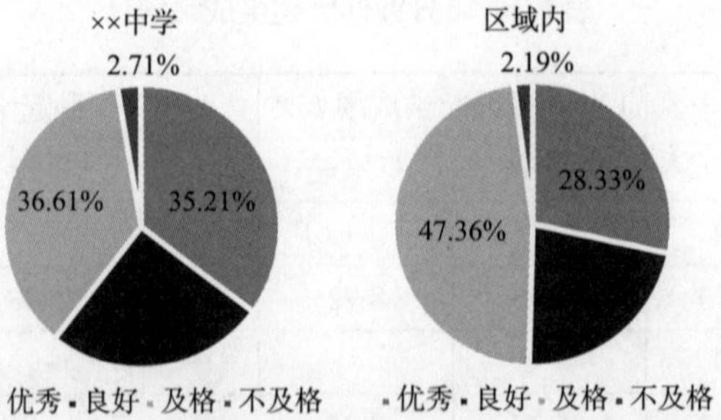

图4-163　××中学及区域内学生1分钟仰卧起坐成绩等级分布

（2）×× 中学及区域内各个年级学生 1 分钟仰卧起坐成绩平均分（见图 4-164）。

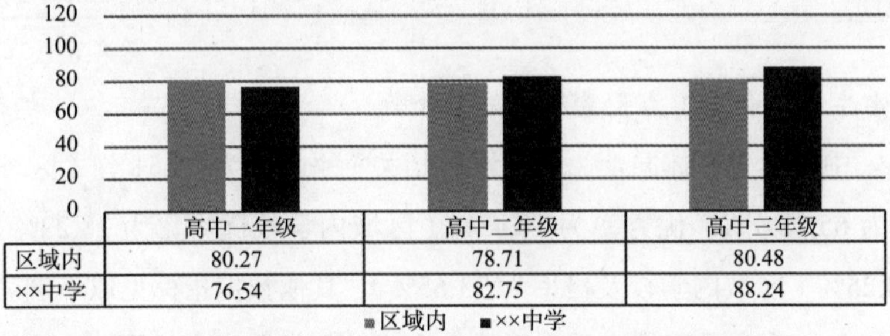

	高中一年级	高中二年级	高中三年级
区域内	80.27	78.71	80.48
××中学	76.54	82.75	88.24

图4-164　××中学及区域内各个年级学生1分钟仰卧起坐成绩平均分

（3）×× 中学及区域内各个年级学生 1 分钟仰卧起坐平均成绩（见图 4-165）。

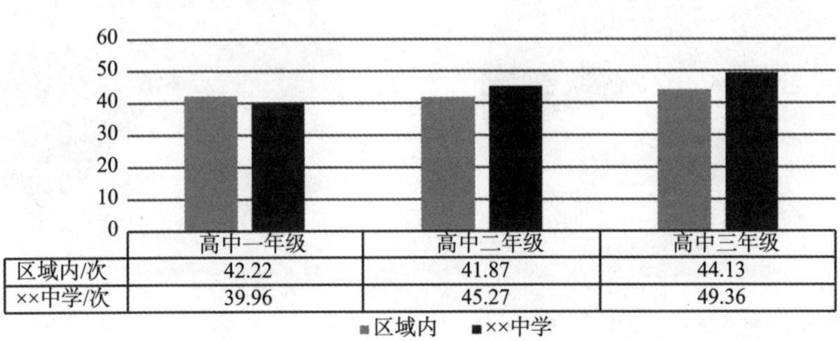

	高中一年级	高中二年级	高中三年级
区域内/次	42.22	41.87	44.13
××中学/次	39.96	45.27	49.36

图4-165　××中学及区域内各个年级学生1分钟仰卧起坐平均成绩

（4）1 分钟仰卧起坐成绩统计（见表 4-36）。

表4-36　1分钟仰卧起坐成绩统计

年级	性别	学生人数 / 人	1 分钟仰卧起坐成绩 / 次		1 分钟仰卧起坐成绩等级分布 / %			
			平均值	标准差	优秀	良好	及格	不及格
高一	男	0	—	—	—	—	—	—
高一	女	314	39.96	8.72	17.83	25.48	50	6.69
高二	男	0	—	—	—	—	—	—
高二	女	413	45.27	8.25	30.99	28.81	38.98	1.21
高三	男	0	—	—	—	—	—	—
高三	女	270	49.36	7.53	61.85	20.37	17.41	0.37
合计	男	0	—	—	—	—	—	—
合计	女	997	44.70	8.98	35.21	25.48	36.61	2.71
合计	-	997	44.70	8.98	35.21	25.48	36.61	2.71

6. 学生引体向上（力量素质相关）分析

××中学学生引体向上（力量素质相关）平均分为 63.51 分（区域内学校平均分为 65.28 分），优秀率为 18.43%（区域内学校优秀率为 28.22%），及格率为 74.25%（区域内学校及格率为 73.65%）。其他数据指标见以下图表。

（1）××中学及区域内学生引体向上成绩等级分布（见图 4-166）。

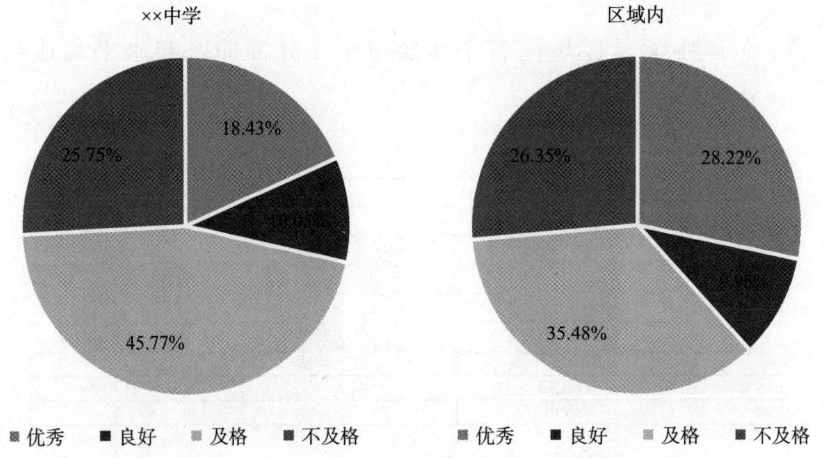

图4-166　××中学及区域内学生引体向上成绩等级分布

（2）× × 中学及区域内各个年级学生引体向上成绩平均分（见图 4-167）。

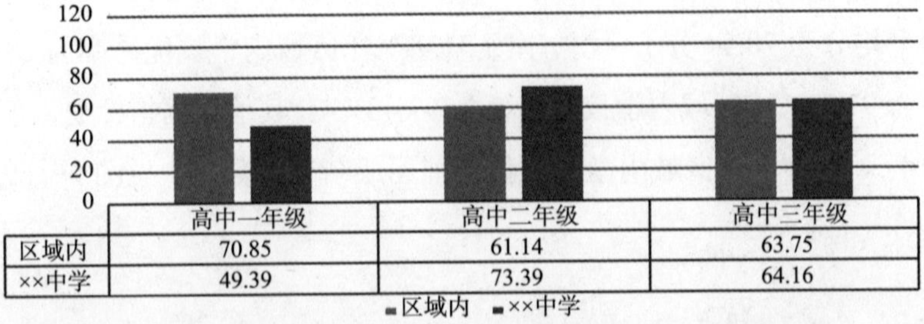

图4-167　× × 中学及区域内各个年级学生引体向上成绩平均分

（3）× × 中学及区域内各个年级学生引体向上平均成绩（见图 4-168）。

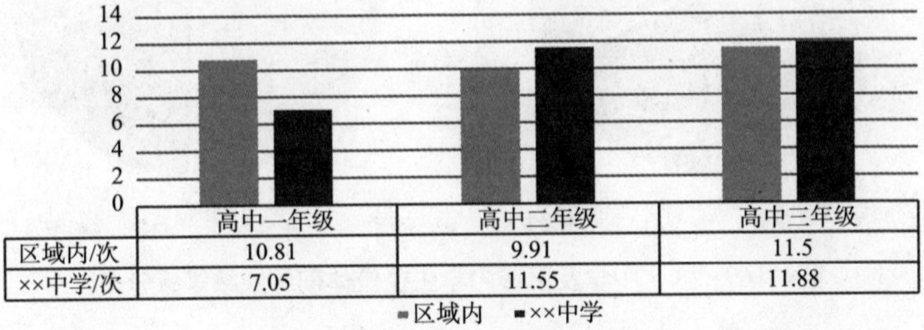

图4-168　× × 中学及区域内各个年级学生引体向上平均成绩

（4）引体向上成绩统计（见表 4-37）。

表4-37　引体向上成绩统计

年级	性别	学生人数 / 人	引体向上成绩 / 次		引体向上成绩等级分布 / %			
			平均值	标准差	优秀	良好	及格	不及格
高一	男	349	7.05	4.48	4.87	8.88	37.54	48.71
高一	女	0	—	—	—	—	—	—
高二	男	478	11.55	3.37	18.62	14.02	61.09	6.28
高二	女	0	—	—	—	—	—	—
高三	男	307	11.88	6.88	33.55	5.21	31.27	29.97
高三	女	0	—	—	—	—	—	—
合计	男	1134	10.25	5.33	18.43	10.05	45.77	25.75
合计	女	0	—	—	—	—	—	—
合计	-	1134	10.25	5.33	18.43	10.05	45.77	25.75

7. 学生坐位体前屈（柔韧素质高度相关）分析

××中学学生坐位体前屈（柔韧素质高度相关）平均分为 80.34 分（区域内学校平均分为 78.54 分），优秀率为 31.91%（区域内学校优秀率为 28.71%），及格率为 97.33%（区域内学校及格率为 97.48%）。其他数据指标见以下图表。

（1）××中学及区域内学生坐位体前屈成绩等级分布（见图 4-169）。

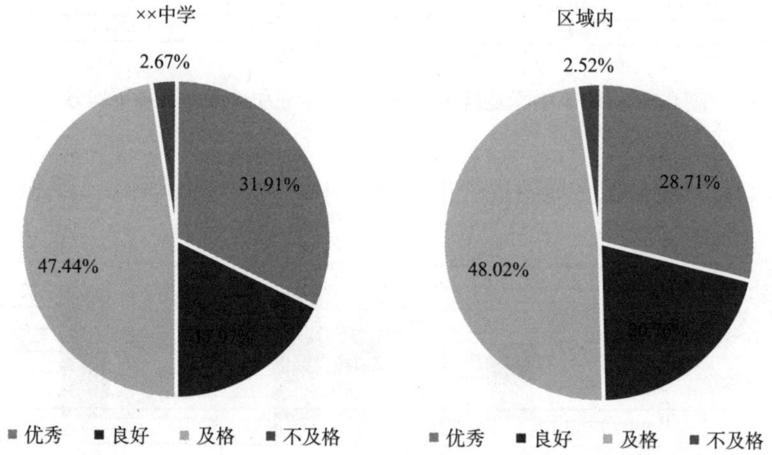

图4-169 ××中学及区域内学生坐位体前屈成绩等级分布

（2）××中学及区域内各个年级学生坐位体前屈平均分（见图 4-170）。

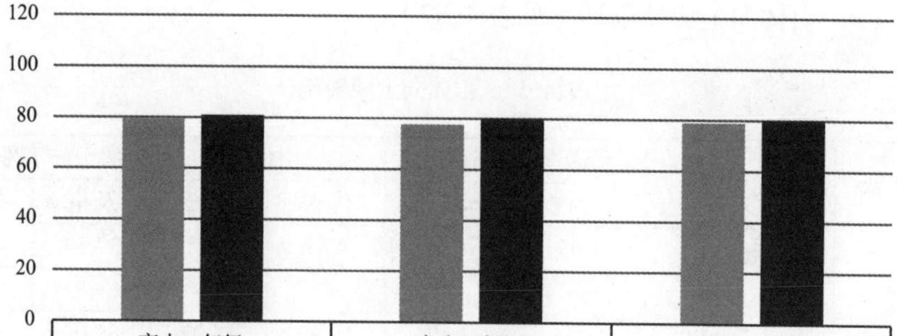

	高中一年级	高中二年级	高中三年级
区域内	79.38	77.52	78.78
××中学	80.89	80.12	80.02

■区域内 ■××中学

图4-170 ××中学及区域内各个年级学生坐位体前屈平均分

（3）× × 中学及区域内各个年级学生坐位体前屈平均成绩（见图 4-171）。

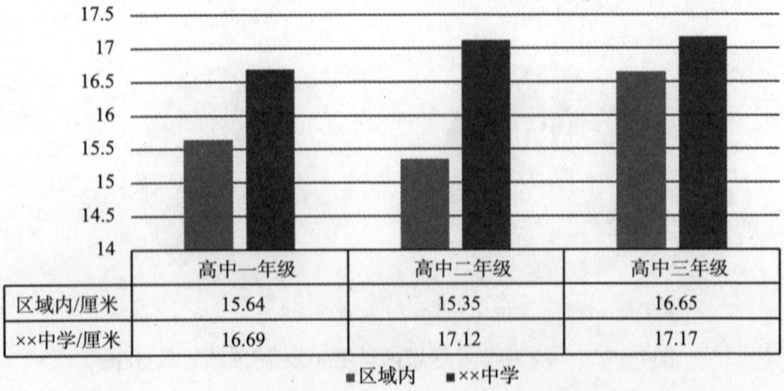

图4-171　× × 中学及区域内各个年级学生坐位体前屈平均成绩

（4）坐位体前屈成绩统计（见表 4-38）。

表4-38　坐位体前屈成绩统计

年级	性别	学生人数 / 人	坐位体前屈成绩 / 厘米		坐位体前屈成绩等级分布 / %			
			平均值	标准差	优秀	良好	及格	不及格
高一	男	349	16.19	6.49	31.23	26.93	41.83	0
高一	女	314	17.24	6.48	31.85	17.83	45.22	5.1
高二	男	478	14.49	7.17	21.55	15.69	56.9	5.86
高二	女	413	20.18	6.96	45.52	19.37	32.93	2.18
高三	男	307	15.65	5.1	28.99	5.54	65.47	0
高三	女	270	18.91	4.97	33.7	22.59	42.22	1.48
合计	男	1134	15.33	6.5	26.54	16.4	54.59	2.47
合计	女	997	18.91	6.45	38.01	19.76	39.32	2.91
合计	—	2131	17.00	6.72	31.91	17.97	47.44	2.67

8. 学生 800 米跑（耐力素质高度相关）分析

× × 中学学生 800 米跑（耐力素质高度相关）平均分为 73.35 分（区域内学校平均分为 75.75 分），优秀率为 15.15%（区域内学校优秀率为 23.7%），及格率为 94.78%（区域内学校及格率为 92.43%）。其他数据指标见以下图表。

（1）× × 中学及区域内学生 800 米跑成绩等级分布（见图 4-172）。

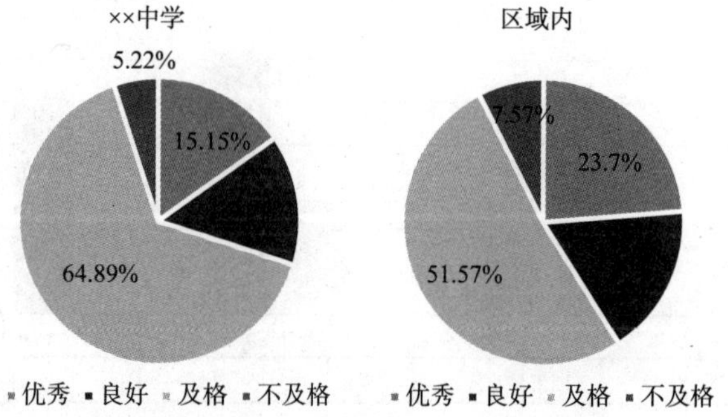

图4-172 × × 中学及区域内学生800米跑成绩等级分布

（2）× × 中学及区域内各个年级学生 800 米跑平均分（见图 4-173）。

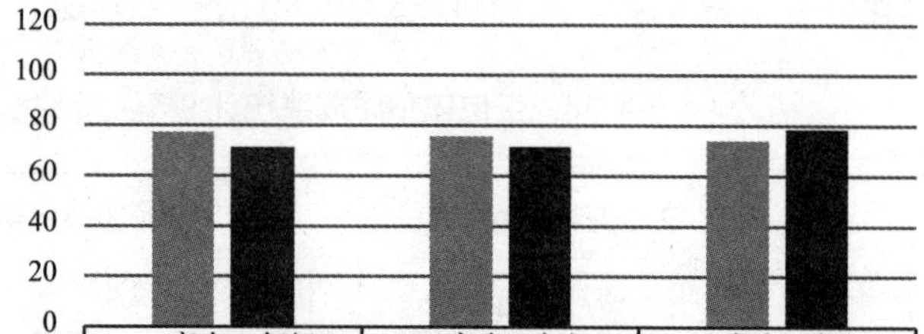

	高中一年级	高中二年级	高中三年级
区域内	77.29	75.72	74.03
××中学	71.24	71.56	78.52

区域内 ××中学

图4-173 × × 中学及区域内各个年级学生800米跑平均分

（3）× × 中学及区域内各个年级学生 800 米跑平均成绩（见图 4-174）。

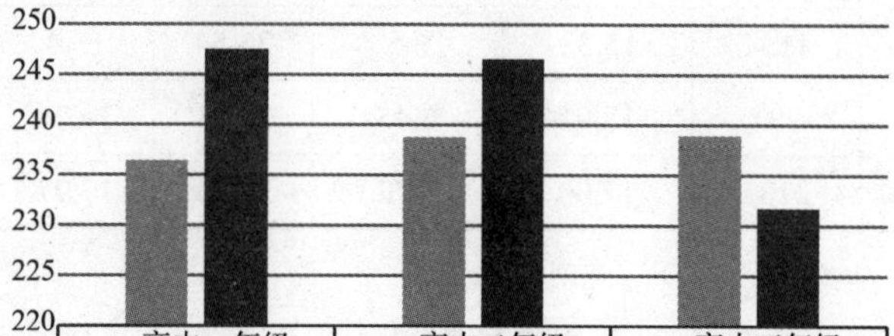

	高中一年级	高中二年级	高中三年级
区域内/秒	236.41	238.76	238.93
××中学/秒	247.52	246.57	231.71

区域内 ××中学

图4-174 × × 中学及区域内各个年级学生800米跑平均成绩

（4）800 米跑成绩统计（见表 4-39）。

表4-39　800米跑成绩统计

年级	性别	学生人数 / 人	800 米跑成绩 / 秒		800 米跑成绩等级分布 / %			
			平均值	标准差	优秀	良好	及格	不及格
高一	男	0	—	—	—	—	—	—
高一	女	314	247.52	32.81	13.38	19.11	55.73	11.78
高二	男	0	—	—	—	—	—	—
高二	女	413	246.57	20.59	5.57	11.14	81.11	2.18
高三	男	0	—	—	—	—	—	—
高三	女	270	231.71	23.85	31.85	15.19	50.74	2.22
合计	男	0	—	—	—	—	—	—
合计	女	997	242.84	26.74	15.15	14.74	64.89	5.22
合计	—	997	242.84	26.74	15.15	14.74	64.89	5.22

9. 学生 1000 米跑（耐力素质高度相关）分析

×× 中学学生 1000 米跑（耐力素质高度相关）平均分为 69.86 分（区域内学校平均分为 73.18 分），优秀率为 9.7%（区域内学校优秀率为 17.37%），及格率为 86.42%（区域内学校及格率为 86.21%）。其他数据指标见以下图表。

（1）×× 中学及区域内学生 1000 米跑成绩等级分布（见图 4-175）。

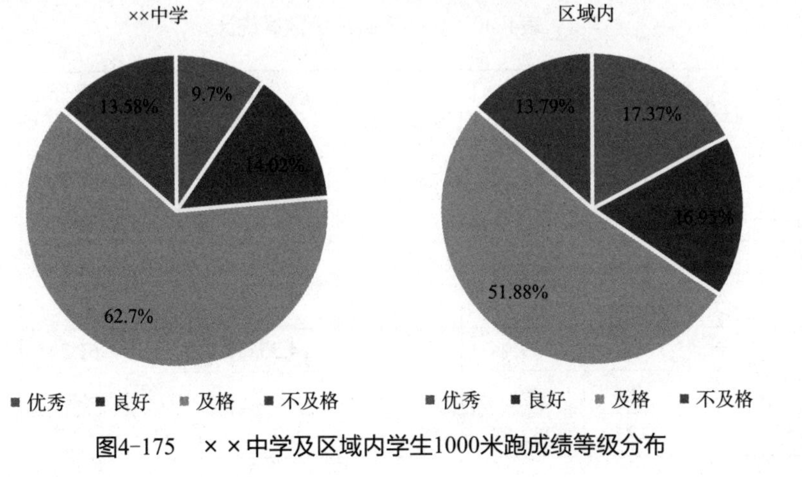

图4-175　××中学及区域内学生1000米跑成绩等级分布

（2）×× 中学及区域内各个年级学生 1000 米跑平均分（见图 4-176）。

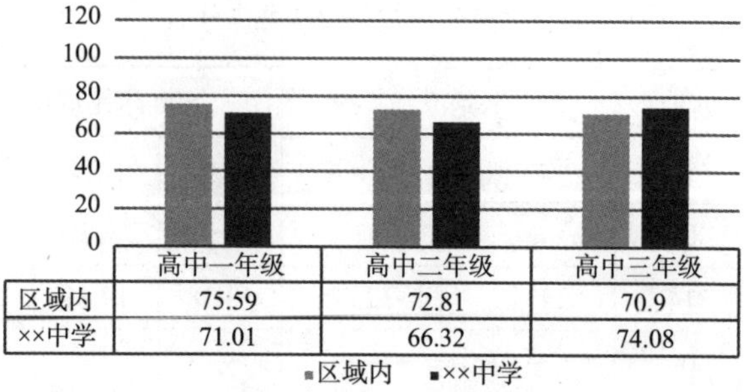

图4-176　××中学及区域内各个年级学生1000米跑平均分

（3）×× 中学及区域内各个年级学生 1000 米跑平均成绩（见图 4-177）。

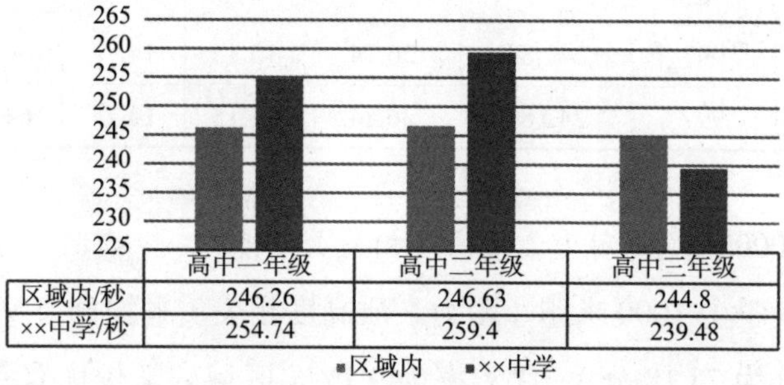

图4-177　××中学及区域内各个年级学生1000米跑平均成绩

（4）1000 米跑成绩数据统计（见表 4-40）。

表4-40　1000米跑成绩数据统计

年级	性别	学生人数 / 人	1000 米跑成绩 / 秒		1000 米跑成绩等级分布 / %			
			平均值	标准差	优秀	良好	及格	不及格
高一	男	349	254.74	32.73	13.47	20.06	47.56	18.91
高一	女	0	—	—	—	—	—	—
高二	男	478	259.40	28.01	3.97	6.49	74.69	14.85
高二	女	0	—	—	—	—	—	—
高三	男	307	239.48	25.18	14.33	18.89	61.24	5.54
高三	女	0	—	—	—	—	—	—
合计	男	1134	252.57	29.99	9.7	14.02	62.7	13.58

续表

年级	性别	学生人数 / 人	1000 米跑成绩 / 秒		1000 米跑成绩等级分布 / %			
			平均值	标准差	优秀	良好	及格	不及格
合计	女	0	—	—	—	—	—	—
合计	—	1134	252.57	29.99	9.7	14.02	62.7	13.58

10. 学生立定跳远（力量素质高度相关）分析

× × 中学学生立定跳远（力量素质高度相关）平均分为 83.4 分（区域内学校平均分为 81.25 分），优秀率为 45.75%（区域内学校优秀率为 39.21%），及格率为 96.01%（区域内学校及格率为 96.22%）。其他数据指标见以下图表。

（1）× × 中学及区域内学生立定跳远成绩等级分布（见图 4-178）。

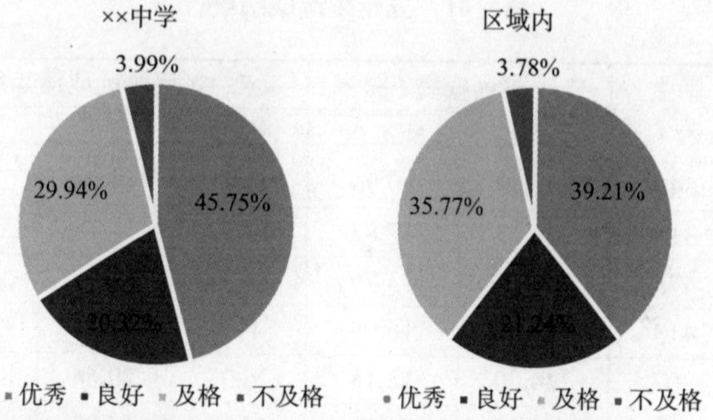

图4-178　× × 中学及区域内学生立定跳远成绩等级分布

（2）× × 中学及区域内各个年级学生立定跳远平均分（见图 4-179）。

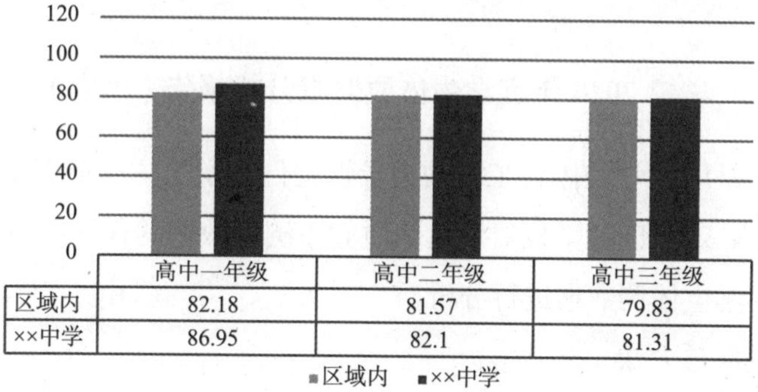

图4-179　× × 中学及区域内各个年级学生立定跳远平均分

（3）×× 中学及区域内各个年级学生立定跳远平均成绩（见图 4-180）。

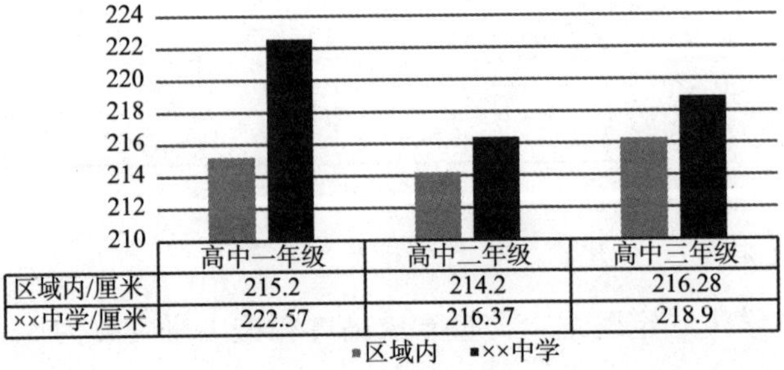

图4-180　××中学及区域内各个年级学生立定跳远平均成绩

（4）立定跳远成绩统计（见表 4-41）。

表4-41　立定跳远成绩统计

年级	性别	学生人数 / 人	立定跳远成绩 / 厘米		立定跳远成绩等级分布 / %			
			平均值	标准差	优秀	良好	及格	不及格
高一	男	349	237.09	30.96	44.41	14.04	31.52	10.03
高一	女	314	206.43	17.82	83.12	11.78	4.78	0.32
高二	男	478	241.18	23.75	34.31	17.57	41	7.11
高二	女	413	187.65	16.95	41.4	31.23	25.91	1.45
高三	男	307	244.00	18.18	26.38	29.64	41.37	2.61
高三	女	270	190.35	21.55	52.96	15.93	30.74	0.37
合计	男	1134	240.69	25.09	35.27	19.75	38.18	6.79
合计	女	997	194.30	20.34	57.67	20.96	20.56	0.8
合计	—	2131	218.98	32.62	45.75	20.32	29.94	3.99

二、×× 学校 2020 年度学生体质健康分析报告（小学）

《标准》是国家学校体育工作的指导性文件和学生体质健康重要标准。为了进一步加强 ×× 区各学校对学生体质健康测试数据的科学应用，现对 ×× 学校 2020 年学生体测数据进行分析。

（一）对象与方法

1. 研究对象

本报告对 ×× 学校上报学生体质健康测试数据进行加工整理，剔除无效数据，对 199 名学生的体质健康测试有效数据进行分析，其中男生 95 名、女生 104 名。

2. 研究方法

本报告主要采用数理统计法，在统计学的基础上，运用统计应用软件对学生体质健康测试成绩进行分析和可视化处理。

（二）结果与分析

1. 学生体质健康总成绩

×× 学校学生体质健康总成绩平均分为 78.97 分（区域内学校平均分为 84.5 分），优秀率为 18.09%（区域内学校优秀率为 28.41%），及格率为 97.99%（区域内学校及格率为 99.4%）。其他数据指标见以下图表。

（1）×× 学校及区域内学生体质健康成绩等级分布（见图 4-181）。

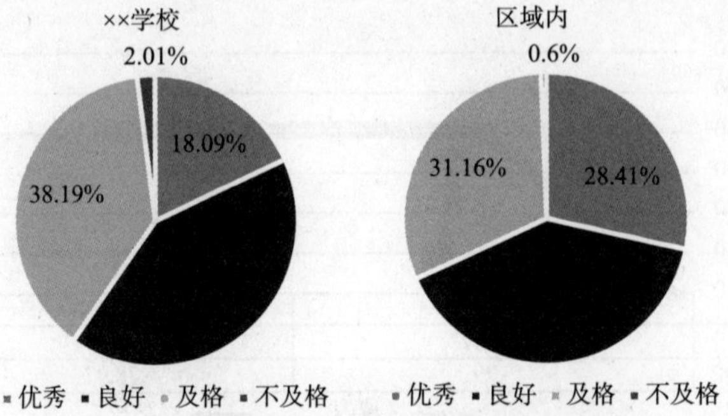

图4-181 ××学校及区域内学生体质健康成绩等级分布

（2）×× 学校及区域内学生各项指标平均评分及总分（见图 4-182）。

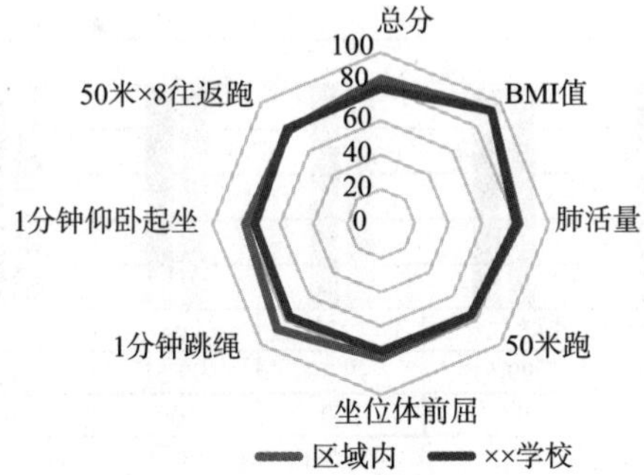

图4-182 ××学校及区域内学生各项指标平均评分及总分

（3）×× 学校及区域内各个年级学生体质健康成绩平均分（见图 4-183）。

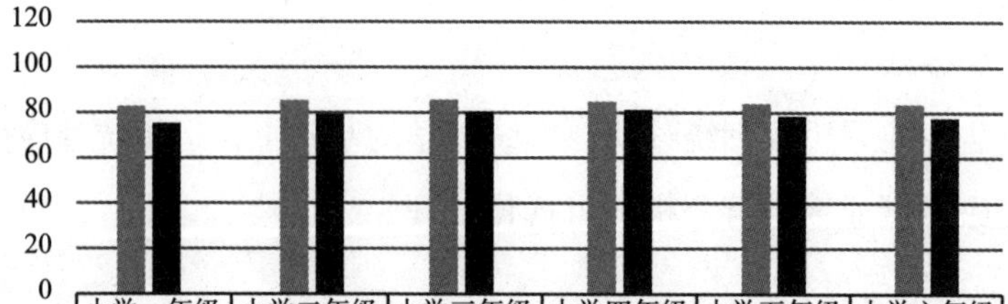

	小学一年级	小学二年级	小学三年级	小学四年级	小学五年级	小学六年级
区域内	82.87	85.47	85.72	84.97	84.06	83.67
××学校	75.33	79.4	80.53	81.39	78.49	77.72

■区域内 ■××学校

图4-183　××学校及区域内各个年级学生体质健康成绩平均分

（4）×× 学校及区域内学生 2019—2020 年体质健康成绩平均分趋势（见图 4-184）。

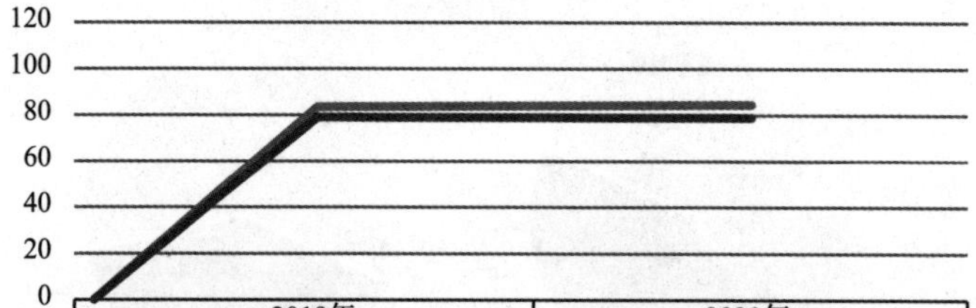

	2019年	2020年
区域内	83.47	84.5
××学校	79	78.97

区域内　××学校

图4-184　××学校及区域内学生2019—2020年体质健康成绩平均分趋势

（5）×× 学校及区域内各个年级学生体质健康成绩及格率（见图 4-185）。

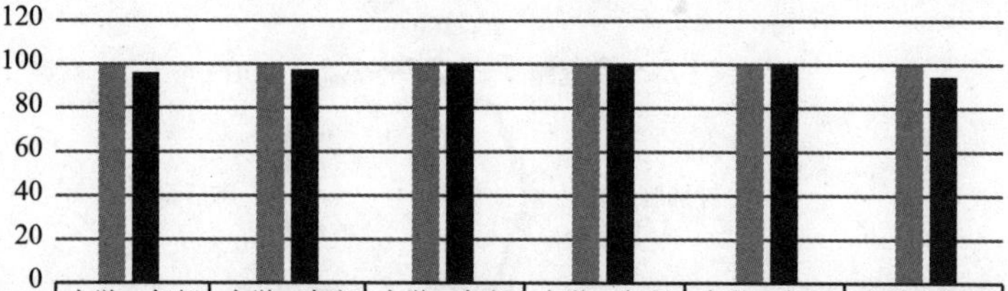

	小学一年级	小学二年级	小学三年级	小学四年级	小学五年级	小学六年级
区域内/%	99.26	99.51	99.39	99.51	99.28	99.42
××学校/%	96.15	97.5	100	100	100	94.44

■区域内 ■××学校

图4-185　××学校及区域内各个年级学生体质健康成绩及格率

（6）××学校及区域内学生2019—2020年体质健康成绩及格率趋势（见图4-186）。

	2019年	2020年
区域内/%	99.34	99.4
××学校/%	98.67	97.99

区域内　××学校

图4-186　××学校及区域内学生2019—2020年体质健康成绩及格率趋势

（7）××学校及区域内各年级学生体质健康成绩持续不及格人数占比（见图4-187）。

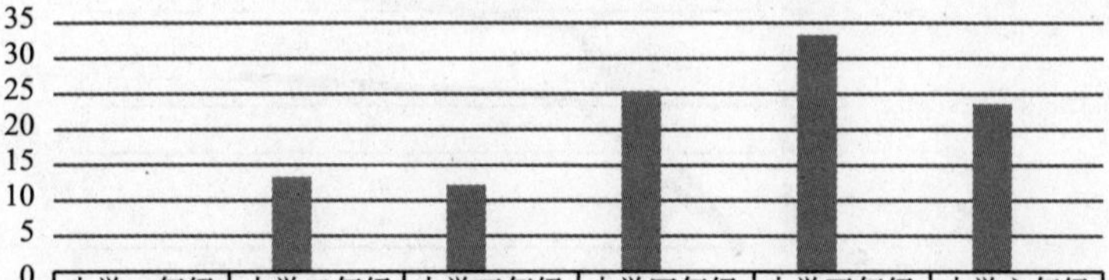

	小学一年级	小学二年级	小学三年级	小学四年级	小学五年级	小学六年级
区域内/%	0	13.33	12.2	25.4	33.33	23.64
××学校/%	0	0	0	0	0	0

■区域内　■××学校

图4-187　××学校及区域内各年级学生体质健康成绩持续不及格人数占比

（8）××学校及区域内各年级学生体质健康成绩新增不及格人数占比（见图4-188）。

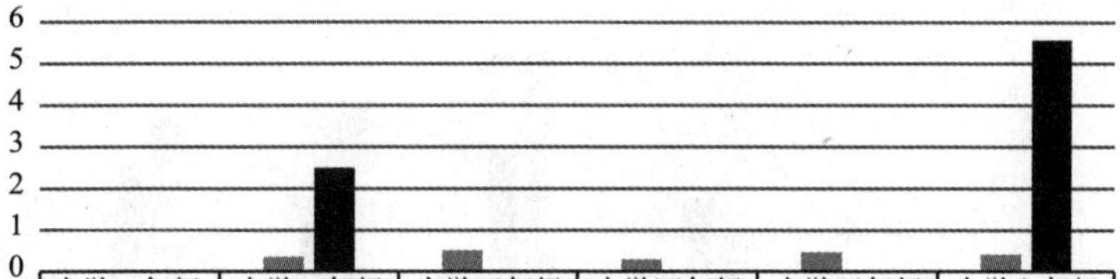

	小学一年级	小学二年级	小学三年级	小学四年级	小学五年级	小学六年级
区域内/%	0	0.35	0.51	0.29	0.46	0.41
××学校/%	0	2.5	0	0	0	5.56

■区域内　■××学校

图4-188　××学校及区域内各年级学生体质健康成绩新增不及格人数占比

（9）×× 学校及区域内各个年级学生体质健康成绩优秀率（见图 4-189）。

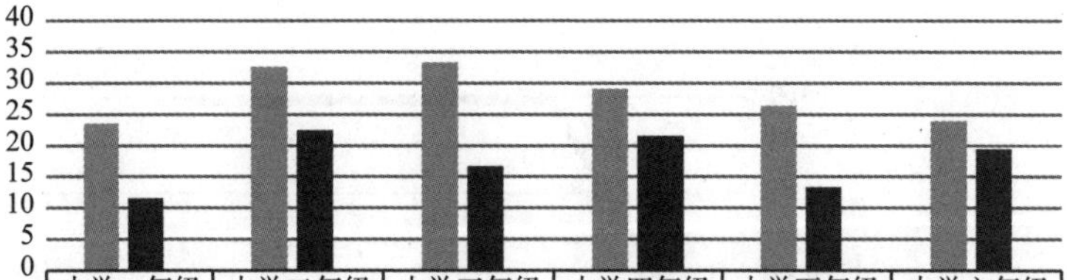

	小学一年级	小学二年级	小学三年级	小学四年级	小学五年级	小学六年级
区域内/%	23.57	32.65	33.35	29.11	26.43	23.97
××学校/%	11.54	22.5	16.67	21.62	13.33	19.44

■区域内 ■××学校

图4-189　××学校及区域内各个年级学生体质健康成绩优秀率

（10）2019—2020 年 ×× 学校及区域内学生体质健康成绩优秀率趋势（见图 4-190）。

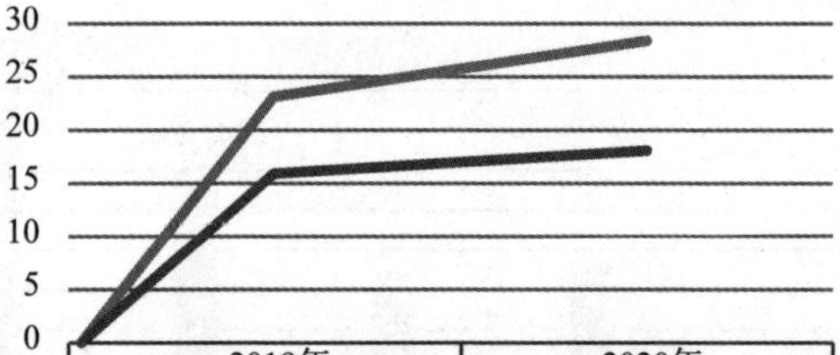

	2019年	2020年
区域内/%	23.14	28.41
××学校/%	15.93	18.09

—区域内 —××学校

图4-190　2019—2020年××学校及区域内学生体质健康成绩优秀率趋势

（11）×× 学校及区域内各年级学生体质健康成绩新增优秀人数占比（见图 4-191）。

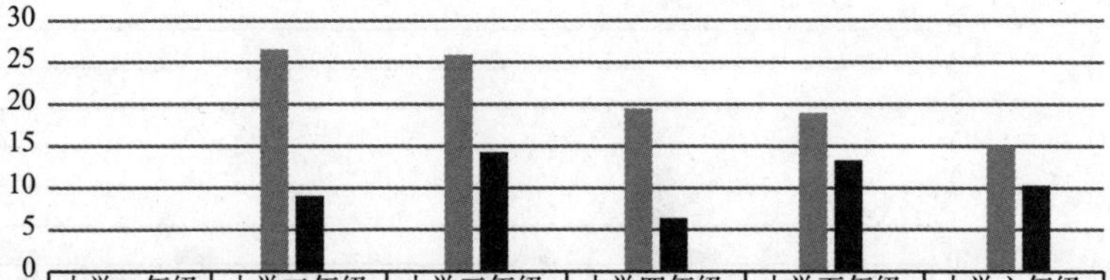

	小学一年级	小学二年级	小学三年级	小学四年级	小学五年级	小学六年级
区域内/%	0	26.55	25.89	19.49	18.97	15.02
××学校/%	0	9.09	14.29	6.45	13.33	10.34

■区域内 ■××学校

图4-191　××学校及区域内各年级学生体质健康成绩新增优秀人数占比

（12）体质健康总成绩统计（见表 4-42）。

表4-42 体质健康总成绩统计

年级	性别	学生人数 / 人	标准总分		附加总分		附加总分等级分布 / %			
			平均值	标准差	平均值	标准差	优秀	良好	及格	不及格
小一	男	12	71.6	9.66	71.6	9.66	8.33	25	58.33	8.33
小一	女	14	78.52	7.7	78.52	7.7	14.29	42.86	42.86	0
小二	男	21	75.7	10.07	76.51	11.79	14.29	23.81	57.14	4.76
小二	女	19	82.49	8.59	82.6	8.69	31.58	42.11	26.32	0
小三	男	14	79.51	8.66	80.01	9.45	14.29	50	35.71	0
小三	女	16	80.98	7.48	80.98	7.48	18.75	56.25	25	0
小四	男	22	80.49	8.07	80.9	8.63	22.73	50	27.27	0
小四	女	15	82.11	6.4	82.11	6.4	20	66.67	13.33	0
小五	男	14	80.95	6.89	81.16	7.18	21.43	50	28.57	0
小五	女	16	75.64	5.87	76.14	6.9	6.25	31.25	62.5	0
小六	男	12	73.69	9.56	73.78	9.7	8.33	25	58.33	8.33
小六	女	24	79.66	9	79.7	9.05	25	37.5	33.33	4.17
合计	男	95	77.37	9.5	77.76	10.21	15.79	37.89	43.16	3.16
合计	女	104	79.96	8.07	80.07	8.19	20.19	45.19	33.65	0.96
合计	—	199	78.73	8.88	78.97	9.28	18.09	41.71	38.19	2.01

（13）学生体质健康成绩持续不及格及新增不及格、优秀学生数据统计（见表 4-43）。

表4-43 学生体质健康成绩持续不及格及新增不及格、优秀学生数据统计

年级	性别	持续不及格人数 / 人	占原不及格人数比 /%	新增不及格人数 / 人	占总人数比例 /%	新增优秀人数 / 人	占原非优秀人数比 /%
小二	男	0	0	1	4.76	1	5.26
小二	女	0	0	0	0	2	14.29
小三	男	0	0	0	0	1	9.09
小三	女	0	0	0	0	2	20
小四	男	0	0	0	0	1	5.56

续表

年级	性别	持续不及格人数 / 人	占原不及格人数比 /%	新增不及格人数 / 人	占总人数比例 /%	新增优秀人数 / 人	占原非优秀人数比 /%
小四	女	0	0	0	0	1	7.69
小五	男	0	0	0	0	3	21.43
小五	女	0	0	0	0	1	6.25
小六	男	0	0	1	8.33	0	0
小六	女	0	0	1	4.17	3	17.65
合计	男	0	0	2	2.41	6	8.11
合计	女	0	0	1	1.11	9	12.86
合计	—	0	0	3	1.73	15	10.42

2. 学生身高体重 BMI 值（身体形态重要指标）分析

×× 学校学生身体质量 BMI 值平均分为 92.96 分（区域内学校平均分为 92.99 分），身体形态正常率为 74.87%（区域内学校正常率为 73.15%），肥胖率为 10.05%（区域内学校肥胖率为 8.21%）。其他数据指标见以下图表。

（1）×× 学校及区域内学生 BMI 成绩等级分布（见图 4-192）。

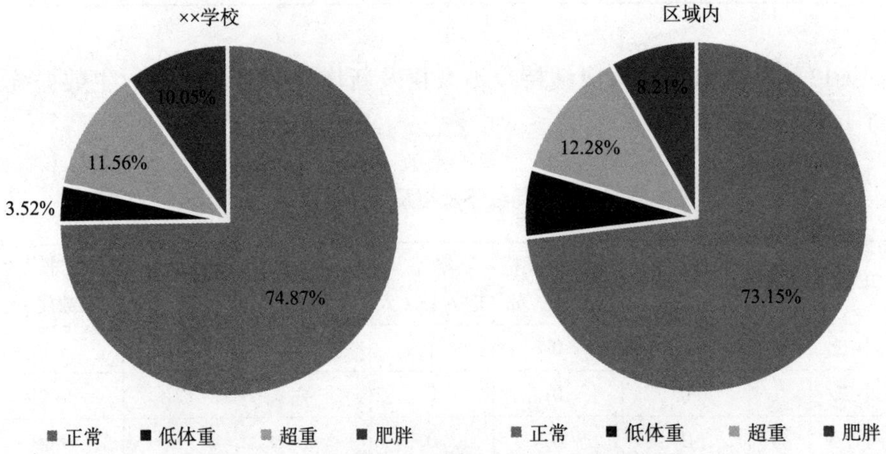

图4-192　××学校及区域内学生BMI成绩等级分布

（2）×× 学校及区域内各年级学生身高趋势（见图 4-193）。

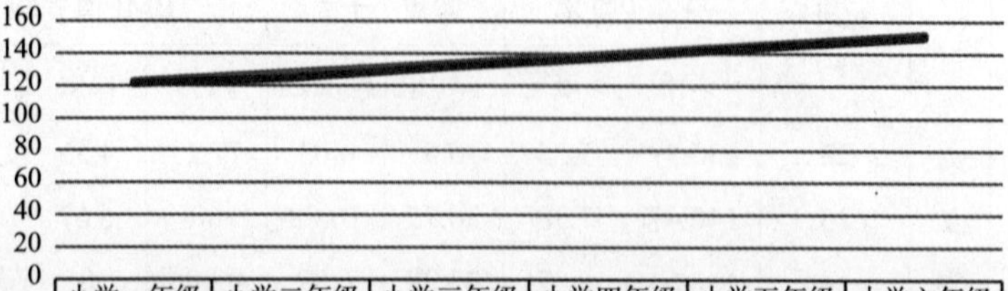

	小学一年级	小学二年级	小学三年级	小学四年级	小学五年级	小学六年级
区域内/厘米	122.45	128.11	133.7	139.61	145.51	151.75
××学校/厘米	121.27	124.78	131.67	137.57	144.13	150

图4-193　××学校及区域内各年级学生身高趋势

（3）×× 学校及区域内各年级学生超重及肥胖率趋势（见图 4-194）。

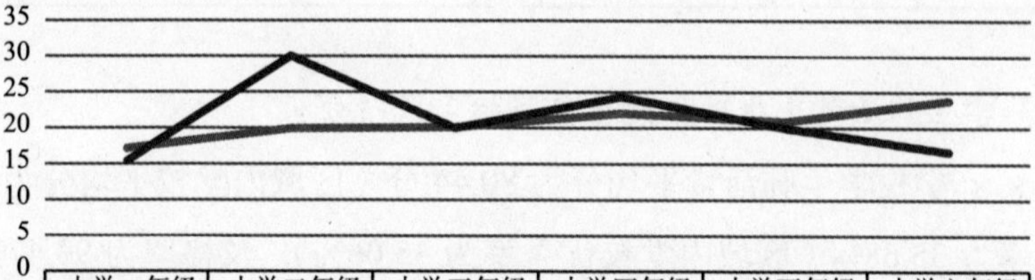

	小学一年级	小学二年级	小学三年级	小学四年级	小学五年级	小学六年级
区域内/%	17.16	19.94	20.12	22.05	20.9	23.81
××学校/%	15.38	30	20	24.32	20	16.67

图4-193　××学校及区域内各年级学生超重及肥胖率趋势

（4）学生身高体重数据统计（见表 4-44）。

表4-44　学生身高体重数据统计

年级	性别	学生人数 / 人	身高 / 厘米		体重 / 千克		BMI 值等级分布 / %			
			平均值	标准差	平均值	标准差	优秀	良好	及格	不及格
小一	男	12	121.5	3.38	23.73	2.76	91.67	8.33	0	0
小一	女	14	121.07	5.54	23.56	4.09	71.43	0	28.57	0
小二	男	21	125.67	5.09	28.48	5.95	61.9	0	19.05	19.05
小二	女	19	123.79	5.02	25.37	5.02	78.95	0	10.53	10.53
小三	男	14	134.14	5.51	32.13	8.27	71.43	7.14	7.14	14.29
小三	女	16	129.5	4.46	27.92	4.05	75	6.25	12.5	6.25

续表

年级	性别	学生人数 / 人	身高 / 厘米		体重 / 千克		BMI 值等级分布 / %			
			平均值	标准差	平均值	标准差	优秀	良好	及格	不及格
小四	男	22	135.59	5.25	30.95	6.03	77.27	4.55	13.64	4.55
小四	女	15	140.47	7.38	36.75	10.98	60	6.67	6.67	26.67
小五	男	14	138.64	6.07	33.28	6.89	92.86	0	7.14	0
小五	女	16	148.94	6.77	41.76	10.12	68.75	0	12.5	18.75
小六	男	12	145.42	6.16	38.81	8.18	75	8.33	16.67	0
小六	女	24	152.29	5.83	42.3	7.33	79.17	4.17	4.17	12.5
合计	男	95	133.09	9.1	31	7.71	76.84	4.21	11.58	7.37
合计	女	104	137.15	13.67	33.59	10.72	73.08	2.88	11.54	12.5
合计	—	199	135.22	11.89	32.35	9.5	74.87	3.52	11.56	10.05

3. 学生肺活量（生理机能重要指标）成绩分析

××学校学生肺活量平均分为 80.44 分（区域内学校平均分为 82.11 分），优秀率为 35.68%（区域内学校优秀率为 35.06%），及格率为 93.47%（区域内学校及格率为 98.48%）。其他数据指标见以下图表。

（1）××学校及区域内学生肺活量成绩等级分布（见图 4-195）。

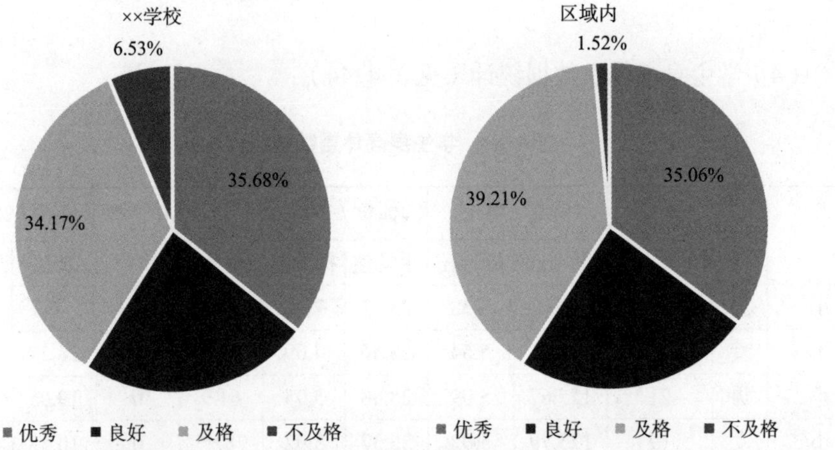

图4-195　××学校及区域内学生肺活量成绩等级分布

（2）×× 学校及区域内各个年级学生肺活量平均分（见图 4-196）。

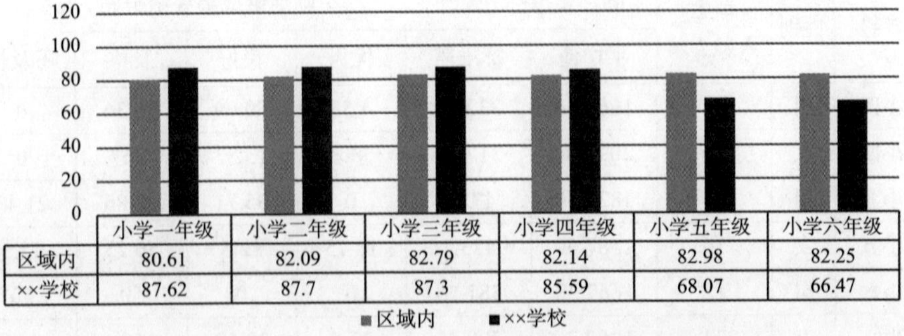

图4-196　××学校及区域内各个年级学生肺活量平均分

（3）×× 学校及区域内各个年级学生肺活量平均成绩（见图 4-197）。

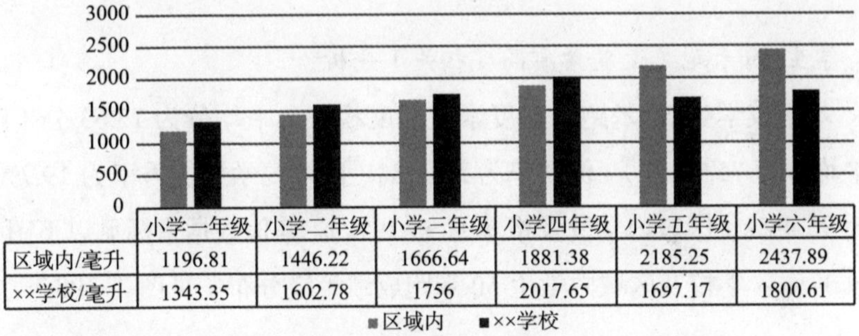

图4-197　××学校及区域内各个年级学生肺活量平均成绩

（4）肺活量成绩数据统计（见表 4-45）。

表4-45　肺活量成绩数据统计

年级	性别	学生人数 / 人	肺活量成绩 / 毫升		肺活量成绩等级分布 / %			
			平均值	标准差	优秀	良好	及格	不及格
小一	男	12	1365.33	296.26	25	33.33	41.67	0
小一	女	14	1324.50	134.92	78.57	21.43	0	0
小二	男	21	1649.71	369.38	42.86	14.29	42.86	0
小二	女	19	1550.89	307.89	73.68	10.53	15.79	0
小三	男	14	1864.21	327.67	28.57	35.71	35.71	0
小三	女	16	1661.31	270.52	68.75	6.25	25	0

续表

年级	性别	学生人数/人	肺活量成绩/毫升		肺活量成绩等级分布/%			
			平均值	标准差	优秀	良好	及格	不及格
小四	男	22	1967.64	332.74	4.55	59.09	36.36	0
小四	女	15	2091.00	317.12	80	13.33	6.67	0
小五	男	14	1822.50	472.4	0	35.71	42.86	21.43
小五	女	16	1587.50	423.4	18.75	12.5	56.25	12.5
小六	男	12	1667.33	381.56	0	0	50	50
小六	女	24	1867.25	398.45	12.5	29.17	50	8.33
合计	男	95	1746.72	411.61	17.89	31.58	41.05	9.47
合计	女	104	1693.94	404.27	51.92	16.35	27.88	3.85
合计	—	199	1719.14	408.64	35.68	23.62	34.17	6.53

4. 学生 50 米跑（速度素质高度相关）分析

××学校学生 50 米跑（速度素质高度相关）平均分为 75.63 分（区域内学校平均分为 75.92 分），优秀率为 22.11%（区域内学校优秀率为 19.7%），及格率为 95.48%（区域内学校及格率为 95.19%）。其他数据指标见以下图表。

（1）××学校及区域内学生 50 米跑成绩等级分布（见图 4-198）。

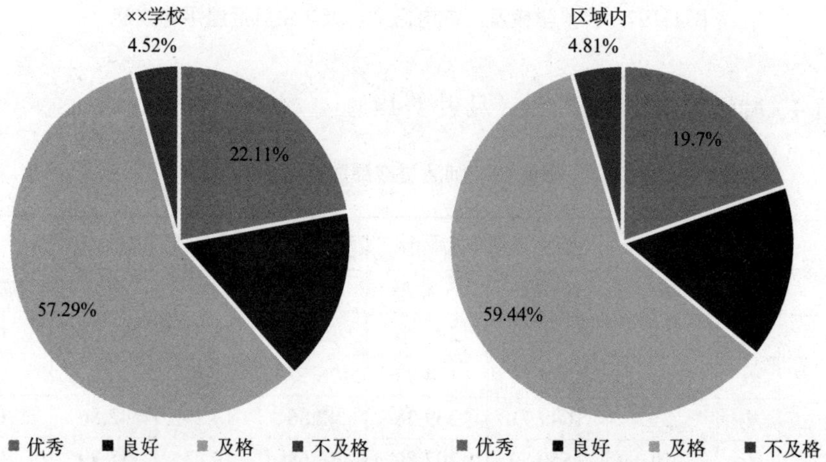

图4-198　××学校及区域内学生50米跑成绩等级分布

（2）× × 学校及区域内各个年级学生 50 米跑平均分（见图 4-199）。

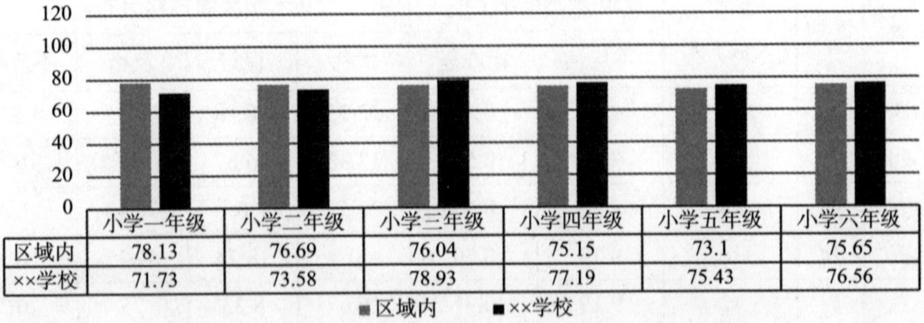

图4-199　× × 学校及区域内各个年级学生50米跑平均分

（3）× × 学校及区域内各个年级学生 50 米跑平均成绩（见图 4-200）。

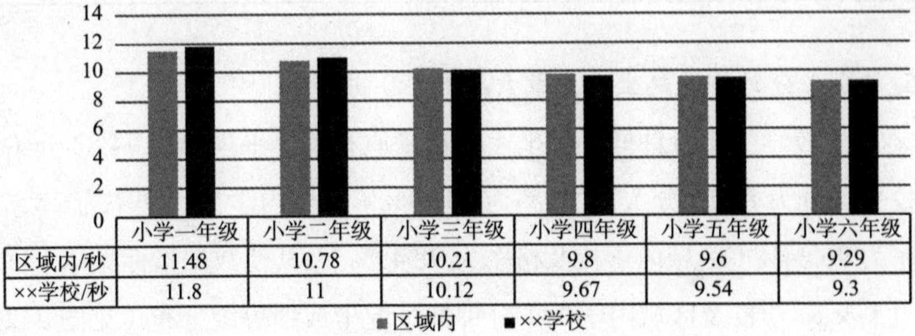

图4-200　× × 学校及区域内各个年级学生50米跑平均成绩

（4）50 米跑成绩统计（见表 4-46）。

表4-46　50米跑成绩统计

年级	性别	学生人数 / 人	50 米跑成绩 / 秒		50 米跑成绩等级分布 / %			
			平均值	标准差	优秀	良好	及格	不及格
小一	男	12	12.03	1.14	8.33	8.33	41.67	41.67
小一	女	14	11.59	0.9	50	14.29	35.71	0
小二	男	21	10.91	0.68	9.52	9.52	80.95	0
小二	女	19	11.10	1.34	42.11	10.53	36.84	10.53
小三	男	14	9.76	1.02	42.86	14.29	35.71	7.14
小三	女	16	10.44	0.88	18.75	18.75	62.5	0

续表

年级	性别	学生人数 / 人	50 米跑成绩 / 秒		50 米跑成绩等级分布 / %			
			平均值	标准差	优秀	良好	及格	不及格
小四	男	22	9.67	0.87	22.73	18.18	54.55	4.55
小四	女	15	9.68	0.59	13.33	26.67	60	0
小五	男	14	9.25	0.67	28.57	0	71.43	0
小五	女	16	9.79	0.59	0	18.75	81.25	0
小六	男	12	9.19	0.71	16.67	8.33	75	0
小六	女	24	9.35	0.88	16.67	33.33	50	0
合计	男	95	10.13	1.27	21.05	10.53	61.05	7.37
合计	女	104	10.25	1.22	23.08	21.15	53.85	1.92
合计	—	199	10.20	1.24	22.11	16.08	57.29	4.52

5. 学生 1 分钟仰卧起坐（力量素质相关）分析

××学校学生 1 分钟仰卧起坐（力量素质相关）平均分为 74.82 分（区域内学校平均分为 80.56 分），优秀率为 15.04%（区域内学校优秀率为 27.57%），及格率为 96.24%（区域内学校及格率为 98.49%）。其他数据指标见以下图表。

（1）××学校及区域内学生 1 分钟仰卧起坐成绩等级分布（见图 4-201）。

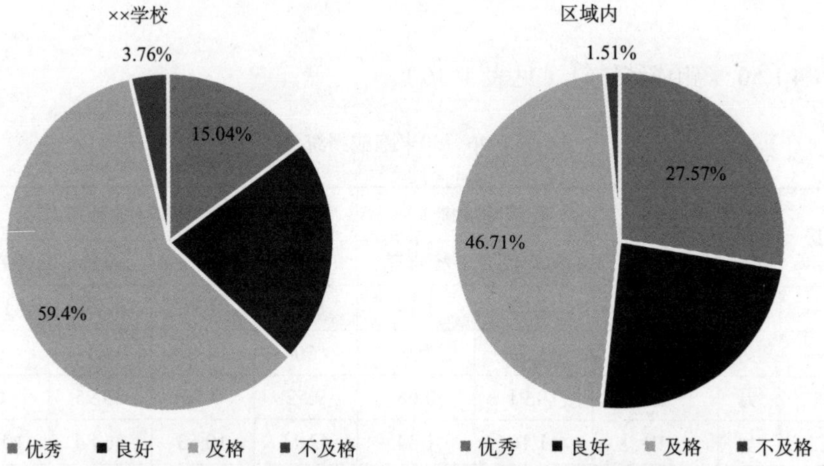

图4-201　××学校及区域内学生1分钟仰卧起坐成绩等级分布

（2）××学校及区域内各个年级学生1分钟仰卧起坐成绩平均分（见图4-202）。

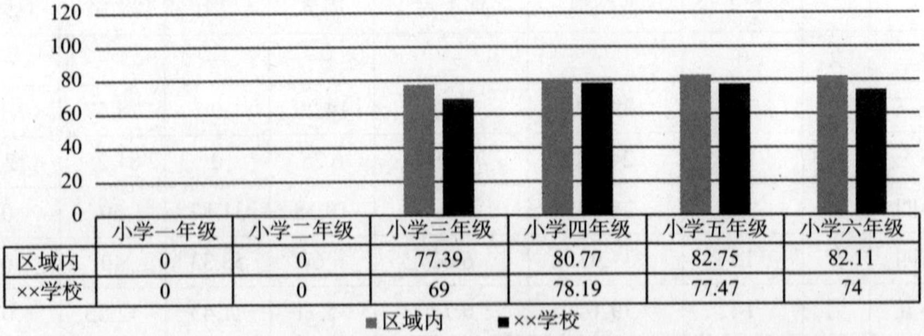

图4-202　××学校及区域内各个年级学生1分钟仰卧起坐成绩平均分

（3）××学校及区域内各个年级学生1分钟仰卧起坐平均成绩（见图4-203）。

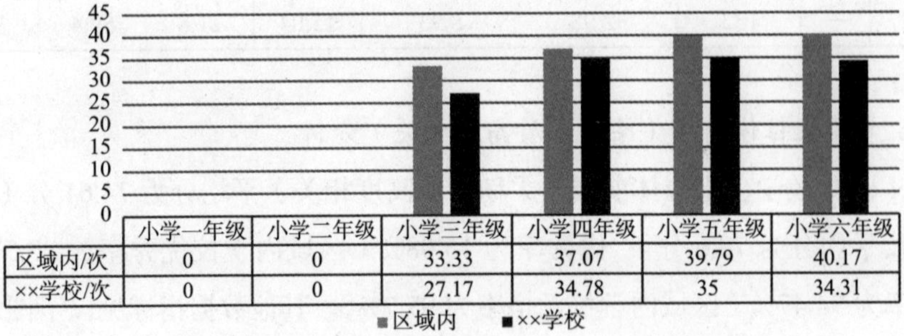

图4-203　××学校及区域内各个年级学生1分钟仰卧起坐平均成绩

（4）1分钟仰卧起坐成绩统计（见表4-47）。

表4-47　1分钟仰卧起坐成绩统计

年级	性别	学生人数/人	1分钟仰卧起坐成绩/次		1分钟仰卧起坐成绩等级分布/%			
			平均值	标准差	优秀	良好	及格	不及格
小一	男	0	—	—	—	—	—	—
小一	女	0	—	—	—	—	—	—
小二	男	0	—	—	—	—	—	—

续表

年级	性别	学生人数 / 人	1 分钟仰卧起坐成绩 / 次		1 分钟仰卧起坐成绩等级分布 / %			
			平均值	标准差	优秀	良好	及格	不及格
小二	女	0	—	—	—	—	—	—
小三	男	14	29.79	8.81	14.29	0	78.57	7.14
小三	女	16	24.88	6.99	6.25	0	81.25	12.5
小四	男	22	34.00	7.6	18.18	31.82	50	0
小四	女	15	35.93	6.42	6.67	53.33	40	0
小五	男	14	39.14	6.78	35.71	21.43	42.86	0
小五	女	16	31.38	6.52	6.25	12.5	81.25	0
小六	男	12	34.75	10.26	16.67	25	50	8.33
小六	女	24	34.08	9.73	16.67	25	54.17	4.17
合计	男	62	34.35	8.87	20.97	20.97	54.84	3.23
合计	女	71	31.79	8.81	9.86	22.54	63.38	4.23
合计	—	133	32.98	8.93	15.04	21.8	59.4	3.76

6. 学生坐位体前屈（柔韧素质高度相关）分析

××学校学生坐位体前屈（柔韧素质高度相关）平均分为 74.61 分（区域内学校平均分为 78.6 分），优秀率为 15.08%（区域内学校优秀率为 23.57%），及格率为 94.47%（区域内学校及格率为 97.7%）。其他数据指标见以下图表。

（1）××学校及区域内学生坐位体前屈成绩等级分布（见图 4-204）。

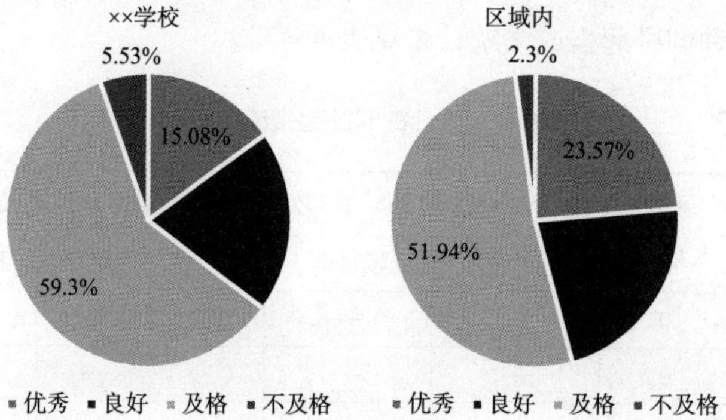

图4-204　××学校及区域内学生坐位体前屈成绩等级分布

（2）×× 学校及区域内各个年级学生坐位体前屈成绩平均分（见图 4-205）。

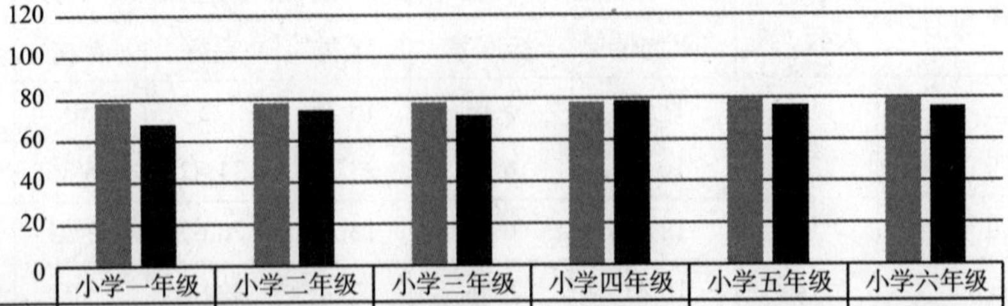

	小学一年级	小学二年级	小学三年级	小学四年级	小学五年级	小学六年级
区域内	78.67	78.23	78.07	77.99	79.16	79.77
××学校	68.15	74.78	72	78.59	76.43	75.67

■区域内　■××学校

图4-205　××学校及区域内各个年级学生坐位体前屈成绩平均分

（3）×× 学校及区域内各个年级学生坐位体前屈平均成绩（见图 4-206）。

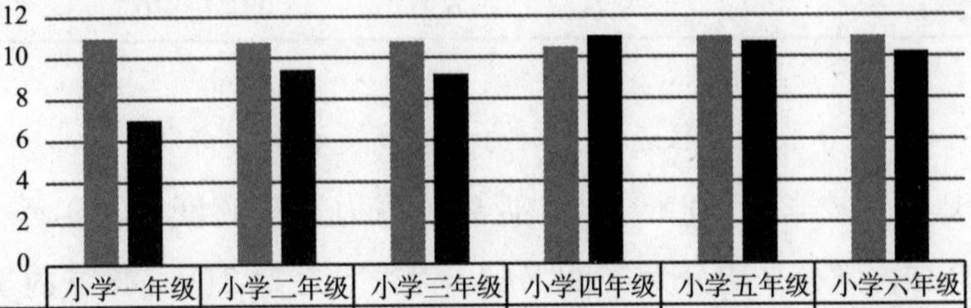

	小学一年级	小学二年级	小学三年级	小学四年级	小学五年级	小学六年级
区域内/厘米	10.95	10.74	10.78	10.48	11.01	10.99
××学校/厘米	7.01	9.42	9.19	11.03	10.74	10.23

■区域内　■××学校

图4-206　××学校及区域内各个年级学生坐位体前屈平均成绩

（4）坐位体前屈成绩统计（见表 4-48）。

表4-48　坐位体前屈成绩统计

年级	性别	学生人数 / 人	坐位体前屈成绩 / 厘米		坐位体前屈成绩等级分布 / %			
			平均值	标准差	优秀	良好	及格	不及格
小一	男	12	6.13	3.56	0	8.33	91.67	0
小一	女	14	7.76	4.89	7.14	7.14	64.29	21.43
小二	男	21	6.40	5.2	9.52	4.76	80.95	4.76
小二	女	19	12.75	4.09	21.05	15.79	63.16	0
小三	男	14	6.06	5.59	7.14	14.29	71.43	7.14

续表

年级	性别	学生人数 / 人	坐位体前屈成绩 / 厘米		坐位体前屈成绩等级分布 / %			
			平均值	标准差	优秀	良好	及格	不及格
小三	女	16	11.94	5.13	18.75	25	50	6.25
小四	男	22	10.03	6.36	27.27	31.82	36.36	4.55
小四	女	15	12.49	6.46	13.33	26.67	53.33	6.67
小五	男	14	10.81	5.06	7.14	42.86	50	0
小五	女	16	10.67	4.5	6.25	37.5	50	6.25
小六	男	12	2.98	6.7	0	16.67	66.67	16.67
小六	女	24	13.86	5.45	37.5	12.5	50	0
合计	男	95	7.37	6.12	10.53	20	64.21	5.26
合计	女	104	11.85	5.47	19.23	20.19	54.81	5.77
合计	—	199	9.71	6.21	15.08	20.1	59.3	5.53

7. 学生 50 米 ×8 往返跑（耐力素质高度相关）分析

×× 学校学生 50 米 ×8 往返跑（耐力素质高度相关）平均分为 78.47 分（区域内学校平均分为 77.08 分），优秀率为 21.21%（区域内学校优秀率为 20.11%），及格率为 95.45%（区域内学校及格率为 96.87%）。其他数据指标见以下图表。

（1）×× 学校及区域内学生 50 米 ×8 往返跑成绩等级分布（见图 4-207）。

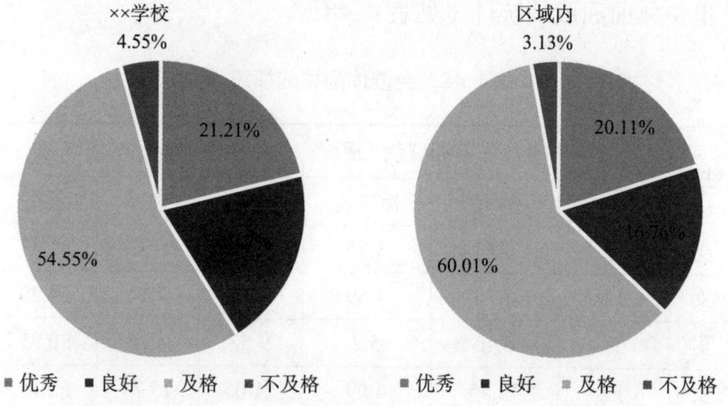

图4-207　××学校及区域内学生50米×8往返跑成绩等级分布

（2）×× 学校及区域内各个年级学生 50 米 ×8 往返跑成绩平均分（见图 4-208）。

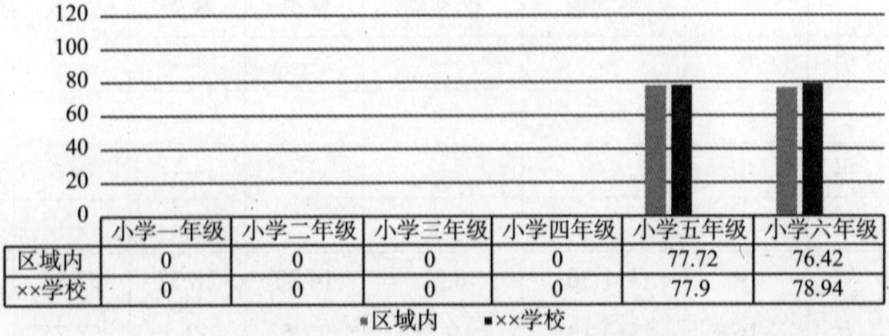

图4-208　××学校及区域内各个年级学生50米×8往返跑成绩平均分

（3）×× 学校及区域内各个年级学生 50 米 ×8 往返跑平均成绩（见图 4-209）。

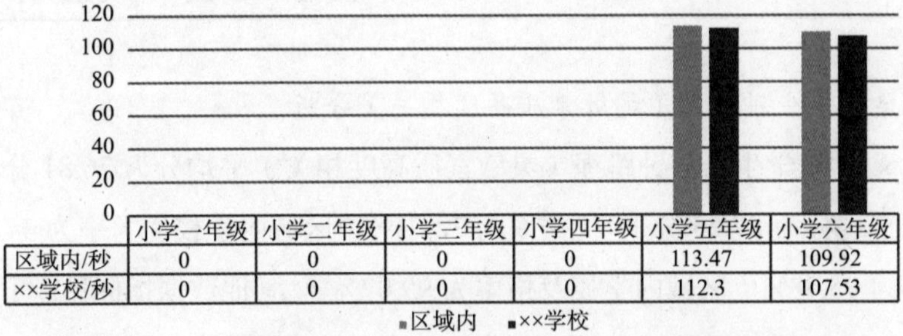

图4-209　××学校及区域内各个年级学生50米×8往返跑平均成绩

（4）50 米 ×8 往返跑成绩统计（见表 4-49）。

表4-49　50米×8往返跑成绩统计

年级	性别	学生人数 / 人	50 米 ×8 往返跑成绩 / 秒		50 米 ×8 往返跑成绩等级分布 / %			
			平均值	标准差	优秀	良好	及格	不及格
小一	男	0	—	—	—	—	—	—
小一	女	0	—	—	—	—	—	—
小二	男	0	—	—	—	—	—	—
小二	女	0	—	—	—	—	—	—

续表

年级	性别	学生人数 / 人	50 米 ×8 往返跑成绩 / 秒		50 米 ×8 往返跑成绩等级分布 / %			
			平均值	标准差	优秀	良好	及格	不及格
小三	男	0	—	—	—	—	—	—
小三	女	0	—	—	—	—	—	—
小四	男	0	—	—	—	—	—	—
小四	女	0	—	—	—	—	—	—
小五	男	14	111.36	8.41	14.29	28.57	57.14	0
小五	女	16	113.13	19.77	12.5	12.5	68.75	6.25
小六	男	12	105.92	22.25	16.67	8.33	66.67	8.33
小六	女	24	108.33	14.94	33.33	25	37.5	4.17
合计	男	26	108.85	16.55	15.38	19.23	61.54	3.85
合计	女	40	110.25	17.2	25	20	50	5
合计	—	66	109.70	16.96	21.21	19.7	54.55	4.55

8. 学生 1 分钟跳绳（灵敏素质高度相关）分析

× × 学校学生 1 分钟跳绳（灵敏素质高度相关）平均分为 76.81 分（区域内学校平均分为 87.23 分），优秀率为 22.61%（区域内学校优秀率为 44.76%），及格率为 95.98%（区域内学校及格率为 99.07%）。其他数据指标见以下图表。

（1）× × 学校及区域内学生 1 分钟跳绳成绩等级分布（见图 4-210）。

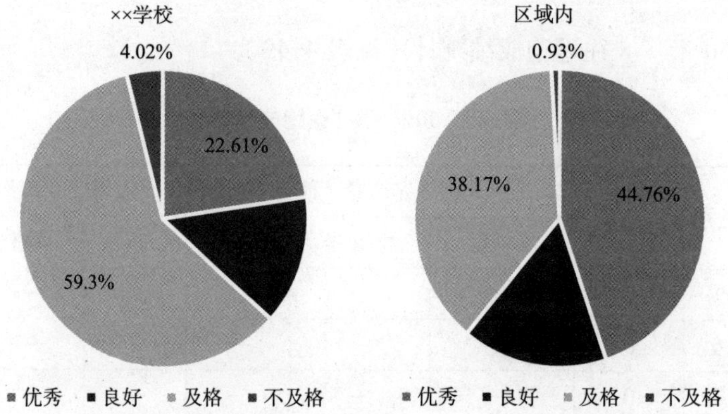

图4-210　× × 学校及区域内学生1分钟跳绳成绩等级分布

（2）×× 学校及区域内各个年级学生 1 分钟跳绳成绩平均分（见图 4-211）。

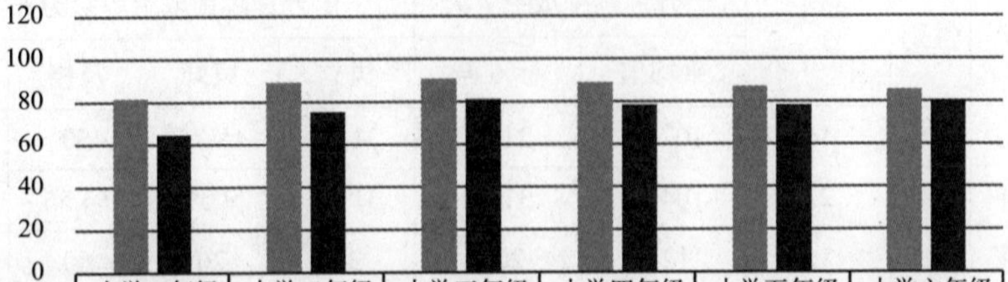

	小学一年级	小学二年级	小学三年级	小学四年级	小学五年级	小学六年级
区域内	81.68	89.22	90.79	88.91	87.01	85.55
××学校	64.85	75.35	81.3	78.38	78.33	80.47

■区域内 ■××学校

图4-211　××学校及区域内各个年级学生1分钟跳绳成绩平均分

（3）×× 学校及区域内各个年级学生 1 分钟跳绳平均成绩（见图 4-212）。

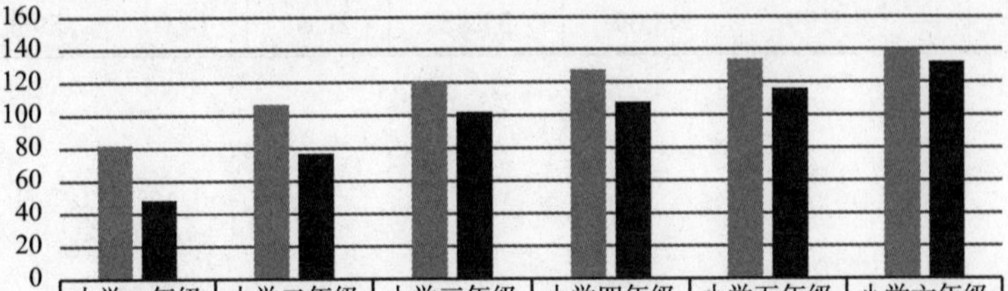

	小学一年级	小学二年级	小学三年级	小学四年级	小学五年级	小学六年级
区域内/次	81.98	106.79	120.44	127.62	133.9	139.55
××学校/次	48.65	76.95	102.03	107.92	116.07	132.22

■区域内 ■××学校

图4-212　××学校及区域内各个年级学生1分钟跳绳平均成绩

（4）1 分钟跳绳成绩数据统计（见表 4-50）。

表4-50　1分钟跳绳成绩数据统计

年级	性别	学生人数 / 人	1 分钟跳绳成绩 / 次		1 分钟跳绳成绩等级分布 / %			
			平均值	标准差	优秀	良好	及格	不及格
小一	男	12	40.83	28.49	8.33	0	75	16.67
小一	女	14	55.36	28.2	14.29	7.14	64.29	14.29
小二	男	21	70.24	35.2	14.29	9.52	66.67	9.52
小二	女	19	84.37	25.77	26.32	5.26	68.42	0
小三	男	14	95.50	31.37	42.86	7.14	42.86	7.14

续表

年级	性别	学生人数 / 人	一分钟跳绳成绩 / 次		1 分钟跳绳成绩等级分布 / %			
			平均值	标准差	优秀	良好	及格	不及格
小三	女	16	107.75	21.98	31.25	18.75	50	0
小四	男	22	104.64	31.39	31.82	9.09	54.55	4.55
小四	女	15	112.73	20.1	20	20	60	0
小五	男	14	118.71	24.43	14.29	42.86	42.86	0
小五	女	16	113.75	28.91	12.5	18.75	68.75	0
小六	男	12	127.17	17.71	16.67	25	58.33	0
小六	女	24	134.75	18.89	29.17	12.5	58.33	0
合计	男	95	92.55	40.16	22.11	14.74	56.84	6.32
合计	女	104	104.30	34.74	23.08	13.46	61.54	1.92
合计	—	199	98.69	37.88	22.61	14.07	59.3	4.02

第五章　学生体质健康数据分析模型构建研究的反思与建议

长期以来，学生体质健康监测存在诸多问题。从技术层面而言，由于缺乏对大数据的收集、分析、反馈，以及对数据的挖掘深度不够，没有实现以干预为导向的体质监测，导致学生体质健康促进存在障碍。纵观大数据应用于学生体质健康管理实际，还存在较多的困惑，概括起来主要有三点：①数据收集是痛点。学生运动健康管理对数据具有长期性和动态性的需求，而传统的数据收集方式很有局限。②数据分析是难点。人工的数据分析模型已经不能适应大数据时代的新形势，特别对于各种综合数据的分析，需要建立一个科学的、智能化的、实效性强的分析模型。③数据应用是焦点。如何将大数据分析结果在运动干预和学校体育锻炼中有效应用，是目前该研究领域的焦点。

另外，从政策层面而言，存在学生体测监管机制落后的问题。2018 年 6 月，教育部体育卫生与艺术教育司发文，要求“各地要在上报数据的基础上，不断完善上报、逐级审查、抽查复合、分析预测、反馈公示、评价应用等环节”；国家规定，“对于学生体质持续三年下降的地区或学校，在教育评估与评优评先中实行‘一票否决’，并对相关院校校长问责”。然而对于体质健康监测实施层面而言，谁来监测，如何监测，已有的监测结果是否客观，问责机制的法律效力，“持续三年下降”具体的指标等，并没有给出细化的方案，监督检查环节成了理论上必要又重要，但事实上却被遗漏或走形式的环节[1]。在大数据时代，随着互联网和信息技术的飞速发展，大数据资源和信息资源呈现指数级的增加，重新审视学生体质健康监测以及健康促进的发展方向非常重要且必要。只有对学生体质健康大数据进行实时采集和深度挖掘，构建相关模型，找

---

❶ 武东海.共建共治共享理念下大学生体质健康监测研究[J].武汉体育学院学报,2019,53（9）：22-27.

到精准干预的科学方法和路径，同时对学校的体测数据进行信效度检验，对学校学生体质健康干预进行绩效评估，才能有效解决目前国家学生体质健康测试存在的问题，从而全面提升我国学生体质健康水平。最后，本书从数据收集、干预实施以及机制完善等方面提出反思与建议，希望为完善学生体质健康监测、提升我国青少年体质健康促进提供一些有益的启示。

一、数据收集

在大数据时代，健康大数据的核心价值在于能够在海量数据中通过对数据的收集、储存、分析和应用，提取有效、及时、准确的数据，从而最大化地限制差异化的影响，在整体上促进健康。如果说以前的学生体质健康决策是基于抽样调查和个案试点的话，那么大数据无疑将为体质健康促进提供近似“全样本”的数据基础[1]。因大数据而产生的一系列高端电子设备已经开始走进人们的生活，智能可穿戴设备的广泛普及，为大量收集和积累用户数据提供了条件，也为大数据的后期分析提供了基础。目前我们实时收集学生运动健康数据主要运用以下模式：运用智能可穿戴设备实时收集学生的运动健康数据，主要包括心率、步数、运动时间、睡眠、运动轨迹、体质测试等，这些数据可通过蓝牙设备将数据传输到手机终端。地理信息位置则选择 RFID 通信方式收集并传输到终端。手机终端通过互联网传递到服务器，形成数据库，数据库再反馈到手机终端，形成数据的可视化显示。虽然这些“可穿戴”设备已触手可及，但大规模应用于学校学生体质健康管理方面的实践与研究较少。未来借助大数据的技术支持，学校在运用智能可穿戴设备的基础上，实时采集学生心率、运动步数、运动轨迹、运动时间、体质测试指标、生长发育指标等数据，即可构建一种相对便捷、科学的面向学生运动健康的大数据采集平台的模型，研究可实施的大数据挖掘、分析以及运动干预方案，将很快实现全覆盖。

---

[1] 张丽军，孙有平．大数据时代青少年体质健康促进的现实困境、路径探寻与未来展望[J]. 沈阳体育学院学报 ,2020,39(4):1-8.

二、干预实施

大数据时代的到来，大大降低了学生、学校、家庭实现健康诉求的成本，不同个体之间的信息传递也将变得更加顺畅。构建学校、社会、家庭多元联动，形成“学校主导、社会支持、家庭参与”的多方联动机制，整合优化校内外体育资源，将为实现学生体育健康促进的全时空覆盖创设良好的社会支持环境。学生体质健康干预的内涵在于对学生体质健康数据信息的精准把握。在前面提到数据采集的基础上，进行大数据挖掘和各式模型构建，找到系统性、综合性、科学精准的学生体质健康促进干预方案以及对其明确有效的绩效评估策略，再整合利用多元联动的社会智能化体育生态，学生体质健康干预的实施才能真正发挥作用。

三、机制完善

加强学生体质健康的信息化管理。运用智能监控，加强监督与管理，利用大数据、物联网、5G 等现代信息技术，建立学生体质健康大数据平台，形成集健康数据收集、数据分析、运动干预、运动监控、健康管理、社交生活于一体的智慧体育生态系统。同时，实现学校、家庭和有关部门对学生日常身体活动、运动干预进行实时的、持续性、自动化的监测和管理。

完善学生体质健康测试的智能化监督。构建体质健康数据分析模型，完善学生健康干预的引导和问责机制。建立健全评估标准、评价和奖惩机制，同时根据评估结果有针对性地发现和分析各主体在监管治理过程中的问题及原因，提出科学有效、针对可行的改进方法。例如，构建学生体质健康数据可信度测评系统，通过大数据计算方法，验证学校上报学生体质健康测试的真实性，对可信度进行评分，以此作为评价学校工作的一个指标。

促进多主体协同发展机制。在体育强国、健康强国建设合并各主体协同互动的过程中，关注学生体质的动态变化与个体的微观健康诉求，努力“构建由政府、社会组织、学校、家庭与学生多方利益主体组成的多维协同机制”，提高学生体质健康监测、评价与干预的科学性、信息化和智能化水平，将是学生体质健康监测各主体协同发展与努力的方向。

参考文献

[1] 杜发强，樊晶晶.我国青少年学生体质健康致因探析 [J].体育与科学，2014，35（3）：60-67.

[2] 马军．“十三·五”中国学校卫生工作任务与展望 [J].中国学校卫生，2016，37（4）：481-483.

[3] 郑红娥．健康教育：中国当今最大的社会问题 [J].市场与人口分析，2003（3）：71-76.

[4] 肖夕君.体质、健康和体适能的概念及关系 [J].中国临床康复，2006（20）：146-148.

[5] 马明珠，苑建齐，张宇竹.国外学校学生体质健康干预研究进展 [J].中国学校卫生，2015，36（9）：1438-1440.

[6] 江崇民，张一民.中国体质研究的进程与发展趋势 [J].体育科学，2008（9）：25-32+88.

[7] 孙庆祝.体育测量与评价 [M].2 版.北京：高等教育出版社，2010.

[8] 李冲，史曙生，刘路.青少年体质健康促进治理现代化：内涵、阻碍与发展路径 [J].武汉体育学院学报，2018，52（11）：23-29.

[9] 李大宇，章昌平，许鹿.精准治理：中国场景下的政府治理范式转换 [J].公共管理学报，2017，14（1）：1-13+154.

[10] 刘星亮.体质健康概论 [M].武汉：中国地质大学出版社，2016.

[11] 曲宗湖.学校民族传统体育 [M].北京：人民体育出版社，2002.

[12] ROY.J. 薛泊德，马力宏.体质与遗传 [J].体育教学与科研，1985（4）：29-32.

[13] 任海.身体素养：一个统领当代体育改革与发展的理念 [J].体育科学，2018，38（3）：3-11.

[14] 刘路，张一民，仲伟娟.青春突增期少年身体形态与骨发育的关

联研究 [J]. 四川体育科学，2011（2）：37-40.
［15］曹英，张玺 . 我国青少年学生体质健康现状分析 [J]. 教育教学论坛，2012（7）：196-197.
［16］2014 年全国学生体质健康调研结果 [J]. 中国学校卫生，2015，36（12）：4.
［17］李芳，司虎克 . 国际学生体质健康领域的研究热点与前沿 [J]. 首都体育学院学报，2014，26（1）：40-45.
［18］张艳超 . 中美学生体质测量与评价比较实证研究 [D]. 南京：南京师范大学，2014.
［19］张宝强 .20 世纪 50 年代以来美国促进学生体质健康的举措及其启示 [J]. 体育学刊，2010，17（3）：52-56.
［20］仇建生．中美体育测量发展比较研究 [J]. 北京体育大学学报，2003（6）：778-780.
［21］李卫东，王健，黄睿，等 . 国外青少年体质健康促进政策的经验与启示 [J]. 武汉体育学院学报，2017，51（10）：13-17.
［22］樊凯袁 . 试论新时期中国基础教育体育课程改革的“国际化”与“本土化”成因及影响 [D]. 成都：四川师范大学，2015.
［23］崔晓明 . 中、美、日三国青少年健康标准指标的比较分析 [J]. 西安体育学院学报，2003（7）：51-53.
［24］朱静 . 大学生体质测试与运动健身指导教程 [M]. 北京：中国书籍出版社，2015.
［25］全海英，刘旭阳，孔维峰 .《国民体质测定标准》（幼儿部分）实施中的问题分析 [J]. 体育学刊，2013，20（5）：59-63.
［26］邱幺聿，关颖嵘，黄琪 . 江西省 3 ～ 6 岁幼儿体质健康现状 [J]. 中国学校卫生，2018，39（10）：1525-1527.
［27］罗莹，马靓，李红娟 . 云南省汉族与少数民族幼儿体质现状及影响因素 [J]. 中国学校卫生，2020，41（7）：1100-1102.
［28］杨敬苓 . 成都市城区 3—6 岁幼儿体质健康现状的研究 [D]. 成都：四川师范大学，2010.

[29] 宋倩，彭莉．重庆市幼儿体质健康状况及影响因素研究 [J]. 南京体育学院学报（自然科学版），2017，16（1）：28-33.

[30] 胡琳琳，任占兵．改革开放以来我国中小学生体质研究进展 [J]. 体育科技，2019，40（4）：155-158.

[31] 郑继超，高锋，董翠香．回顾与展望：扬州会议 40 年青少年学生体质健康促进研究述评 [J]. 南京体育学院学报，2020，19（7）：45-54.

[32] 栾丽霞，康冰心．《国家学生体质健康标准》执行效力评价研究 [J]. 武汉体育学院学报，2016（8）：61-67.

[33] 杨成伟，唐炎，张赫，等．青少年体质健康政策的有效执行路径研究——基于米特－霍恩政策执行系统模型的视角 [J]. 体育科学，2014，34（8）：56-63.

[34] 张晓林，文烨，陈新键，等．我国青少年体质健康政策执行困境及纾解路径 [J]. 西安体育学院学报，2017，34（4）：426-431.

[35] 岳建军，龚俊丽，王家宏．困境与突破：基于国际行动框架的我国学生体质健康政策 [J]. 体育学刊，2020，27（2）：79-84.

[36] 张大超，李敏．影响我国中小学生体质健康发展的主要因素与对策研究 [J]. 北京体育大学学报，2009，32（11）：76-80+83.

[37] 张子龙，马军，付连国，等．中国 2010 年中小学生体质健康现状分析 [J]. 中国学校卫生，2013，34（2）：142-146.

[38] 马德浩，季浏．我国中小学生体质健康中存在的问题、致因及其对策 [J]. 西安体育学院学报，2017，34（2）：182-188+236.

[39] 梁凤波，毛振明，程天佑，等．《“健康中国 2030”规划纲要》与学校体育改革施策（3）目标：确保学生校内每天体育活动时间不少于一小时 [J]. 武汉体育学院学报，2018，52（7）：82-87.

[40] 方程．青少年“三位一体”体育健康教育模式研究——基于西安市的调查 [J]. 成都体育学院学报，2013，39（5）：37-43.

[41] 岳建军，阎智力，季浏，等．美国青少年体质健康评价体系及其启示 [J]. 体育文化导刊，2013（7）：35-39.

［42］游蕴琦.《国家学生体质健康标准》测试指标调整前后的比较分析[J]. 体育学刊，2013，20（4）：97-99.

［43］黎小沛，侯军儒，吕世成，等.用 AHP 模型综合评估学生体质健康 [J]. 天津医科大学报，2004（2）：175-178.

［44］于红妍，李婷.我国学生体质健康监测效果模糊综合评价模型 [J]. 中国学校体育（高等教育），2014（1）：86-89.

［45］尹小俭，杜建强，季浏，等.中国大学生体质健康变化趋势的研究 [J]. 北京体育大学学报，2012，35（9）：81-84.

［46］焦亮亮，张玉超.学生体质健康测试数据误差分析及改进 [J]. 体育成人教育学刊，2015，31（2）：69-72+94.

［47］杨帆静，陈志辉.大数据时代体育领域数据分析与应用研究 [J]. 西安文理学院学报（自然科学版），2017，20（5）：113-117.

［48］瞿迪，翟丰.人工智能化体育用品发展研究 [J]. 体育文化导刊，2018（6）：104-108.

［49］王瑞元，苏全生.运动生理学 [M]. 北京：人民体育出版社，2012.

［50］朱小烽.儿童青少年体适能评定与健康促进 [M]. 四川：西南交通大学出版社，2016.

［51］李世昌.运动解剖学 [M]. 2 版.北京：高等教育出版社，2010.

［52］齐景宇.力量干预练习对北京市中小学男生力量素质发展影响的实验研究 [D]. 北京：首都体育学院，2014.

［53］王伟杰.儿童青少年身体素质敏感期的变化特点 [D]. 北京：北京体育大学，2015.

［54］邓华源.少年儿童速度素质的增长敏感期 [J]. 武汉体育学院学报，1982（2）：61-65.

［55］袁圣敏，吴键.中国儿童青少年 1985—2010 年速度素质发展敏感期变化 [J]. 中国学校卫生，2018，39（2）：304-306.

［56］曾凡辉，王路德，刑文华，等.运动员科学选材 [M]. 北京：人民体育出版社，1992：40-46.

［57］蔡广，沈勋章，许汪宇，等.上海市儿童青少年运动员反应时、

协调性、灵敏度的年龄特征 [J]. 中国运动医学杂志，2013，32（8）：723-727.

［58］甄志平，李晗冉，陈麒先，等 . 改革开放以来中国学生身体素质发展敏感期变迁趋势研究 [J]. 北京师范大学学报（自然科学版），2021，57（2）：283-292.

［59］邢文华，曲宗湖 . 研究少年儿童身体素质发展的特点对改进中小学体育教学的启示 [J]. 北京体育学院学报，1982，5（1）：45.

［60］周君来，李爱春 .6—22 岁学生身体素质敏感期变化特征研究 [C]. 浙江省第十四届运动会体育科学论文报告会论文集 . 杭州：浙江工业大学、浙江体育职业技术学院，2010：244-248.

［61］易妍 . 吉林省青少年学生身体素质发展敏感期的研究 [D]. 长春：东北师范大学，2013.

［62］汪君萍，刘凯文 . 青少年生长发育的速度素质特征与发展阶段研究 [J]. 广州体育学院学报，2017，37（6）：100.

［63］梁健，刘振伟，郝选明 . 广东省中小学生身体发育和体质健康的基本特征 [J]. 体育学刊，2017，24（4）：111.

［64］沈勋章 . 青少年选材十大敏感窗口期研究 [M]. 上海：上海浦江教育出版社，2017.

［65］张锐，张弛，吴飞 .1985—2014 年 7 次中国青少年体质健康监测的速度素质研究及长期发展预测 [J]. 北京体育大学学报，2019（8）：16-26.

［66］金娣，王刚 . 教育评价与测量 [M]. 北京：教育科学出版社，2002：12.

［67］柳夕浪 . 从“素质”到“核心素养”[J]. 教育科学研究，2014（3）：5-11.

［68］郭思乐 . 生本教育：人的培养模式的根本变革 [J]. 基础教育论坛，2012（3）：17-20.

［69］原儒建，叶种翔，赵燕冰 . 学生体质评价模型的构建与分析 [J]. 数学的实践与认知，2014，44（21）：308-309.

［70］潘晖，刘凤兰．大学生体质健康变化趋势的研究及对策 [J]. 医学与哲学，2013（15）：54-56.

［71］陶西平．教育评价词典 [M]. 北京：北京师范大学出版社，1998：55.

［72］庞威．美国中小学增值性教师评价研究 [D]. 重庆：西南大学，2009.

［73］Danielson，Charlotte.Observing classroom practice [J]. Educational Leadership，2012，70（3）：33-37

［74］席海燕．游戏：想象与规则发展的场域——维果茨基的游戏观透视 [J]. 学前教育研究，2015（4）：9-14.

［75］Schunk D H. Self-efficacy and achievement behaviors[J]. Educational psychology review，1989，1（3）：173-208.

［76］辛涛，张文静，李雪雁．增值性评价的回顾与前瞻 [J]. 中国教育学刊，2009（4）：40-43.

［77］《〈国家学生体质健康标准〉解读》编委会．《国家学生体质健康标准》解读 [M]. 北京：人民教育出版社，2007.

［78］邓潇潇．学校儿童运动健康数智化管理模型构建 [M]. 北京：科学出版社，2019.

［79］林文弢，黄治官．青少年生长发育与体育锻炼 [M]. 北京：科学出版社，2020.

［80］吕庆祝，王胜超．《国家学生体质健康标准》实用教材 [M]. 北京：中国传媒大学出版社，2008.

［81］邓潇潇．学校儿童运动健康数智化管理模型构建 [M]. 北京：科学出版社，2019.

［82］武东海．共建共治共享理念下大学生体质健康监测研究 [J]. 武汉体育学院学报，2019，53（9）：22-27.

［83］张丽军，孙有平．大数据时代青少年体质健康促进的现实困境、路径探寻与未来展望 [J]. 沈阳体育学院学报，2020，39（4）：1-8.

［84］张琴，易剑东．问题·镜鉴·转向：体育治理手段研究 [J]. 上海体

育学院学报，2019（4）：16-21.

［85］欧秀伶 . A Research on Order Framework Feature of Congregate Item in Aerobits[J]. 吉林体育学院学报，2007，23（1）：68-69.

［86］World Health Organization. The World Health Report 2002: Reducing Risks, Promoting Healthy Life [EB/OL]. 2002, 2023-09-01. http: // www.who.int/whr/2002/en/whr02_en.pdf.

［87］Mittelmark M B, Wise M, Nam E W, et al. Mapping national capacity to engage in health promotion: Overview of issues and approaches[J]. Health Promotion International，2006，21（s1）：91-98.

［88］The Parent Involvement work team.Increasing Parent Involvement in Education a Resource Guide for South Carolina Communities. 2006，8.

［89］Haron A. Plowman, Charles L. Sterling, Charles B. Corbin, et al. The History of Fitnessgram [J]. Journal of Physical Activity and Health，2006（3）：5-20.

［90］Zhu W, Mahar M T, Welk G J, et al. Approaches for Development of Criterion-Referenced Standards in Health-Related Youth Fitness Tests[J]. American Journal of Preventive Medicine, 2011, 41（4-supp-S2）:41.

［91］Macdonald Doune. Like a Fish in Water： Physical Education Policy and Practice in the Era of Neoliberal Globalization[J]. Quest,2011，63（1）：36-45.

［92］SANDERS W L，HORN S P.Research findings from the tennessee value-added assessment system （TVAAS）database：implications for educational evaluation and research[J].Journal of Personnel Evaluation in Education，1998，12（3）：247-256.

